PLENITUD

© Carolina Lasso, 2021

Edición: Juanita Escallón Vicaría
Diseño y diagramación: Juan Galvis
Corrección de estilo: Laura Bernal

Primera edición: febrero de 2021

ISBN: 9798699134977

www.plenitud.net

No se permite la reproducción total o parcial de este libro, ni su incorporación a un sistema informático, ni su transmisión en cualquier forma o por cualquier medio, sea este electrónico, mecánico, por fotocopia, por grabación u otros métodos, sin el permiso previo y por escrito del editor.

Carolina Lasso

PLENITUD

Siete principios para una vida moderna
plena, abundante y con propósito

A mis maestros en todas sus manifestaciones.

CONTENIDO

Prólogo 11

Introducción 17

Parte I 21

Capítulo 1: Plenitud 25

Capítulo 2: Pausa 36
    A profundidad: sobre la atención plena 52

Capítulo 3: Presente 59
    A profundidad: sobre la meditación 76

Capítulo 4: Cariño 90
    A Profundidad: sobre el ego 113

Parte II 125

Capítulo 5: Perspectiva 131
    A profundidad: sobre la gratitud 147

Capítulo 6: Curiosidad 159
    A profundidad: sobre el ser interior 190

Capítulo 7: Propósito 209
    A profundidad: sobre la abundancia 249

Parte III 267

Capítulo 8: Permitir 273
    A profundidad: sobre el proceso de manifestar 306

Capítulo 9: Plenitud en tiempos de pandemia 325

Capítulo 10: Conclusión: una vida plena 354

Referencias y bibliografía 365

PRÓLOGO

Plenitud... ¡Qué palabra! ¿Quién no quisiera vivir en plenitud? Bueno, pues Carolina Lasso se le midió a contarnos cómo se logra. Esta colombiana, de sonrisa amplia y generosa, gran profesional y apasionada por los temas del alma y su aplicación en la vida práctica, decidió deshojar –pétalo a pétalo– este concepto tan simple como poderoso.

Conocí a Carolina cuando las dos aún trabajábamos en Google. Aunque en ese momento no hablamos de ello, las dos ya nos habíamos adentrado en el fascinante mundo del crecimiento personal. Fue tiempo después que el camino nos volvió a unir a través de nuestra pasión por profundizar y compartir con otras personas nuestro amor por ese tema.

En *Plenitud*, Carolina nos lleva de la mano a recorrer un libro muy completo, escrito con palabras sencillas, expresiones comunes con las que nos identificamos fácilmente, datos y citas increíbles de grandes autores, investigadores y personajes de la historia, en el que nos adentramos a las profundidades de su significado. Pero, sobre todo, nos abre su corazón con admirable vulnerabilidad, nos comparte sus caídas y golpes contra el mundo y su renacer, en lo que termina siendo una hermosa historia de amor.

Para lograr todo esto, nos regala una flor, una en la que cada pétalo representa una palabra clave que define el fondo de cada capítulo: **pausa, presente, cariño, perspectiva, curiosidad, propósito y permitir**.

Leo muchísimo sobre estos temas. Me encantan y siempre busco algo nuevo. La inmensa mayoría de las veces me encuentro los mismos conceptos, re-empaquetados y contados de maneras diferentes, lo cual me entretiene, pero me deja un vacío. Honestamente, no es tan fácil encontrar ideas nuevas y refrescantes que profundicen en los conceptos fundamentales de la vida, y menos acompañadas de tal cantidad de herramientas prácticas, fáciles y bien descritas (más *links* a recursos de audio, con la dulce voz de Carolina) como las que encontrarán acá, ¡por todo el libro!

Carolina inicia el camino por los pétalos de su flor haciendo énfasis en la importancia de algo tan sencillo como hacer una **pausa** en el camino frenético de la vida. Hacer una simple pausa suena fácil, por eso muchas veces lo subvaloramos, e ignoramos cuando estamos atrapados en la tiranía de la agenda, hasta que alguien o algo, por lo general doloroso, nos para en seco. Entonces, es solo cuando la vida nos grita ¡PARAAA! cuando de verdad paramos. Pero la buena noticia es que no hay que esperar a un golpe. Podemos tomar esa pausa por nuestra cuenta y aprovecharla desde ya. Los invito a conocer qué significa ese PARAAA y cómo se logra, unas páginas más adelante, y sobre todo, los invito a ponerlo en práctica.

El siguiente pétalo representa al **presente**, el eterno presente, el único tiempo que existe, aunque en nuestra mente vivamos revisitando el pasado que no podemos cambiar, imaginando futuros y pre-ocupándonos (ocupándonos antes de tiempo) por películas que inventamos de acontecimientos que, por lo regular, no ocurren nunca, pero que sí nos roban tiempo valioso para disfrutar la vida.

Carolina le da inicio a esta sección contándonos cómo vivió un ataque de pánico en un momento muy importante de su carrera y lo que aprendió de él, desmitifica el poder que se le ha atribuido al llamado *multitasking* y nos cuenta cuánto tiempo invierte nuestra mente divagando, la cifra es impresionante. Con claridad y firmeza nos recuerda el gran presente que es el presente.

El libro entra luego a profundidad a contarnos qué es de verdad la meditación y aporta importantes datos y resultados de estudios hechos por prestigiosas instituciones sobre sus grandes y reales beneficios. Carolina aprovecha todo su conocimiento de primera mano para darnos claves, herramientas útiles y tumbar los mitos más famosos que existen sobre la meditación. Con todo esto, nos invita a "enraizarnos"; y yo, a su vez, los invito a que descubran a qué me refiero exactamente.

El siguiente pétalo que nos deshoja es el **cariño**. Poderoso. Nos hace caer en la cuenta de la diferencia entre el amor propio y la autoestima, nos recuerda el inmenso poder de la compasión, nos explica cómo se puede generar una reacción positiva en cadena y la importancia de la bondad amorosa como pilar fundamental para generar cambios.

Con frecuencia, nos juzgamos muy duro a nosotros mismos, no nos dedicamos tiempo para celebrar nuestras pequeñas o grandes victorias (aún cuando los demás sí las reconozcan), pero sí nos exigimos más, buscando muchas veces la imposible perfección. Detrás de esta dureza contra nosotros mismos está el ego. Al final de esta sección sobre el cariño, entramos a ver a profundidad qué es el ego, y aquí el libro nos recuerda que no somos nuestra historia y que siempre podemos elegir de nuevo. Nos invita a ser detectives y observadores de nosotros mismos para ir *beyond*, siempre, siempre 'más allá'.

Y hablando de ir más allá, en un momento doloroso y de quiebre en su vida, Carolina decidió irse lejos, muy lejos, para cambiar de **perspectiva**, el siguiente pétalo en la flor de la plenitud. Ese viaje tuvo una primera parada en Italia, tierra de arte y de amor. Con el recorrido de Carolina entendemos cómo la historia que nos contamos de nosotros mismos y de nuestra vida tiene un impacto fundamental en la manera como vivimos la vida misma. También nos adentramos en el poder de enfocarnos y en descubrir que en todo lo que nos enfocamos se expande.

Al final del capítulo nos internamos a profundidad en la hermosa gratitud y en su inmenso poder. Apenas lean lo que hay detrás de algo tan sencillo –y gratis– como vivir en gratitud, ¡seguro, instantáneamente, van a querer ser más agradecidos!

El siguiente pétalo es la **curiosidad**, ese deseo de explorar al exterior o interior con mayor profundidad. ¿Qué tiene que ver la curiosidad con la plenitud? De Italia Carolina viajó a la India, a buscar a "la santa de los abrazos", Amma, una líder espiritual con quien unos años antes había tenido una experiencia mística que nos revela en este capítulo. Reviviendo esa historia responderemos a esta pregunta. Veremos la belleza de la curiosidad simple y sin juzgar. La curiosidad, cuando es compasiva y bondadosa, nos trae como resultado mejores relaciones, incluyendo la relación con nosotros mismos. Aquí entenderemos la importancia del autoconocimiento, y veremos cómo la curiosidad en acción trae claridad, la claridad de la voz interior. Al final, entraremos a profundidad al ser interior, la parte verdadera que habita en nosotros, veremos cómo reconocerla y cómo reconectarnos con ella. Entenderemos qué es el despertar de consciencia que está experimentando el planeta y por qué, aunque parezcamos muchos los seres vivos, en realidad somos UNO.

De la India nos vamos a África. Con la llegada a Tanzania llegamos al pétalo del **propósito**, el famoso propósito, palabra que cada vez se pone más de moda, y con la historia de "Rosa" y su pasión por la cocina recordamos que todos llevamos la mejor brújula en nuestro corazón para saber cuál es el camino correcto. Este capítulo nos trae además la herramienta japonesa del *Ikigai* para encontrar la luz de nuestra razón de ser, que puede derivar en un poderoso cambio de rumbo. También entenderemos la delicia de la zona plena, ese punto en el que sentimos una gran satisfacción con nosotros mismos, cómo llegar a ella para que se convierta en un círculo virtuoso y qué es el estado de "flow" o fluir. Al terminar, vamos a profundizar sobre la abundancia, cómo alcanzarla y qué nos está impidiendo vivirla.

Luego de su viaje y tras retomar con toda la energía su trabajo en Google, a Carolina le llega una oferta irresistible para su alma que la lleva a tomar y a ejecutar decisiones muy importantes. Pero algo inesperado sucede y no parece haber vuelta atrás. Siente como si se abriera un hueco en la tierra que se la puede tragar… ¿Qué queda entonces? Entender el poder de **permitir**, el último de los pétalos, con confianza y ecuanimidad. Así, dejamos que lo mejor fluya para nosotros. Si nos aferramos a algo y no aceptamos los cambios, como si pudiéramos controlar lo incontrolable, sufrimos. En cambio, al permitir le damos un sí a nuestra vida, y así también llega el amor de pareja, como le llegó a Carolina.

Podemos lograr lo que soñamos, que nadie nos engañe diciéndonos lo contrario. Podemos manifestar, hacer realidad lo que tenemos en nuestro interior. De hecho, lo hacemos todo el tiempo de manera inconsciente. Nuestra realidad es el reflejo de nuestro interior. Por eso, es clave manifestar con intención, conscientemente, y desde el amor. Para hacerlo, Carolina nos regala la fórmula del 'así será'. Léanla y practíquenla con atención.

Finalizo con la pregunta ¿es posible vivir la plenitud en tiempos de pandemia, la gran pausa de la humanidad que nos trajo retos inimaginables, físicos, emocionales y económicos? Sí, todos los conceptos del libro no solo son totalmente aplicables en estos momentos, sino que nos llegan como anillo al dedo para afrontar estos tiempos de incertidumbre, de sufrimiento, de reto como humanidad.

Tiempos que nos traen una poderosa posibilidad única: convertirla en una pandemia de cariño que nos permita salir adelante juntos. ¿Cómo? Actuando desde el tesoro que tenemos en nuestro corazón. Viviendo el presente. No juzgando. Perdonando a los demás y a nosotros mismos. Acabando con el engaño de sentirnos diferentes, de creernos mejores que otros. Reconociendo que somos uno y UNO con Dios. Sirviendo con amor a los demás cada día. Rindiéndonos con confianza ante el plan divino. Así viviremos en **PLENITUD**.

Cuando estamos en plenitud, estamos completos. Nada hace falta. Entonces, ¿qué más podemos pedir? Adelante, intérnense en estas maravillosas páginas, saboréenlas cada uno a su ritmo, vuelvan a leerlas tantas veces como su mente y su corazón se los pidan, y déjense llevar por un camino lleno de luz que no tiene pierde.

CAROLINA ANGARITA BARRIENTOS
Experta en liderazgo, transformación digital y humana. Autora *best seller, La Magia Sí Existe*

INTRODUCCIÓN

Además de compartir el 99,9 % del ADN, los seres humanos hemos compartido un deseo a lo largo de la historia: tener una vida libre de sufrimiento. En cada rincón del mundo, las personas han buscado las condiciones que les eviten el sufrimiento a ellos mismos y a quienes aman.

Sin embargo, a medida que pasa el tiempo, noto que ese deseo ya no es suficiente. Los eventos de las últimas décadas, unidos a las perspectivas de las nuevas generaciones y a un llamado que está sucediendo a nivel colectivo, hacen que más y más personas se den cuenta de que no están en la Tierra solamente para sobrevivir, o simplemente para estar libres de sufrimiento, sino para algo más elevado y profundo: tener una vida en plenitud.

Como una humana más del planeta Tierra, también empecé a sentir ese llamado desde muy joven. Por mucho tiempo me pregunté "¿qué es aquello que realmente nos permite tener plenitud en nuestra vida?". Tras investigar por muchos años, y a partir de mis propias experiencias, tropiezos, desaciertos y lecciones de vida, encontré lo que buscaba: siete principios para cultivar una vida plena, abundante y con propósito.

A los pocos días de haber encontrado ese conjunto de respuestas, emocionada me decidí a contárselo a una de mis maestras. Su rostro no demostró emoción alguna, ella simplemente me respondió: "Tratas de buscarle explicación a algo que la mente no puede concebir. Todo se encuentra a través de la experiencia, en el aquí y en el ahora, y con el alma". Esa sabia frase se quedó en mí y me llevó a poner en práctica esos siete principios en mi propia vida de manera experiencial, en lugar de simplemente intelectual, para ver qué sucedía.

A comienzos de 2020, la pandemia generada por el coronavirus me enseñó grandes lecciones, poniendo a prueba todo aquello que había aprendido en mi camino de crecimiento personal y validando la importancia de tener herramientas y prácticas sólidas a nivel emocional y espiritual. No sé cómo habría podido superar esa gran lección de la vida sin aquellos siete principios de la plenitud.

En medio de una pandemia que estaba generando una alta tasa de ansiedad y estrés a nivel global y cambiando radicalmente el estilo de vida de millones de seres humanos, sentí un llamado muy fuerte a contar mi historia y compartir todo lo que me había ayudado a enfrentar los altos y bajos en mi vida, lo antes posible. Por ello, con humildad, con la mejor intención en mi interior, con la devoción y el respeto que plasmar temas profundos en palabras requiere, y con el conocimiento de que lo que podré describir con vocales y consonantes será limitado, decidí escribir este libro.

En los siguientes capítulos encontrarás todo el conocimiento que ha llegado a mí a través de distintos maestros, talleres, retiros, cursos, charlas y libros y, sobre todo, a través de mi experiencia personal. Compartiré contigo las vivencias que me ayudaron a identificar, entender e integrar cada concepto y lección. Abriré mi corazón y te contaré mi historia personal (aun cuando ser vulnerable se me dificulte) y algunos relatos de expertos, familiares, conocidos y maestros, como ejemplos de la vida real sobre cada tema.

En las secciones "A profundidad", responderé las preguntas que recibo con mayor frecuencia cuando dicto talleres o conferencias y aquellas que yo misma me hice en algún momento sobre temas que apoyan a cada principio. Como me enseñó mi maestra, no hay mejor fuente de sabiduría que la experiencia personal, así que quise hacer de este contenido algo muy práctico. Por ello, en cada capítulo encontrarás una sección llamada

"Reflexión y práctica" con herramientas y ejercicios que te permitirán reflexionar sobre tus experiencias personales, integrar el conocimiento y hacerlo parte de tu vida cotidiana, si así lo deseas. Para explorar cada tema de forma aún más interactiva, también te compartiré audios de meditaciones guiadas y visualizaciones, música, videos y recursos adicionales que complementan cada capítulo.

Para serte sincera, nunca me imaginé que iba a escribir un libro con "las siete claves para alcanzar x, y o z". No me gustan los libros sobre "cómo cambiar tu vida, volverte millonario rápida y eficazmente, mientras encuentras a tu pareja perfecta y vives feliz por los siglos de los siglos", pues creo que no son realistas y pueden generar mayor presión y desilusión. Así que no prometo que este libro cambiará tu vida de un día para otro ni que te hará feliz mágicamente, pues no es mi intención. Escribo este libro con dos objetivos: el primero es que pueda sembrar en ti una semilla de curiosidad sobre la vida en plenitud; si decides continuar indagando, este contenido te dará ideas concretas sobre cómo lograrlo y cómo profundizar para alcanzar la vida plena que te mereces. Basándome en experiencias personales, evidencia científica y en la amplia investigación que he realizado, confío absolutamente en el poder de cada uno de los temas que te compartiré a continuación para crear un impacto duradero en tu vida, a través de la práctica.

Y el segundo objetivo es hacerle caso a mi llamado interno, a mi propósito superior de compartir estas respuestas que tanto me han ayudado. Tengo un deseo inmenso de sacar algo que contengo en mi corazón y que me pide a gritos que lo comparta. Mis dedos me incitan a teclear, mi corazón palpita al ritmo de estas letras, mi ser interior me pide escribir estas líneas. Y aquí estoy, dejando que ese llamado guíe cada palabra y cada mensaje plasmado en estas páginas.

Te invito a que iniciemos este camino que recorreremos juntos con el corazón abierto. Quizás ya estés familiarizado con algunos de estos conceptos, o tal vez sean nuevos para ti. Independientemente de cuál sea tu caso, te invito a que entres con "mentalidad de niño", para seguir aprendiendo sobre este conocimiento que no tiene fin. Si en algún momento quieres compartir lo que aprendiste o me quieres enviar algún mensaje, tómale una foto a la sección que estés leyendo y compártela en Instagram con *#LibroPlenitud* y etiquétame, o envíame un mensaje directo a *@hola.plenitud* con tu comentario.

Deseo, desde la profundidad de mi ser, que, tanto a nivel individual como a nivel colectivo, todos alrededor del mundo podamos vivir en plenitud. Siento una gran dicha de poder embarcarme en este camino a tu lado. Desde ya, lo más profundo en mí se conecta con lo más profundo en ti y te desea una vida en total plenitud.

Cada vez que veas este código, acerca la cámara de tu dispositivo móvil, usa un lector de códigos QR o entra a **www.plenitud.net/recursos** para visitar la página web con recursos adicionales y selecciona el capítulo que estás leyendo.

PARTE I

Domingo por la mañana. Era el día después de haber celebrado en grande mi cumpleaños número treinta y cuatro. Aún sentía el efecto del vino en mi cabeza y dolor en mis pies por haber bailado con zapatos altos durante varias horas. Me desperté temprano, fui a tomar un vaso de agua sin hacer mucho ruido, para no despertar a mi esposo, y me acerqué al balcón de nuestro apartamento para recibir algo de aire fresco. Mientras recibía los primeros rayos de sol en un día despejado y resplandeciente sentí que algo no estaba bien.

La noche anterior había recibido abrazos, regalos, sonrisas y expresiones de cariño de muchas personas. A pesar de vivir en mi ciudad actual desde hacía poco tiempo, ya había hecho muchos amigos de distintas partes del mundo, y sentía gran aprecio por ellos.

Después de vivir siete años en el corazón de Nueva York, en donde hice una maestría en Negocios, y ocho en la zona de Washington, D.C., donde cursé la universidad, había decidido vivir en el famoso Valle del Silicio, en California, llena de sueños e ilusiones. Me dolió partir de mi adorado Manhattan y dejar a tantos amigos y aventuras atrás, pero para ese entonces ya me había adaptado.

Recientemente me habían ascendido a un cargo con mayor responsabilidad en Google, en donde llevaba trabajando cuatro años como gerente de *Marketing*. Me gustaba muchísimo lo que hacía y, en especial, las personas con las que trabajaba, a pesar de lo demandante que era.

Mi esposo, Jaime, también trabajaba en una empresa de tecnología en la misma zona. Nos conocimos en la ciudad de Toronto, cuando yo hacía un proyecto con la compañía en la que trabajaba anteriormente. Un hombre español, exitoso, encantador, inteligente, amante de los carros, las finanzas y de aprender idiomas, por encima de los siete que ya hablaba. Me enamoré lentamente, pero con fuerza, durante mi corta estadía en Canadá. Un par de años después de habernos conocido, celebramos nuestra unión con una fiesta maravillosa en mi natal Colombia; los recuerdos de esa fecha todavía estaban frescos en mi memoria.

Mientras seguía reflexionando sobre un año más de vida en el balcón de mi apartamento, sobre todo lo que había logrado y sobre la abundancia palpable en tantos aspectos de mi realidad, sentí un par de lágrimas caer. A pesar de mi tendencia a llorar, en ese momento noté que aquellas lágrimas eran más profundas de lo usual; no eran de alegría, ni de satisfacción, ni de gratitud. Me di cuenta de que, a pesar de todo lo que tenía y de lo que había logrado, algo en lo profundo de mi ser me impedía ser feliz.

En un momento de impulsividad y desesperación, que resulta difícil identificar de dónde salió, entré rápidamente al apartamento, puse el vaso sobre la mesa de la cocina y tomé un lapicero y una hoja de papel para escribir algunas líneas. Me puse unos jeans y tenis cómodos, busqué una maleta de viaje, empaqué ropa, zapatos, algunos cosméticos y mi computador. Tomé las llaves de mi carro y me fui de la casa, sin saber hacia dónde ir ni hasta cuándo.

CAPÍTULO 1
PLENITUD

Después de salir de casa, empecé a conducir sin rumbo por una larga avenida a las afueras de San Francisco. En la radio pusieron la famosa canción Happy de Pharrell Williams, y pensé en el significado de la palabra 'feliz'. Como no estaba de ánimo para escuchar una canción tan eufórica, decidí callarla con un comando de voz dirigido a mi celular: "Ok, Google, ¿qué es la felicidad?". La respuesta que recibí a través del parlante del carro fue: "La felicidad es un estado de ánimo de quien se siente satisfecho por gozar de lo que desea o por disfrutar de algo bueno".

Siempre es un instante, un instante de plenitud, lo que nos señala o nos sitúa con los ojos abiertos en la realidad más suelta, más ilimitada.
Roberto Juarroz

Mientras conducía pensé que si la felicidad se trataba de una emoción que se siente al obtener lo que se quiere o por tener cosas buenas, yo debía ser una persona muy feliz en ese momento, pues había alcanzado casi todo lo que me había propuesto y gozaba de abundancia en muchos sentidos. Obtener logros se había convertido en aquello a lo que me dedicaba: cada año, tanto en el trabajo como a nivel personal, me trazaba metas, las ponía en algún lugar visible de mi escritorio y trabajaba arduamente para conseguirlas. Cada trimestre revisaba qué tan cerca estaba de mis logros, actualizaba una hoja de cálculo con los resultados y hacía los cambios necesarios para asegurarme de cumplirlos. Y aunque alcanzar metas me hacía sentir satisfacción por la misión cumplida, no estaba segura de que me generara felicidad; al menos, no el tipo de felicidad que buscaba: algo menos relacionado al hacer o al obtener, y más al *ser*.

Ser...el verbo quedó resonando en mi mente y me llevó a pensar ¿quién era yo... y cómo había llegado hasta ese momento en mi vida? ¿De qué se trataba realmente la felicidad? ¿Por qué yo no era feliz? No me sorprendió notar que ese tipo de preguntas existenciales rondaban por mi mente, pues era algo que sucedía con frecuencia en el mes de mi cumpleaños, pero en ese agosto, en particular, observé una profundidad mayor, mezclada con algo de ansiedad.

Reflexionando sobre mi pasado recordé a mis padres y hermano, las personas más amorosas e incondicionales en mi vida, a quienes lastimosamente no veía desde la última vez que había ido a Bogotá, hacía más de un año. Siempre nos consideré una familia alegre y unida. La vieja frase de "nunca nos faltó nada" fue parte de mi infancia, aunque también siempre noté que "nunca nos sobró demasiado". Siempre vi nuestra casa como un lugar lindo, acogedor y cálido. Mi familia era mi roca de apoyo y extrañaba estar a su lado.

Fui a un colegio católico y femenino en el norte de mi ciudad, me encantaba ir todos los días, con mi uniforme azul oscuro, cordones blancos impecables y zapatos de cuero que limpiaba en las noches con betún y una media vieja. Me hacía ilusión reunirme con mis amigas y aprender cosas nuevas. Sí, yo era la niña *nerd* a la que le gustaba estudiar y ponía todo su interés y dedicación en cada tarea, examen o actividad del colegio y obtenía siempre muy buenos resultados. Me encantó mi época de colegio y me quedaron lindos recuerdos y amistades de esos años.

Desde temprana edad me gustó reflexionar sobre los aspectos profundos de la vida. En mi adolescencia comencé a leer libros sobre crecimiento personal que encontraba en la biblioteca de mi padre o en la de algún familiar. Me perdía por largas horas en libros de contenido profundo, especialmente cuando iba a nuestra casa de campo, en donde leía en medio del paisaje montañoso andino, recostada sobre una hamaca.

Antes de entrar a la universidad decidí viajar a Estados Unidos para aprender inglés y tener la "experiencia americana" y viví con una tía en el estado de Maryland por seis meses. Mis buenos resultados académicos, y luego profesionales, me motivaron a quedarme un año más, luego cinco, después quince... y, así, me quedé viviendo en Norteamérica permanentemente.

Ser inmigrante me enseñó muchísimo sobre mí misma. Tuve que hacer distintos tipos de trabajo, perseverar frente al sentimiento de no pertenecer a esa nueva cultura y soportar algunas situaciones de discriminación que nunca viví en mi país. Enfrenté un sinnúmero de complejidades y lecciones difíciles que terminaron siendo enriquecedoras y valiosas.

También llegó a mi mente el recuerdo de la última vez que terminé una relación larga, y el deseo de no querer repetir esa historia. Hacía más de cinco años, a muy pocos meses de casarme con alguien a quien había querido desde la infancia, mi pareja y yo decidimos cancelar el matrimonio, más por sus temores que por los míos, y nos separamos definitivamente. Tener que informarles a casi cien invitados que la boda no se llevaría a cabo y deshacer todos los planes, sin mencionar el dolor emocional por la ruptura con alguien a quien amaba, dejó una marca en mí en lo que respecta a las relaciones de pareja.

Recordar todo esto mientras conducía me afectó, así que decidí buscar un hotel cerca de la carretera en donde descansar y pensar con más calma. Sin mucho más que hacer, compré un cuaderno en la tienda del *lobby* y decidí desahogarme a través de la escritura, que tanto me ayudaba a reflexionar y a entenderme. Comencé a escribir y a hacer dibujos durante largas horas, escribí sobre ese momento de mi vida, sobre mi pasado, sobre lo que me podía esperar en el futuro, sobre mi relación actual y sobre la felicidad que buscaba.

Al observarlo todo junto, entendí que la palabra 'felicidad' se quedaba corta frente a lo que realmente quería encontrar. Me di cuenta de que mi búsqueda se trataba de identificar aquello que permite tener un estado de bienestar, satisfacción y gozo constante, profundo y estable en la vida. No hay que negar que estar feliz, ser alegre y jovial son cosas positivas, pero esas emociones no representaban adecuadamente el tipo de experiencia que yo buscaba. De alguna manera, el concepto de felicidad tiene una connotación de euforia, y hasta de cierta 'perfección' o de algo inalcanzable, utópico. Al ver todos mis escritos noté que la palabra que más se acercaba a la experiencia que quería experimentar y entender era 'plenitud'.

Una vida plena

Escribir resultó tan sanador que me prometí continuar plasmando mis observaciones sobre papel. En los años que le siguieron a ese cumpleaños me dediqué a hacer una búsqueda profunda de respuestas sobre la plenitud y a escribir todo lo que encontraba. Desde entonces, he llenado decenas de cuadernos y hojas sueltas con reflexiones, ideas, lecciones y aprendizajes sobre mis experiencias e investigación.

Recuerdo escribir un mensaje que sentí con gran claridad y fuerza en mi interior:

> No naciste para tener una vida llena de sufrimiento, ni tampoco para simplemente sobrevivir cada día sin mayor sentido, ni para quedarte esperando alcanzar la felicidad 'algún día'. Naciste para despertar cada mañana con satisfacción profunda y gran sentido de propósito, disfrutar de cada momento presente con vitalidad, dicha y bienestar, alcanzar tu mayor potencial, tener la vida abundante que anhelas, y dejar tu legado en el mundo. Vivir en plenitud no significa que no experimentarás situaciones difíciles, sino que las podrás enfrentar con mayor facilidad. La plenitud no depende de ninguna situación externa. Vivir

plenamente te ofrece estabilidad y un entendimiento superior frente a los altos y bajos de tu realidad. Recuerda que la plenitud no es algo que llega, sino que se cultiva; es una elección diaria que se construye a través de la práctica. La plenitud es tu estado natural y tu derecho de nacimiento. No te conformes con menos.

Al escribir esas líneas noté que ese mensaje no era solamente para mí. **Tengo la certeza de que todos los seres humanos, sin excepción, merecemos tener una vida en plenitud. No es algo utópico o inalcanzable, y lograrlo es nuestra mayor tarea. Creo firmemente que tener una vida plena es un derecho y una posibilidad para todos**.

Yo defino la plenitud como **el estado de bienestar, satisfacción y dicha profunda que proviene del interior.** Es el estado natural humano al estar en conexión consigo mismo, en armonía con su entorno, y al sentirse completo y lleno de vida.

Una de las razones por las cuales me enamoré de la idea de vivir en plenitud es por el efecto amplificador que tiene. Vivir de manera más plena, individualmente, genera mayor armonía, amor y bienestar a nivel colectivo. Es decir, cuando una persona cultiva la plenitud en su propia vida, no solo logra vivir mejor, sino que también desarrolla mejores relaciones interpersonales, tiene la habilidad de ayudar a otros y contribuye de manera directa en el bienestar y crecimiento humano. Por ello, la mayor contribución que le puedes ofrecer al planeta, a las nuevas generaciones y a quienes te rodean es invertir en tu propia plenitud.

Lo preocupante es ver que la mayoría de las personas no viven en plenitud. Con tantos avances en diferentes aspectos en este siglo XXI, es triste que para muchas personas sea difícil ver la plenitud como una posibilidad. Pasan sus días con altos niveles de estrés y ansiedad, desanimados, con angustia, preocupados por la escasez, llenos de miedos limitantes, con sensación de vacío, falta de significado o viviendo de manera automática. Están frecuentemente desconectados de su ser interior, de la naturaleza y de quienes los rodean; viven en un constante afán por alcanzar más y ser más; están continuamente insatisfechos con su realidad o viven bajo sistemas de opresión que resaltan la división entre grupos humanos con demasiada frecuencia.

El mundo está presenciando una alta tasa de trastornos a nivel emocional y psicológico. En 2018 se reportó que 792 millones de personas sufrieron algún tipo de desorden mental (más de una por cada diez personas ese año) y 264 millones de personas sufrieron depresión[1]. Tristemente, asumo que esa cifra es mayor el día de hoy. Aún más preocupante es la alta tasa de suicidios en el mundo: de acuerdo con la Organización Mundial de la Salud, cerca de ochocientas mil personas se quitan la vida anualmente, y se estima que por cada adulto que se suicida, más de veinte intentan hacerlo[2]. Lamentablemente, todo esto significa que más de una persona muere por suicidio cada cuarenta segundos. No quiero ni hacer el cálculo del número que puede representar desde que empezaste este capítulo.

Antes de mi experiencia con altos niveles de ansiedad, sobre la que te contaré más adelante, estas cifras me parecían preocupantes, pero ajenas. Jamás pensé que yo podría entrar en esas estadísticas. Quizás sientas lo mismo, o tal vez ya tengas conocimiento sobre ello por alguien cercano a ti, o puede que también lo hayas vivido en carne propia. Es algo que le puede suceder a cualquier persona, y es importante tenerlo en cuenta, porque hace de alcanzar la plenitud algo más importante que nunca.

Cultivando la plenitud

Cuando entendí el concepto de plenitud y su importancia, me pregunté cómo podría alcanzarlo. ¿De qué manera podría entrar en este estado? Dada mi situación personal y las dificultades que enfrenté, mi búsqueda por aquello que me permitiría alcanzar una vida plena se convirtió en mi pasión. Quería una respuesta concreta y práctica que se pudiera aplicar en la vida moderna.

Quiero compartir contigo el resumen de la respuesta que encontré, en una sola frase: se llega a un estado de plenitud al estar en conexión completa con el ser interior (mientras se trasciende el ego), cultivando siete principios: pausa, presente, perspectiva, propósito, permitir, cariño y curiosidad.

Como soy una persona que aprende de manera visual, un día hice un bosquejo para representar los cinco principios que empiezan por 'p' y dos que empiezan por 'c', y el diseño que surgió fue una flor de loto de siete pétalos, la cual tiene una simbología relacionada con la divinidad y el despertar espiritual en muchas culturas. Desde entonces, decidí representar mi definición de la plenitud así:

La plenitud es el estado de bienestar, satisfacción y dicha profunda que se alcanza al conectarse con el ser interior y trascender al ego, a través de siete principios:

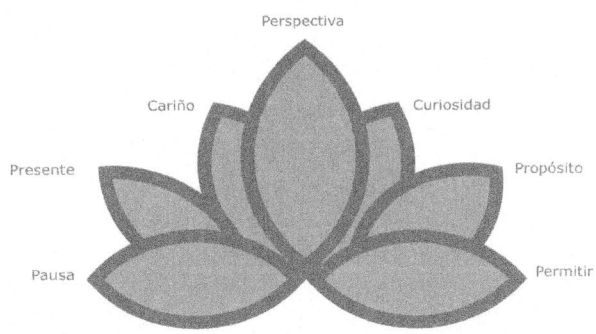

La primera vez que hice este dibujo a mano, noté que había llegado a algo increíblemente profundo, algo que resonaba como verdad en mi interior. Sentí como si algo me hubiera guiado para recibir esta información. Finalmente, le encontré mayor sentido a vivir y pude descansar de mi afán por hallar respuestas. Todo encajó para mí y le dio un filtro nuevo a mi vida.

En los próximos capítulos te contaré en detalle lo que significa cada uno de los principios de la plenitud y cómo se pueden poner en práctica en la vida cotidiana actual. También te compartiré lo que encontré sobre el ego, sus raíces y las maneras de trascenderlo, al igual que el significado de la esencia real o ser interior, y la manera de conectarte con este.

Yo aprendí sobre la plenitud a partir de muchos tropiezos, y hoy me pregunto cómo habría sido mi vida si hubiera recibido este conocimiento antes. Quizás era mi tarea aprender de esta manera, pero eso me impulsa a compartir contigo este conocimiento que puede resultar transformador. ¿Te animas a seguir viendo de qué se trata la plenitud mientras te termino de contar mi historia? Espero que sí.

> **Para recordar**
>
> Todos los seres humanos, sin excepción, merecen tener una vida en plenitud. Cuando una persona cultiva la plenitud en su propia vida no solo logra vivir mejor, sino que contribuye de manera directa en el bienestar y crecimiento humano.

Reflexión y práctica

Cada uno de los capítulos de *Plenitud* incluye una sección como esta, que, como su nombre lo indica, te invita a que abras un espacio de introspección e integración que te permita poner en práctica cada principio. Te recomiendo tener un cuaderno o libreta mientras lees el libro, para realizar los ejercicios y tomar notas que te ayuden en tu propia vida. Para empezar, te invito a que respondas las siguientes preguntas y realices el ejercicio del mapa de tu vida. Es una buena manera de comenzar a ver qué áreas de tu vida requieren atención y cómo te sientes frente a tu propia plenitud.

Mi plenitud:

En una hoja de papel escribe tus reflexiones sobre las siguientes preguntas:

- ¿Qué palabras usarías para describir cómo te sientes hoy? Por ejemplo: satisfacción, alegría, frustración, vitalidad, etc.

- Las características de un estado de plenitud son bienestar, satisfacción y dicha profunda, ¿en qué aspectos de tu vida te sientes así? ¿Qué crees que falta en tu vida para poder sentirte de esta manera?

El mapa actual de tu vida:

Revisa los diferentes aspectos de la vida en el gráfico expuesto a continuación y analiza cómo te sientes en cada uno:

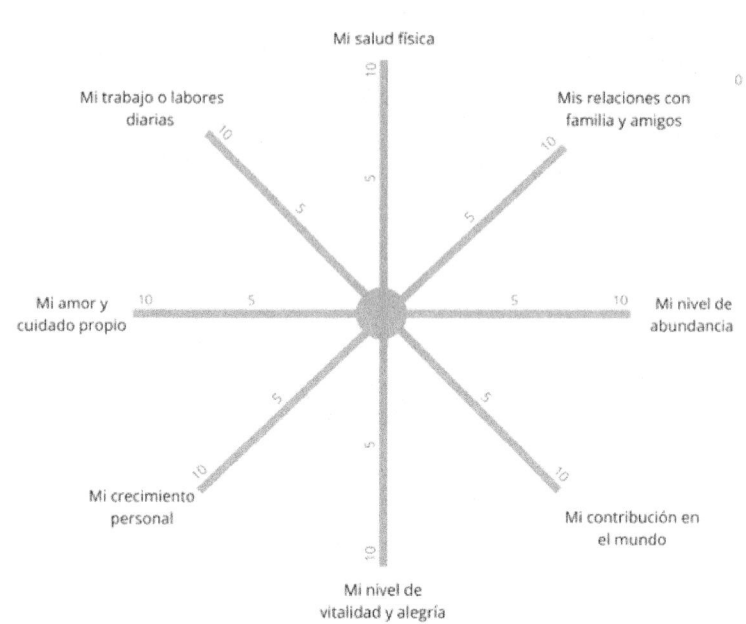

Ahora toma un lápiz y haz una marca en cada uno de los ejes, para indicar qué tanta satisfacción sientes en este momento en cada uno de esos aspectos. Usa los siguientes valores de referencia: 10 = siento completa satisfacción. 1= siento gran insatisfacción. 5 = existen aspectos que me satisfacen y otros que no en esta área de mi vida; me hace sentir de manera neutra. Elige cualquier número entre 1 y 10 que defina tu estado de satisfacción.

Por ejemplo, si sientes gran satisfacción con tu vida social, puedes hacer un punto donde se encuentra el número 10 en el diagrama. Si crees que este aspecto anda mal y no te produce satisfacción, haz un punto cerca del círculo del centro del diagrama. Si sientes que este aspecto no anda mal, pero tampoco está muy bien, haz la marca cerca del 5 o en el medio del eje. No tiene que ser perfecto, simplemente hazlo basándote en tu reacción inicial, con el propósito de hacer una corta reflexión sobre tu vida actual. Tus respuestas pueden cambiar en cualquier momento, así que este diagrama solamente será un reflejo del día de hoy.

Ahora une todos los puntos de cada eje y verás el contorno de una figura geométrica en el centro. Si quieres, puedes colorear o rellenar el área dentro de ese contorno para ver tu mapa de vida actual. Reflexiona sobre lo que observas.

- ¿Cuáles aspectos están más cerca del centro?

- ¿En cuáles sientes gran satisfacción (aquellos que están cerca del 10).

- ¿En qué aspectos de tu vida quisieras sentir mayor satisfacción?

Por último, escribe libremente lo que notaste al hacer este mapa y cómo te sentiste. Todas tus emociones y pensamientos son válidos, por el simple hecho de que es tu experiencia actual y tu realidad.

 Acerca la cámara de tu dispositivo móvil o lector de códigos QR a esta imagen o visita la página web **plenitud.net/recursos** y descarga el mapa de tu vida en PDF bajo el capítulo de Plenitud.

CAPÍTULO 2
PAUSA

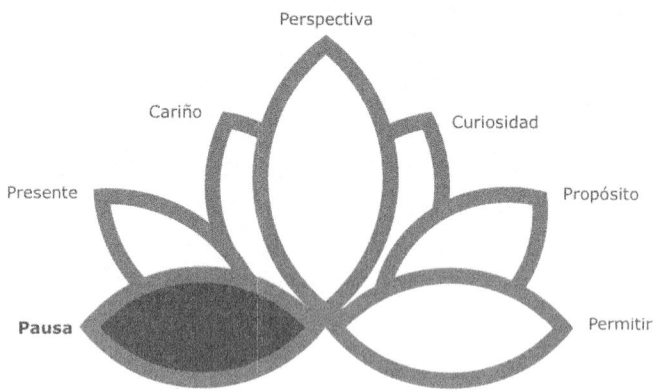

Al día siguiente de irme de la casa decidí no ir a trabajar. Le envié un *email* a mi equipo en el que les decía que me sentía mal y no podía presentarme en la oficina. Sentí culpa, como si estuviera mintiendo, pues faltar al trabajo no era algo que hiciera con frecuencia, ni siquiera cuando no me encontraba bien físicamente. Pero estaba muy mal emocionalmente y tenía la mente dispersa. En todo caso, no iba a poder concentrarme en mi trabajo, así que era mejor no asistir.

Cada vez que creas una pausa en la corriente de la mente, la luz de tu consciencia crece más fuerte.
Eckhart Tolle

Salí a buscar algo para desayunar y lo único que encontré fue un Starbucks cerca del hotel donde me había alojado. Un café *latte* caliente a esa hora de la mañana me iba a caer bien. Mientras esperaba a que se enfriara un poco para poder beberlo, me quedé viendo hacia el cielo, sin los muchos pensamientos que usualmente me acompañaban. Me senté afuera del establecimiento, bajo una sombrilla verde, y respiré profundo.

Observé el cielo despejado y algunas palmeras en el horizonte. Sentí los rayos del sol sobre mis brazos y a través de la mesa negra de metal que había estado expuesta a su calor por varias horas. No hice nada por cerca de cinco minutos. Me sentí libre y en calma, a pesar de mi profunda tristeza y confusión. Cinco minutos para ser. Para estar ahí. Sin destino. Sin objetivo. Sin buscar nada en particular.

Al estar allí, recordé las palabras que escribí para mi esposo antes de salir de casa. Le dije que sentía la necesidad de una pausa en nuestra relación. Necesitaba aire, un *break*, un espacio para pensar. Le pedí disculpas por lo inoportuna que mi decisión podía resultar y le aseguré que le escribiría pronto.

Nuestra relación estaba colgando de un hilo. Lastimosamente, habíamos encontrado diferencias y obstáculos que empezaron a separarnos de manera precipitada. A pesar de que los dos intentamos trabajar en los aspectos que nos distanciaron, y aunque nos queríamos muchísimo, ninguno se sentía 100 % bien. Algo profundo debía cambiar de raíz para que las cosas funcionaran.

Mi cumpleaños número treinta y cuatro amplificó las cosas. Sentía que era el último año de juventud, porque así lo percibe una buena parte de nuestra sociedad. Por ejemplo, concebir un hijo a partir de los treinta y cinco ya es considerado un embarazo geriátrico (¿en serio no podrían haber escogido otro término más amigable?). Conocía varias agencias de viajes que ofrecían paquetes turísticos especiales limitados a personas menores de treinta y cinco. Acercarme a los cuarenta implicaba sentirme madura, establecida y organizada. No puedo decir que estaba de acuerdo con todos estos criterios, requisitos y límites impuestos externamente, pero tampoco puedo decir que no me importaban. Había algo nuevo en ese cumpleaños que me hizo cuestionar mi futuro.

Mi vida se estaba moviendo muy rápido y tenía demasiados estímulos visuales, auditivos y emocionales.

Deseaba pensar en silencio y sin ninguna presión. No tenía claro cuánto tiempo iba a requerir este espacio que buscaba, pero no me preocupaba mucho. Habiendo tomado la decisión de irme de la casa, me iba a demorar el tiempo que fuera necesario.

Ya bajo el efecto de las doce onzas de café que había bebido, vi que en el mismo centro comercial había un lugar de masajes. Decidí entrar y reservar uno de sesenta minutos. No sabía qué más hacer, y eso me ayudaría a pasar el tiempo y a pensar, sin distracciones ni obligación de hablar con nadie. Quería silencio.

Mientras la amable *masseuse* trabajaba sobre mí muchos pensamientos empezaron a llegar a mi mente, como de costumbre: ¿en qué localidad me encontraba?, ¿cuánto me había dicho que costaba el masaje?, ¿qué quería comer más tarde?, ¿dónde habría nacido la persona que ponía sus codos con tanta fuerza sobre mi espalda?, ¿por qué tuve esa reacción tan súbita e impulsiva de salir corriendo?

Sin encontrar respuestas, las preguntas seguían fluyendo como un río a punto de desbordarse. Mis ojos siguieron la misma imagen y gotas de agua empezaron a caer de manera acelerada sobre el pequeño círculo en el piso que la almohadilla de la cama de masaje me permitía ver. Nunca había visto mis lágrimas caer desde esa perspectiva. Era interesante ver cómo se iban formando en mis ojos y luego caían poco a poco hasta tocar el suelo. Un charquito empezó a formarse ante mi vista, sin que pudiera hacer algo más que observar su crecimiento. Como siempre fui una persona sensible y llorona, aprendí a llorar sin hacer ruido.

Recientemente había conocido el trabajo de Rachel O'Meara, quien también trabajaba en Google, en un equipo cercano al mío, y publicó el libro *Pausa*. Según Rachel:

> Una pausa es un cambio intencional de comportamiento que te ayuda a llevar una vida más

significativa y satisfactoria. Se puede ver como cualquier descanso, receso o tiempo utilizado de manera diferente de la usual. Cualquier persona puede hacer una pausa. No se trata de la cantidad de tiempo, sino de la intención y de lo que se quiere obtener de ésta[3].

Más allá de las vacaciones que solía planear una o dos veces al año, realmente nunca pensé mucho en el tema de tomarme una pausa. Pero era consciente de que a través de espacios y pausas se puede tener el tiempo para entenderse mejor, evitar agotamiento y crear una vida más significativa.

Sabía que no había venido al mundo para ocupar mi tiempo con actividades, pero en mi rutina, a veces, una simple pausa resultaba difícil de encontrar. Por ejemplo, cuando trabajé en Nueva York busqué la manera de optimizar mi tiempo en cada instante. Mi pequeño apartamento estaba convenientemente ubicado sobre la calle quince, a ciento dos pasos de la entrada del edificio de Google, sobre la novena avenida. Conté los pasos para saber cuál entrada del edificio me ahorraba más tiempo para llegar a mi escritorio, y así invertir menos minutos en mi trayecto al trabajo cada día.

Muchos amigos y familiares me preguntaron si me gustaba jugar *ping-pong*, videojuegos o *volleyball* playero, nadar en las grandes piscinas de las zonas de recreación de Google o aprovechar la cerveza, pizza y vino ilimitados que nos daban los jueves por la tarde. Mi respuesta en esa época comenzaba con un giro de ojos hacia arriba y un tono de "¿acaso estás loco?"; y continuaba con un "obvio que no, yo soy una mujer muy ocupada". Nótese el uso de "ser" versus "estar" en la frase. Mi destino era ser una mujer ocupada en cosas muy importantes, según mi yo de aquel entonces.

Usualmente, estaba en reuniones de trabajo de 9:00 a. m. a 6:00 p. m., muchas veces sin parar. En algunas ocasiones tuve que enviarle un *email* al organizador de la reunión diciendo que tenía que llegar tarde porque debía pasar al baño cinco minutos. Y es que, si no iba en ese momento, iba a tener consecuencias "húmedas" en la sala de conferencias. Lo digo de manera graciosa, pero no lo es. Había días en los que elegía no beber mucha agua porque no tenía espacio entre reuniones y era importante no ir al baño con frecuencia, para no perderme algo "de suma importancia". En repetidas ocasiones escogí almorzar en el ascensor: tenía aproximadamente seis pisos (cerca de doce minutos con el tráfico del ascensor al medio día) para desaparecer lo que estuviera en la cajita de cartón reciclable en la que nos daban la deliciosa y gratuita comida en la oficina. Era un lujo tener tanta comida, postres y bebidas como uno de los beneficios de trabajar en esa empresa, pero, en muchas ocasiones, yo no escogí aprovecharlo.

Digo que no escogí aprovecharlo porque realmente fue una decisión de mi parte. Conocía a muchas personas con responsabilidades similares a las mías en Google y en otras empresas que lograron mantener mayor balance. Nunca conocí a quienes jugaban *volleyball* playero al medio día, pero ahí estaban ellos, eligiendo tomarse una pausa. Una amiga y yo solíamos decir, con tono muy envidioso, que igual eran actores que contrataban para jugar con el propósito de hacerle pensar al resto de empleados que sí era posible entretenerse en la mitad del día. Esto, por supuesto, no es cierto, pero siempre me burlé un poco de algo que veía como un imposible para mí.

Y no era la única. La musa de mi ciudad le ofrecía una gama amplia de estímulos maravillosamente enviciadores a sus habitantes. La mayoría se perdía en sus encantos día y noche, año tras año.

El síndrome de estar ocupado

Una de mis amigas de Nueva York tenía muchos deseos de tener un bebé, pero los horarios de su trabajo no coincidían con los de su esposo, un exitoso banquero de inversión que trabajaba incansablemente hasta altas horas de la noche, incluyendo fines de semana. Ella tenía que trabajar desde muy temprano porque su puesto requería reuniones con su equipo en Europa. No tenían horas en común en las que estuvieran libres de obligaciones y suficientemente... vamos a decir "despiertos", para poder intentar cumplir su objetivo de tener un bebé.

Me contaron de otro caso en el que una mujer exitosa y con un cargo muy alto continuó trabajando hasta el último segundo de su embarazo, literalmente. Recibió llamadas desde el hospital y envió mensajes de trabajo hasta poco antes de dar a luz. En su compañía se habló de esto con orgullo, celebraron la dedicación de esta líder y la consideraron un ejemplo para el resto del equipo. No la conozco, pero creo la historia.

Estar ocupado se ha convertido en símbolo de estatus social y de éxito profesional en muchas sociedades. Quizás has notado que al preguntarle a alguien cómo se encuentra, su respuesta no es "bien" o "mal", sino "ocupado". Es casi una identidad, un estado permanente.

Un estudio del Project Time Off en los Estados Unidos reportó que, en promedio, solo uno de cada cuatro trabajadores se desconecta durante sus vacaciones y que el 78 % se siente más cómodo tomando vacaciones si sabe que va a poder tener acceso a su trabajo. Esta cifra se amplifica cuando se trata de líderes y ejecutivos: solamente el 7 % de los ejecutivos se desconecta en sus vacaciones, la mayoría trabaja por lo menos una vez al día en su tiempo libre[4]. El teletrabajo que ha venido en aumento, en especial como consecuencia de la pandemia del COVID-19, empeora la situación para muchas personas, pues la división entre la vida laboral y la personal se hace aún más borrosa. Según el mismo estudio, la habilidad de trabajar desde cualquier parte incita a continuar las labores de trabajo desde todos los lugares, incluso en vacaciones.

A mediados de 2019, la Organización Mundial de la Salud identificó al síndrome de la quemazón laboral o agotamiento extremo, también conocido como *burnout*, como algo que se puede diagnosticar médicamente, y ahora figura en la Clasificación Internacional de Enfermedades[5]. Un estudio de Gallup, publicado en 2018, reportó que cerca de dos tercios de los trabajadores encuestados sufrían de este síndrome. Imagínate un grupo de trabajo de treinta personas e identifica a veinte de ese grupo; todos ellos podrían estar padeciendo el síndrome de la quemazón laboral. Y lo más preocupante es que el 23 % de ellos podría terminar en alguna sala de emergencia por esta razón, según el estudio[6].

Estar ocupado permanentemente no es algo digno de admirar ni debería ser símbolo de éxito. Estar ocupado, sin más, puede reflejar ineficiencia al planear y falta de amor propio y dedicación a lo verdaderamente importante.

El crecimiento personal empieza con una pausa. Es el primer paso para lograr conectarte con tu interior. Es algo fundamental, es decir, es la base o prerrequisito para los demás principios de la plenitud, como verás al continuar tu lectura.

La pausa sagrada

Estaba un hombre en un supermercado un día lluvioso. Tenía mucha prisa, pues quería llegar a su casa antes de que la lluvia se volviera más fuerte, para preparar algo de comer. Frente a él, en la fila para pagar, se encontraba una anciana con un bebé y una lata de garbanzos. El hombre pensó que la mujer no se demoraría mucho en la transacción, dado que solamente llevaba un artículo.

Sin embargo, la anciana le hizo una larga conversación a la cajera del supermercado, en un idioma que él no conocía, y en un momento dejó que la cajera abrazara y alzara al bebé. El hombre se enfadó mucho, pues las dos mujeres se estaban demorando demasiado.

Estaba a punto de reclamarle a la anciana y a la empleada del supermercado, pero se arrepintió. En lugar de ello, sintió un llamado a tener paciencia. Respiró profundo dos veces, cerró los ojos por tres segundos y se resignó a esperar un poco más de lo esperado. Cuando llegó su turno de pagar, escuchó a la cajera decir:

—Gracias por su amable espera, señor.

—No hay problema... muy lindo el bebé de esa señora—contestó el hombre con una fingida sonrisa en su boca.

—Gracias por decirlo, es mi hijo—replicó la cajera—. Mi mamá viene una vez al día y compra algo económico para que yo pueda ver a mi bebé unos minutos mientras ella paga. He tenido que trabajar doble turno en el supermercado, y cuando llego tarde en la noche, él ya está dormido, así que ese es el único momento que tengo en el día para verlo. Le agradezco por entender.

El hombre se dio cuenta de que esa espera realmente no había significado mucho para él y, por el contrario, probablemente era el momento más bonito del día para ese ser humano que estaba enfrente suyo. Se sintió muy bien de no haberles reclamado y juró recordar esta historia siempre como símbolo del valor de una simple pausa.

Como puedes ver a través de esta historia, que escuché en algún taller (y probablemente modifiqué según la recuerdo), una pausa, por corta que sea, puede cambiar tus interacciones, relaciones y hasta tu futuro. Cuando abres el espacio para reflexionar, tienes mayor probabilidad de responder de manera menos reactiva y, probablemente, más sabia y acertada. Considero que la pausa sagrada es el momento que te tomas entre una situación y tu respuesta, y que te permite elegir cómo reaccionar.

> *Entre estímulo y respuesta hay un espacio. En ese espacio está nuestro poder para elegir nuestra respuesta. En nuestra respuesta radica nuestro crecimiento y nuestra libertad.*
> **Stephen R. Covey**

PARAAA

Inspirándome en técnicas que aprendí de Tara Brach, una de mis maestras de *mindfulness*, y del programa nacido en Google, Search Inside Yourself (Busca en tu interior), desarrollé la herramienta PARAAA, la cual te puede ayudar cuando necesites tiempo para tomar una decisión, cuando te encuentres en un momento de estrés o ansiedad, o en los instantes previos a responder de una manera reactiva. Se compone de seis pasos: para, atiende, reflexiona, acepta, actúa y abraza.

Para
Atiende
Reflexiona
Acepta
Actúa
Abraza

- **Para:** en el momento en el que notes la necesidad de una pausa, cuando presencies un evento detonante o cuando empieces a notar estrés o ansiedad, detente, aunque sea por pocos segundos. Respira profundo, lo cual activa tu sistema neural parasimpático y te ayuda a calmar tu cuerpo y a aumentar tu serenidad.

- **Atiende:** préstale atención a la reacción que tienes en ese momento. ¿Qué sensaciones percibes?, ¿qué emociones estás experimentando? ¿Qué pensamientos cruzan por tu mente? ¿Qué sientes en tu cuerpo? Lleva tu atención a tu entorno, a las otras personas involucradas y al lugar donde te encuentras. ¿Qué está sucediendo y cómo te hace sentir?

- **Reflexiona:** explora las razones por las que te sientes así y averigua qué puede haber detrás de esas emociones. Antes de responder, trae a tu mente opciones, alternativas, y evalúa lo que consideres mejor para ti y para la situación en la que te encuentras.

- **Acepta:** permite que esta experiencia sea tal cual es. No la rechaces ni evadas. Dale cabida a esos sucesos en tu realidad actual y fluye con ellos.

- **Actúa:** una vez hayas tomado una pausa y analizado tu respuesta, pasa a la acción. Si te ayuda, también puedes responder con la siguiente intención en mente: ¿qué respuesta a esta situación está más alineada con mis valores y con el bien mayor para mí y para las otras personas involucradas?

- **Abraza:** después de actuar, ábrete al resultado del proceso y a las distintas posibilidades. Abraza el resultado, salga como salga, pues lo hiciste lo mejor posible y te esforzaste por responder de manera proactiva y no reactiva.

El beneficio de esta herramienta es que te ayuda a actuar según lo que es mejor para ti y para tu entorno, en lugar de hacerlo impulsivamente. La puedes utilizar en cuestión de segundos o puedes tomarte varias horas o semanas para reflexionar, todo depende de tu situación.

Tipos de pausa

Además de la herramienta PARAAA, a continuación te comparto las diferentes maneras en las que te puedes tomar una pausa para tener más plenitud en tu vida:

Pausa por unos segundos: el poder de tomarse unos segundos antes de responder o el hecho de respirar profundo puede cambiar el curso de una situación. En lo personal, me he arrepentido muchas veces por no haberme tomado una pausa antes de responderle a otra persona, antes de comprar algo, antes de enviar un *email* escrito impulsivamente y antes de reaccionar de una determinada manera.

De pequeña, me encantaba ver *Fuera de este mundo*, un programa televisivo en el que la protagonista, una adolescente traviesa, podía congelar el tiempo con el simple acto de unir sus dedos índices. Me encantaba imaginar que tenía ese superpoder y podía congelar todo a mi alrededor, para tener tiempo de pensar bien y con calma mis decisiones y acciones. Tener tiempo para analizar con serenidad antes de responder puede ser muy poderoso, y te puede evitar dolores de cabeza. Usando la atención plena y la meditación, sobre las que profundizaré más adelante, también se puede obtener un superpoder similar al de congelar el tiempo: hacer una pausa en el momento presente.

Pausa de varios minutos: dedícate, al menos, diez minutos al día. Los puedes usar para hacer introspección, para ver cómo te sientes, para hacer un listado de las cosas por las cuales sientes gratitud, o para no hacer nada. Ese espacio te puede ayudar a desconectarte de la vida cotidiana y a conectarte con mayor profundidad contigo mismo.

¿Has oído hablar de *il dolce far niente* italiano? 'El dulce arte de no hacer nada' es un concepto maravilloso que más personas podrían adoptar. ¿Qué tal practicarlo unos minutos todos los días?

> No es que no tenga nada planeado para hacer. Es que estoy planeando no hacer nada.

Pausa de varias horas: una pausa que dure varias horas puede representar una caminata en la naturaleza, un paseo por la ciudad sin destino específico o una mañana de autocuidado. También puede incluir practicar un *hobby* o pasatiempo, perdiéndote en lo que haces, sin objetivo directo más que la actividad misma, no por cumplir una tarea o llegar a una meta, sino como pausa para la mente y el cuerpo.

A mí me gusta salir a caminar por la ciudad mientras escucho algún *podcast* o audiolibro y realizar proyectos manuales o pintar al óleo mientras escucho *bossa nova*. Pueden pasar las horas sin que me dé cuenta, porque estoy realmente enfocada en eso que me genera tanta alegría. A mi hermano le sucede lo mismo mientras toca la guitarra; se pierde en la música, que es su pasatiempo favorito. Otras actividades pueden ser jardinería, arte, cerámica, trabajo en madera, limpieza (quizás no suene divertido, pero puede llegar a ser un gran escape y darte una pausa mental), hacer un proyecto para mejorar tu casa, bailar, correr, hacer yoga, nadar, etc.

Como te conté al principio de este capítulo, decidí tomarme un día libre en un momento en el que no me sentía bien emocionalmente. Muchas veces se piensa que solo las enfermedades físicas exigen una pausa. Pero las enfermedades mentales y las situaciones que afectan las emociones pueden resultar incluso más difíciles de manejar y también requieren espacios de pausa, en muchos casos acompañados de expertos o de un grupo de apoyo.

> *No existe WiFi en el bosque, pero allí encontrarás una mejor conexión.*
> **Anónimo**

Pausa de varios días: la mejor manera de tomar una pausa de varios días son las vacaciones, días de receso de tus labores cotidianas, las cuales pueden significar algo diferente para cada persona. No es necesario ser empleado oficial en una empresa para poder tener días de descanso. Si tu labor principal es cuidar a tus hijos y a tu hogar, es importante también tener días de receso. O si ya estás pensionado, eres estudiante o trabajas de manera independiente, también puedes explorar qué significa para ti tener vacaciones.

Para algunas personas, tener una semana de pausa puede significar irse de viaje para hacer lo mínimo. Para otros, organizar viajes con muchas actividades planeadas. Para alguien más, alejarse de su lugar de residencia para trabajar en un proyecto personal. Para ti puede significar dedicarle varios días sin interrupciones a tus seres queridos. A mí me encanta ir a retiros de crecimiento personal, hacer viajes a países que no conozco y tomar clases de idiomas, arte o cocina.

Agenda días de descanso y déjate llevar por lo que tu cuerpo, tu alma y tu mente necesitan y no por lo que crees que deberías hacer o por lo que los demás a tu alrededor eligen realizar.

Pausas largas: otras personas (entre las que me incluyo) hemos necesitado varias semanas o meses para alejarnos de la vida cotidiana, encontrarnos, sanar, desconectarnos o simplemente cambiar de perspectiva. Si en algún momento crees que eso es lo que necesitas, considéralo seriamente. Si algo en tu corazón te pide alejarte de tu vida actual, irte a estudiar, cambiar de rumbo, o una pausa prolongada, escúchalo. Si tus condiciones te lo permiten, hazlo. Sin excusas. Sin posponerlo. Hazlo. En la parte II de este libro te contaré más sobre mi experiencia al tomarme una pausa de varios meses, en los que viajé sola por cuatro continentes, y cómo eso cambió mi vida.

> *Cuando pulsas el botón de pausa en una máquina, esta se detiene. Cuando pulsas el botón de pausa en un humano, este comienza.*
> **Dov Seidman**

La brecha

Si llevas la idea de pausa a un nivel aún más elevado, verás que su importancia radica en poder conectarte con tu interior. En las cortas pausas entre pensamiento y pensamiento o entre respiración y respiración, lograrás aquietar tu mente, llevar tu atención al lugar donde eres y te sientes parte de algo más grande que tu propia vida. En esa brecha podrás encontrar tu esencia real; por ello, es parte fundamental de una vida en plenitud. Como expresa la frase frecuentemente atribuida a Wolfgang Amadeus Mozart: "El silencio entre las notas es tan importante como las notas mismas". Tus espacios de quietud son tan importantes como tus actividades diarias.

Para recordar

Una pausa es cualquier receso o tiempo utilizado para desconectarte de tu rutina o para crear espacios de descanso, ocio e introspección. El objetivo más importante de una pausa es conectarte con tu interior.

Reflexión y práctica

Introspección: indaga sobre lo que significa una pausa para ti respondiendo las siguientes preguntas:

- ¿Al leer "tomar una pausa", qué palabras llegan a tu mente?

- ¿Cuáles pausas en tu vida te han generado mayor satisfacción?

- ¿A qué actividades puedes dedicarles mucho tiempo y al terminarlas te sientes más feliz y con más vitalidad que cuando las empezaste?

- ¿Cuándo fue la última vez que tomaste una pausa larga?, ¿qué significa "pausa larga" en tu vida?

- ¿Cuántas pausas al día te tomas para no hacer nada?

Compromiso: si te animas, te invito a que escribas un compromiso para integrar más pausas en tu rutina. "Este mes me comprometo a hacer una pausa que me ayude a aumentar mi bienestar, de esta manera:

_____.

Ejemplos: Agendar una pausa en mi calendario semanalmente y tratarla como una reunión importante; organizar unas vacaciones a solas o con mis seres queridos; tener una alarma en mi teléfono celular cada __ minutos, que me recuerde que es momento de una corta pausa; dedicar una tarde solamente para mí.

Una pausa. ¿Qué opinas de tomarte una pausa en este instante? Te invito a que dejes de leer y a que te tomes un tiempo para reflexionar sobre lo que leíste, para hacer algo que te encante o para tomar tu bebida favorita, sin hacer nada más que estar contigo, durante el tiempo que puedas. ¿Te animas?

Escucha el audio que encontrarás en la sección de Pausa en la página web **plenitud.net/recursos.**

A PROFUNDIDAD: SOBRE LA ATENCIÓN PLENA

> *Mindfulness es una forma de hacernos amigos de nosotros mismos y de nuestra experiencia.*
> **Jon Kabat-Zinn**

Al hablar sobre la importancia de las pausas, y antes de entrar en el siguiente capítulo sobre el presente, quiero profundizar en un tema central para la plenitud: la atención plena, consciencia plena o *mindfulness*. Mucho se habla sobre este concepto, pero también existen diversos mitos e interpretaciones. Dado que la atención plena será una base fundamental de todo lo que te compartiré en los próximos capítulos, quiero empezar por contestar algunas preguntas frecuentes sobre su significado.

¿Qué es la atención plena?

Es tomar consciencia de la realidad, prestar atención a lo que está sucediendo alrededor y en el interior. Es como agudizar todos los sentidos, absorber todo lo que sucede y reducir la voz mental, dejando que todo ocurra.

Una definición más completa es: **poner atención a las experiencias del momento presente con aceptación, curiosidad, cariño y sin juzgar.** Es reconocer lo que está sucediendo mientras está sucediendo y aceptar activamente el fluir de la experiencia tal cual se está dando.

Como ves, y quizás ya sabes, el *mindfulness* no significa estar en una posición de loto, ni hacer yoga ni tampoco irte a una montaña en soledad. Puedes tener momentos de atención plena mientras realizas todas estas actividades, por supuesto, pero también puedes tenerlos mientras desayunas, tocas un instrumento musical o haces una caminata. Me gusta hacer énfasis en el hecho de que se puede tener un momento de consciencia plena en cualquier lugar y momento, y no se necesita mucho más que llevar la atención al presente.

Los niños son excelentes practicantes del *mindfulness*. ¿Has visto a un pequeñito de tres o cuatro años completamente embelesado en lo que está haciendo? A esa edad, lo que hace, su entorno y lo que piensa están sincronizados. Cuando juega con un balón no está pensando en lo que hará el fin de semana siguiente; al comer un trozo de sandía, el niño está enfocado en su jugo, color y sabor y no en lo que hizo la noche anterior. Lastimosamente, la mayoría de personas olvida esa hermosa habilidad con el tiempo. Un día vi en alguna red social un dibujo que mostraba la diferencia entre la mente de un adulto y la de un niño. Era algo así:

La niña está conectada con lo que sucede a su alrededor. En cambio, el adulto que la acompaña, ¿en qué estará pensando?

¿La atención plena es lo mismo que la meditación?

La atención plena o *mindfulness* es la intención de estar presentes en un momento dado, y la meditación es una práctica mental concreta. Son temas complementarios que en momentos se solapan, pues el *mindfulness* se puede cultivar a través de la meditación.

La atención plena es una práctica informal que se puede practicar en cualquier momento o lugar, y puede convertirse en un estilo de vida. Por ejemplo, en un solo día se puede poner en práctica varias veces: durante una conversación, al comer y durante una caminata por la ciudad. En un instante de atención plena tus sentidos están abiertos a reconocer y aceptar lo que sucede en el momento presente. Por otro lado, la meditación es una práctica formal realizada en un espacio dedicado a cultivar diversas cualidades, como la concentración, la compasión y la misma atención plena. Profundizaré aún más en el tema de la meditación en el próximo capítulo.

¿Cuál es el principal beneficio de la atención plena?

Son muchos los beneficios de esta práctica para el cuerpo, la mente, las relaciones interpersonales y el bienestar general. Desde mi punto de vista, el mayor beneficio radica en vivir el único momento que importa, el presente, y experimentar cada hora del día con mayor profundidad. Es como saborear cada momento y sentir todo más intensamente. A través de la atención plena puedes llegar a un estado de alta conexión con tu cuerpo, con lo que estás viviendo, con quienes te rodean, con tus emociones y con tu ser interior, con mayor frecuencia.

La falta de atención plena te lleva a pensar en algo distinto a aquello que estás haciendo. Esa falta de consciencia en cada momento presente genera desconexión con tu interior y con tu entorno, y hace que los días pasen sin que seas consciente de lo que te sucede. No puedes vivir plenamente cada instante sin tener consciencia de tu aquí y de tu ahora.

Tu atención es un requisito para que cada minuto de tu vida realmente cuente. Tu presencia es necesaria para poder expresar y recibir amor. Estar consciente es la base para crear una vida con propósito. El mundo te necesita despierto y lleno de vida, aquí y ahora.

Te iré contando más sobre los beneficios de la atención plena al adentramos en cada principio de la plenitud en los siguientes capítulos. Mientras tanto, como la mejor manera de conocer el *mindfulness* y sus beneficios es a través de la práctica, te invito a realizar los ejercicios en la sección de "Reflexión y práctica" que viene a continuación.

> *La vida es un baile. El mindfulness es presenciar ese baile.*
> **Amit Ray**

Para recordar

La atención plena o el *mindfulness* consiste en poner atención a las experiencias del momento presente con curiosidad y cariño. Es reconocer lo que está sucediendo mientras está sucediendo, aceptar activamente el fluir de la experiencia tal cual se está dando y presenciar cada instante con mayor intensidad.

Reflexión y práctica

Sonidos, sabores, sensaciones, sentimientos. Practica la atención plena por dos minutos. Lleva tu atención a los sonidos, sabores, sensaciones y sentimientos que estén presentes en este momento:

- ¿Qué oyes en este instante? ¿De dónde vienen esos sonidos? ¿Son constantes o intermitentes? ¿Son agudos o graves?

- Ahora lleva tu atención a tu boca. ¿Sientes algún sabor? ¿Aún percibes sabores de tu último alimento o notas un sabor neutro?

- Enfócate en tus pies por un par de segundos. Observa el contacto que tienen con la superficie en donde se encuentran. ¿Qué sensaciones percibes en tus pies? ¿Qué tal en el resto de tu cuerpo? ¿Notas cosquilleo, tensión, relajación o algo más?

- Finalmente, observa tus sentimientos. ¿Notas alguno en particular con mayor intensidad? ¿En qué parte de tu cuerpo lo sientes? ¿Qué palabras usarías para describir ese sentimiento?

Observa tu experiencia con curiosidad y cariño. No hay nada que analizar ni juzgar. Todo lo que percibas está bien. Solamente lleva tu atención a los sonidos, sabores, sensaciones y sentimientos presentes en tu realidad de este instante.

Saboreando plenamente. Imagina que vas a comer una mandarina (o cualquier otro alimento que te guste) con atención plena. Piensa que es la primera vez que comes una mandarina y que nunca la habías visto. Primero tomas la fruta, te acercas a ella para percibir su aroma y tamaño. Luego le quitas la cáscara, poco a poco, y notas la textura de su piel y de su interior. Separas los trocitos y observas el centro de la fruta. Llevas el primer pedacito a tu boca, empiezas a masticar y sientes su sabor, jugo y textura. Todos tus sentidos están alertas y se acentúan, concentrados en la fruta en tu boca. Trata de no juzgar ni analizar lo que sucede, explora con curiosidad este simple proceso, que tantas veces se hace de manera automática. Te invito a hacer este mismo ejercicio con el primer bocado de una de tus comidas diarias y a percibir lo que te hace sentir.

Pasos conscientes. La próxima vez que salgas a hacer una caminata, considera hacerla de manera consciente o con *mindfulness*. A continuación, encontrarás los pasos a seguir (¡literalmente!):

- Dirígete a un lugar en donde puedas caminar libremente, en donde te sientas a gusto, un lugar que no esté muy transitado, para que no corras ningún peligro.
- Respira profundo tres veces y comienza a caminar a tu ritmo normal, descansando las manos a tus costados. Empieza a tomar consciencia de cada paso que das.
- Por unos minutos, haz movimientos lentos, fíjate en la manera en la que cada pie se levanta, la forma en la que el peso de tu cuerpo se dirige hacia un lado y hacia el otro y lo que sientes al reposar tus pies sobre el suelo.
- Usa cada uno de tus pasos como el ancla de tu atención. Si notas alguna distracción mental, suavemente dirige tu atención a tus pies y a tus pasos.

- Una vez te sientas más en tu centro, empieza a observar detenidamente lo que te rodea. Fíjate en los colores, las formas y las texturas de cada elemento a tu alrededor.
- Por unos minutos enfócate en los sonidos del lugar donde te encuentras y lo que te hacen sentir.
- Finalmente, concéntrate en los olores que percibes. Está bien si no puedes sentir ningún aroma, abre tus sentidos de manera neutral y atenta.
- Sigue descubriendo lo que percibes con cada uno de tus sentidos y mantén tu atención completamente centrada en tu caminar.
- Regresa tu atención a tus pies y al movimiento que realizan. Siente la libertad de este momento en el que puedes salir a caminar libremente, algo que no todos pueden realizar.
- Agradéceles a tus pies y a todo tu cuerpo por poder hacer este ejercicio, y disfruta de la serenidad que te deja esta experiencia.

Recursos adicionales. Acerca la cámara de tu dispositivo móvil al código de la izquierda o visita **plenitud.net/recursos** para ir directamente a la página web en donde encontrarás un audio para realizar la práctica de "pasos conscientes" y otros recursos para este capítulo.

CAPÍTULO 3
PRESENTE

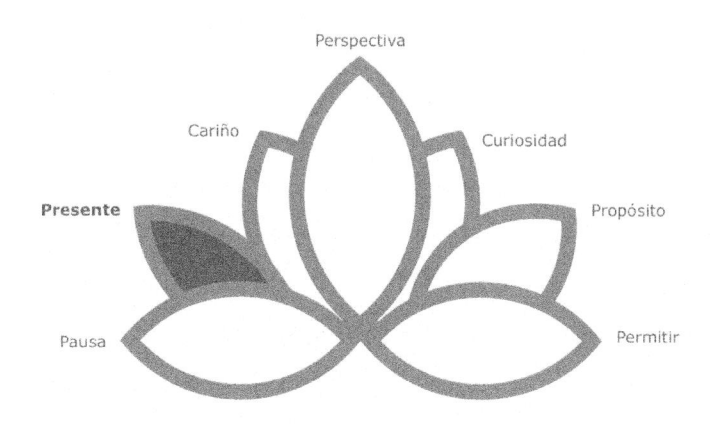

Diagram: lotus with petals labeled Perspectiva, Cariño, Curiosidad, Presente (highlighted), Propósito, Pausa, Permitir

> *Tu verdadero hogar está en el aquí y el ahora.*
> **Thich Nhat Hanh**

Mi corazón empezó a palpitar de manera acelerada a medida que se acercaba mi momento. Respiré profundamente, pero mi ritmo cardíaco no disminuía. Sabía que tenía que calmarme, pero no lo lograba. Esa sensación era diferente a los nervios que solía sentir en momentos como ese. "Cálmate, por favor" me dije a mí misma varias veces, en vano. Al escuchar al organizador pronunciar mi nombre, empecé a ver borroso, sentí mi cabeza por las nubes y no logré pronunciar palabra. Me congelé, sentí que entraba en otra dimensión, parecía como si alguna parte de mi cerebro hubiera dejado de funcionar. Durante cerca de diez eternos segundos no pude reaccionar, a pesar de oír mi nombre repetidamente a lo lejos. Tuve un ataque de pánico frente a casi doscientas personas, quienes me observaban en silencio.

Mi jefe me había pedido que diera una presentación de veinte minutos sobre el proyecto que estaba liderando en Google. Era una presentación sencilla, yo conocía el tema a la perfección, el público iba a ser amable y ya había ensayado mi parte varias veces. Además, siempre me había gustado hablar en público y, en ese caso en particular, quería celebrar todo lo que mi equipo había logrado frente al resto de la organización. Objetivamente, no había ninguna razón para estar nerviosa, mucho menos a ese nivel, pero mi interior era un torbellino de emociones y mi sensibilidad, ante cualquier situación de estrés, se elevaba por las nubes.

Esto sucedió unas semanas después de irme de la casa. Decidí alojarme en distintos hoteles cerca de mi trabajo, llevaba mi maleta y algunas pertenencias en el baúl de mi carro. No quise contarle a nadie lo que me sucedía y decidí no ir a casas de amigos. Como no sabía durante cuánto tiempo iba a estar fuera, preferí reservar una noche a la vez en lugares de hospedaje pequeños de la zona. Dado todo lo que me estaba sucediendo a nivel personal, me sentía inestable, frágil y muy vulnerable.

En ese momento me era difícil identificar lo que sucedía, a pesar de que me encontraba muy mal. Cada día que me despertaba en un nuevo hotel, deseaba que un hada me hubiera visitado en la noche y mágicamente desapareciera todos mis sentimientos negativos. Pero cada mañana despertaba igual: sin ningún cambio ni deseo de nada.

Dado que mi vida personal estaba colgando de un hilo, me aferré lo más fuerte que pude a mi trabajo. Era realmente lo único sólido que tenía en ese momento y se había convertido en mi enfoque y fuente de vida. Así que salía lo antes posible al trabajo en la mañana y regresaba al hotel lo más tarde que podía.

Cada día me vestía con algún blazer, blusa, jean y zapatos planos. Me maquillaba para esconder un poco el rastro que dejaba la tristeza en mis ojos y me obligaba a sonreír y a hacer como si nada estuviera pasando, desde el momento en el que abría la puerta de mi oficina. La máscara que usaba durante la jornada laboral me funcionaba bastante bien.

El día de esa presentación no fue diferente, excepto que usé un pintalabios de color más fuerte que el rosado oscuro que solía usar y me puse más color negro sobre las pestañas que de costumbre. Mientras conducía en dirección al edificio en donde iba a llevarse a cabo la reunión repetí en voz alta lo que tenía que decir en cada diapositiva. Ya lo había memorizado y practicado muchas veces, porque quería que saliera perfecto. Dentro de la audiencia iban a estar personas con el poder de aprobar o negar el ascenso y aumento salarial que yo tanto quería. Tenía claro que no había cabida para errores.

Algo similar a lo que me pasó ese día le sucedió a un conocido presentador de noticias en Estados Unidos, llamado Dan Harris. Durante una presentación en televisión nacional, en vivo y frente a millones de personas, Dan sufrió un ataque de pánico tan fuerte que entrecortó su respiración, empezó a mezclar palabras, no pudo seguir hablando y tuvo que ir a un corte en el segmento de noticias. Todo esto quedó grabado y el video de ese episodio tiene más de doce millones de vistas en YouTube.

Fue después de ese momento vergonzoso y confuso que Dan comenzó a explorar lo que le sucedió y a adentrarse en el mundo de la meditación. A pesar de considerarse a sí mismo un escéptico en temas de espiritualidad y de tenerle "alergia" a temas "sentimentaloides" de la nueva era, ahora habla de su ataque de pánico y su interés por prácticas contemplativas abiertamente. Dan escribió el libro *10% más feliz*, en el que explica los beneficios de la meditación y de la atención plena, y lanzó un *podcast* sobre los mismos temas.

Conocer la historia de Dan Harris, ver su video en medio del ataque de pánico y leer su libro, me inspiró a hablar abiertamente sobre el episodio de pánico que viví durante esa presentación en Google. No solo me sentí mejor al saber que mi audiencia fue solamente de casi doscientas personas, y no de más de doce millones (¡lo siento, Dan!), sino que, además, me di cuenta de que todos los momentos difíciles traen una lección y una oportunidad consigo. Mi ser interior tuvo que sacudirme muy fuerte, ahí donde más me afectaba, para que le prestara atención.

Uno de los muchos aprendizajes que me trajo ese episodio fue reconocer mi constante preocupación por el futuro. Tras balbucear algo coherente en medio de la presentación y después de mi ataque nervioso, empecé a pensar en lo que ocurriría después. ¿Qué iban a pensar de mí al ser incapaz de hacer algo tan simple? ¿Cómo afectaría mi carrera y mi futuro? ¿Cuál iba a ser la repercusión sobre mi equipo y los recursos adicionales que quería que nos otorgaran a través de esa reunión? ¿Cómo iba a salir de eso sin afectar mi reputación, que había cuidado por tanto tiempo? Estaba tan preocupada por el futuro que me llené de ansiedad y me desconecté de mi momento presente.

Muchas personas que conozco a menudo reviven su pasado recordando y hablando de lo que les sucedió. Yo, por el contrario, percibía que el pasado se esfumaba muy rápido y se me olvidaba con facilidad. Los momentos lindos del pasado se escapaban de mi mente rápidamente, y trataba de bloquear aquellos que no me gustaban para no tener que revivirlos; ingenuamente, pensaba "mejor dejarlos bien escondidos en algún lugar de la masa cerebral al que sea difícil de llegar".

El futuro, por otro lado, me llenaba de ilusión. Era como ver una película y no saber qué va a pasar. Imaginaba diferentes versiones de lo que ocurriría, visualizaba lo que quería que sucediera, y también me preocupaba con frecuencia por los posibles resultados que no quería aceptar.

En general, me gusta mucho planear, ya sea un viaje, un proyecto o mi futuro, porque tengo la creencia de que al tener las cosas bajo control, saldrán bien. Mi personalidad me hace pensar constantemente en el futuro. Se podría decir que soy una futurista en rehabilitación.

Esto me ha llevado a indagar por qué tantas personas hablan del momento presente. En la mayoría de los libros de crecimiento personal que he leído se habla sobre la gran importancia del instante actual.

El momento presente

Muchas tradiciones, libros de autoayuda y terapeutas invitan a estar en el momento presente y sugieren que es el estado perfecto para ser felices. Pero... ¿es verdad? ¿Qué tiene de malo lo que sucede en la mente con respecto al tiempo? ¿Qué tiene que ver con la felicidad? ¿Por qué se habla tanto de la importancia del ahora?

Estar en presente significa que estás atento a lo que sucede en este instante. No te encuentras distraído rumiando sobre el pasado o preocupado sobre el futuro, sino centrado en lo que está sucediendo ahora mismo. Toda tu atención está en el aquí y en el ahora. Tu cuerpo, mente y corazón están sincronizados.

Es muy común que la mente de los seres humanos divague. Si inviertes un poco de tiempo en percibir lo que hace tu mente, quizás notes que pasa de un pensamiento a otro a gran velocidad. A continuación, te comparto algunos ejemplos de pensamientos no anclados en el presente, y de las emociones o sentimientos que generan, que quizás también hayas experimentado en algún momento:

- Algo del pasado que te gustó mucho y que ya no tienes en tu vida (nostalgia).

- Algo de tu pasado que te disgustó y que no quieres que se repita o deseas que hubiera sido diferente (arrepentimiento, vergüenza).

- Algo de tu pasado que alguien hizo y te causó daño (resentimiento, odio, rabia, deseo de venganza).

- Algo que te gustaría tener en el futuro (sentimiento de carencia actual).

- Algo que quieres que pase en el futuro (imaginación, anhelo).

- Algo que no quieres que pase en el futuro (miedo, preocupación).

Cuando tu cuerpo y tus acciones no están conectados con lo que piensas, entras en estado de "piloto automático". El ejemplo típico de ese estado es cuando vas conduciendo después de salir del supermercado y no sabes cómo, de un momento a otro, estás en tu cómodo sofá viendo televisión. ¿Cómo llegaste a tu casa? ¿Cuánto tiempo tardaste? Es como si alguien te hubiera servido de chofer, porque tú estabas en otro mundo y era tu cuerpo el que conducía de manera automática, casi sin notarlo.

Recuerda que es común y natural que la mente divague, particularmente durante actividades rutinarias. Es algo que nos pasa a todos los humanos, así que no te juzgues si te sucede. Entrar en piloto automático es una forma en la que el cerebro maneja actividades rutinarias de manera eficiente. Por ejemplo, la primera vez que montaste bicicleta tuviste que estar muy pendiente de cada movimiento de tus piernas y brazos, pero con el tiempo aprendiste a andar en bicicleta mientras observabas el paisaje o le prestabas atención al tráfico a tu alrededor. Cuando se aprende una tarea y se practica con frecuencia, el cuerpo desarrolla la capacidad de realizarla sin tanto esfuerzo y reserva recursos para otras actividades menos familiares.

A pesar de que este estado automático tiene una función y les sucede a todas las personas, al estar "en otro mundo" divagando sobre el pasado o sobre el futuro, es fácil perderse del momento en el que todo sucede: el presente. Es solamente en este espacio de tiempo que se puede sentir, amar, vivir, ser o tomar acción. Nada ocurre fuera de este momento presente. Que no se te pase la vida, que es lo que sucede ahora mismo, mientras tu mente vive otra cosa.

> *¿Cómo puedes amar si no estás ahí?*
> **Thich Nhat Hanh**

En el mundo actual hay un bombardeo constante de información y, de cierta manera, se valora a quienes dicen tener la capacidad de realizar multitareas. Yo siempre me sentí en desventaja por no poderme enfocar en más de una tarea, persona o situación a la vez. Ahora me doy cuenta de que simplemente estaba dándole mi atención completa a una sola situación en mi presente, lo cual está alineado con vivir de manera más consciente y productiva. Según Jay Shetty, autor de *Piensa como un monje*:

> Estudios han encontrado que solo el 2 % de nosotros puede hacer múltiples tareas a la vez de manera eficaz; la mayoría de nosotros somos terribles en ello, especialmente cuando una de las tareas requiere de mucho enfoque. Cuando pensamos que estamos realizando multitareas, lo que usualmente está sucediendo es que estamos cambiando rápidamente entre varias cosas diferentes o realizando 'tareas en serie' (...). Cuando nos permitimos tener experiencias inmersivas –a través de la meditación, periodos de trabajo enfocado, pintura, hacer un crucigrama, limpiar un jardín, y muchas otras formas de tareas contemplativas enfocadas– no solamente somos más productivos, sino que, en efecto, nos sentimos mejor[7].

Un día leí un estudio de Harvard Gazette, realizado con 2.250 adultos, en el que se estima que la mente de las personas divaga cerca del 47 % del tiempo[8]. Cuando una mente divaga significa que lo que una persona está haciendo no está sincronizado con lo que está pensando. Por ejemplo, si cuando estás desayunando (lo que haces) estás pensando en los materiales que tu hijo necesitará para un proyecto escolar el próximo mes, tu mente no está en el presente, está divagando. La cifra de 47 % me pareció sorprendente: significa que casi la mitad de tu vida te estás enfocando en algo imaginario y estás desconectado de tu realidad. Al mismo tiempo, creo que puede ser una cifra conservadora para ciertas personas cuya mente probablemente divaga aún más.

El punto que más me llamó la atención del estudio fue el hallazgo que indica que "una mente que divaga es una mente infeliz. Según los investigadores, "las personas son menos felices cuando su mente divaga que cuando no, sin importar la actividad que estén realizando. Aún más, el reporte indica que "aquello que las personas piensan puede predecir mayormente su felicidad, por encima de lo que están haciendo. Esto me pareció muy importante porque: a) si mi actividad mental influye más sobre mi bienestar que lo que estoy realizando en un momento dado, b) si logro tener control sobre mi actividad mental, entonces, c) ¡tengo más control sobre mi bienestar (o mi nivel de sufrimiento) de lo que creo!

Me parece increíble y fascinante saber que un pensamiento, algo tan abstracto que surge de procesos mentales, puede tener un impacto semejante en el bienestar. Es como si el jugo gástrico que se genera en procesos digestivos te hiciera sentir tristeza o alegría o afectara tu nivel de armonía diaria. Si lo ves de esa forma, ¿no es muy poderoso que los pensamientos dominen tanto el sistema anímico de las personas?

Así como no eres tu jugo gástrico, no eres tus pensamientos; eres quien los observa. Al no identificarte con tus pensamientos ni con las emociones que te generan, puedes tener mayor control sobre tu actividad mental, lo cual te permite centrarte en el presente y, con ello, aumentar tu bienestar.

Eckhart Tolle, el conocido escritor de *El poder del ahora* y de *La quietud habla*, libros enfocados en la importancia del presente, dice:

> Cuando entras en el Ahora, sales del contenido de tu mente. La corriente innecesaria de pensamientos se apacigua. Los pensamientos dejan de absorber tu atención, ya no te ocupan completamente. Surgen pausas entre pensamientos, espacio, quietud. Empiezas a darte cuenta de que eres mucho más profundo y vasto que tus pensamientos[9].

El presente es un regalo

Es muy sabio que la palabra "presente" denote el momento actual. Se le llama presente porque es el mejor regalo, obsequio o presente que se recibe continuamente. El presente es el único momento que realmente importa. Ya. Ahora. Sí, este mismo.

No es posible controlar el pasado porque ya no existe. Ya se fue. Como dice Daddy Yankee, "Lo que pasó, pasó". Se puede aprender de las lecciones que traen las experiencias pasadas, pero es importante dejarlas ir. Tampoco se puede controlar el futuro, pues aún no existe. Aunque se crea lo contrario, el futuro tampoco se puede controlar. Como dicen los Beatles, "Let it be" (déjalo ser). Puedes actuar en el presente y tomar decisiones y acciones que beneficien tu futuro, pero no tienes certeza de lo que va a pasar ni control total de ello. Es un campo de infinitas posibilidades.

Quizás estás pensando lo que también dice mi mente 'futurista' en protesta: "si no planeo para el futuro, nada saldrá bien". Es crítico planear, visualizar, tener ambiciones y trabajar por un futuro mejor. De no ser así, todo va a salir mal, ¿no?

No cabe duda de que es importante tomar decisiones sabias ahora para tener un buen futuro. Pero las decisiones y las acciones las tomas ahora. Aún si haces todo lo 'correcto' hoy, el futuro puede ser completamente diferente (mejor o peor de lo que imaginaste). Los accidentes, los desastres naturales, las lindas sorpresas de la vida, las acciones de otras personas te pueden afectar sin importar cuánto quieras evitarlo ni si deseas un resultado diferente. Es decir, todo lo que puedes controlar es lo que haces en el momento presente.

En cuanto al pasado, no se trata de abandonarlo del todo, lo importante es la intención y la manera en la que se ve. Andy Puddicombe, el cofundador de la aplicación móvil Headspace dice:

> Estar en el presente no significa estar separado del pasado o del futuro. Por ejemplo, podemos estar en el presente cuando reflexionamos conscientemente sobre eventos del pasado. De igual forma, podemos estar presentes cuando planeamos conscientemente para el futuro (lo cual es diferente de estar atrapados, distraídos o abrumados con pensamientos del pasado o del futuro)[10].

> *El momento presente es el único en el que no hay tiempo. Es el punto entre el pasado y el futuro. Siempre está aquí y es el único punto al que podemos tener acceso en el tiempo. Todo lo que sucede, sucede en el presente. Todo lo que pasó en algún momento y todo lo que pasará solo podrá ocurrir en el momento presente. Es imposible que algo exista fuera del presente. Por ello, es obvio que el pasado y el futuro no tienen realidad propia. Solamente son conceptos mentales en nuestras cabezas.*
> **Myrko Thum**

La práctica de la presencia

Dan Harris, de quien te he venido hablando, escribió en su libro *10 % más feliz* lo que Eckhart Tolle le respondió sobre la importancia del enfoque en el presente:

> Haz que tu momento presente sea tu amigo en lugar de tu enemigo. Porque muchas personas viven habitualmente como si el momento presente fuera un obstáculo que necesitan superar con el fin de llegar al siguiente momento. E imagina viviendo tu vida entera así, donde este momento nunca está del todo bien, no es suficiente, porque necesitas llegar al siguiente. Eso es estrés continuo[11].

Es verdad que en muchas ocasiones los seres humanos vivimos como si estuviéramos corriendo tras el siguiente momento, evento, situación o plan y rechazamos lo que sucede en el instante actual. Por eso, a continuación, te comparto algunas sugerencias que te pueden ayudar a hacerte amigo de tu presente:

- Medita. Esta es la práctica clave para 'desarrollar el músculo de la presencia'. A través de la meditación practicas el ejercicio de traer la mente al presente, lo cual te ayudará en tu rutina, aun cuando no estés meditando. Profundizaré sobre este tema en la próxima sección.

- Proactivamente, guía tu mente hacia el presente. Piensa en el pasado con algún propósito y solo cuando lo necesites. Por ejemplo, si quieres aprender sobre algo que salió o no salió bien, puedes escoger regresar al pasado para revivirlo y tomar nota de la lección. De la misma manera, piensa en el futuro de manera dosificada, y asegúrate de enfocarte en él de manera sana y con bajos niveles de ansiedad o preocupación. Solamente lo suficiente para preparar lo que realmente necesitas. Trata de estar en el presente la mayor parte del tiempo.

- Practica "saborear" los momentos de manera proactiva. Experimenta estar en el presente de manera completa, como cuando comes el primer bocado de un postre delicioso y sientes todos sus sabores, texturas y colores. Trata de llevar esa misma intención a tu día a día.

- Enfócate en la respiración. Cuando te encuentres con muchas distracciones, respira profundo y lleva tu atención al proceso de respirar. Es decir, visualiza la manera en la que el aire entra y sale de ti, observa lo que se siente inhalar y lo que percibes al exhalar. También puedes repetir mentalmente mientras respiras: "Estoy inhalando" (mientras inhalas). "Estoy exhalando" (mientras exhalas). "Estoy aquí, este es el ahora" (en la pausa entre inhalación y exhalación). Puede que no te resulte fácil inicialmente, pero podrás crear un hábito con la práctica.

- Reconoce cuándo tu mente divaga. Identifica dónde está tu mente en cada momento y con suavidad regrésala al presente, las veces que sea necesario. Este es el ejercicio más poderoso para centrarte en el presente.

Entrénate para descubrir los momentos en los que tu mente se aleja del presente. No tienes por qué hacer nada al respecto. Tan sólo descúbrelo y di "vaya, aquí mi mente se ha distraído un minuto". El mero acto de señalarlo te devolverá al presente. El cinturón negro de la presencia se consigue cuando advertimos que no estamos presentes.
Mo Gawdat

- Realiza ejercicio físico. Tu cuerpo reside en el presente, así que actividades como yoga, karate, natación o cualquier otro ejercicio pueden ayudarte a enfocarte en el ahora. Es muy difícil que te distraigas cuando estás tratando de balancearte en una postura de yoga o en medio de un partido de tenis, pues estas actividades requieren de toda tu atención, lo cual es una excelente práctica para estar en el presente.

- Toma distancia de tus pensamientos. Imagina que cada pensamiento es una nube en el cielo que simplemente ves pasar. No te involucras con la nube, no la cuestionas, no la evalúas, solamente la observas mientras se aleja con el viento. Tú continúas firme en el presente, sin dejarte llevar por ese pensamiento. Si esta imagen mental te ayudó, te invito a que veas otros *GIFs* animados para aquietar la mente en plenitud.net/recursos, en el capítulo de presente.

Prueba esto: te quiero compartir mi truco favorito, el cual solo requiere de veinte segundos de tu tiempo. Cuando notes que tu actividad mental es muy alta y tengas muchas distracciones, hazte la siguiente pregunta, mentalmente, seguida por una pausa: "¿cuál será mi próximo pensamiento?" Notarás que, al hacer la pregunta, la mente se desubica un poco, y te encontrarás inmediatamente en un espacio mental de silencio, en el aquí y en el ahora. Es como magia. Inténtalo. Cierra los ojos, respira profundo y pregunta: "¿cuál será mi próximo pensamiento?".

El portal para despertar está aquí y ahora

Además de ser el único momento que realmente tiene relevancia, y más allá de los reportes científicos que prueban que estar en el presente ayuda a aumentar el bienestar y la felicidad, creo que hay algo mucho más importante y sublime: el presente es el puente para un despertar espiritual.

En griego existen dos palabras para denominar el tiempo: *cronos y kairós*. Cronos se refiere al tiempo estructurado, cuantitativo, secuencial o cronológico (de ahí viene esta palabra). *Kairós*, por su parte, se refiere al tiempo sin estructura y cualitativo; el momento adecuado u oportuno que se abre a todas las posibilidades, o el momento indeterminado donde las cosas especiales suceden. Estar en *kairós* es estar en sintonía y alineación con el momento presente y perder la noción del tiempo.

En la teología cristiana, *kairós* es asociado con el "tiempo de Dios". Para los sofistas, *kairós* es "el momento adecuado para hacer algo". A mí me gusta verlo como el tiempo sin noción de tiempo, en donde es posible estar en plenitud. Desde mi punto de vista, solamente se puede entrar a este espacio de "tiempo sin tiempo" en el momento presente.

En el capítulo anterior mencioné que la pausa es el primer paso para el crecimiento, pues es imprescindible para poder 'aterrizar' en el presente. Solo a través de la entrega completa al presente te puedes conectar con la parte dentro de ti que es completa, divina, inmutable y extensión de la fuente de vida. Es por ello que estar en el presente es el atajo más corto para tu bienestar profundo y es el portal para tu crecimiento espiritual. En los siguientes capítulos te seguiré contando más sobre todo esto.

> *El despertar ocurre cuando estás completamente presente.*
> **Adyashanti**

Para recordar

Enfocarte en el aquí y en el ahora es la manera más directa de centrar tu mente, lo cual tendrá un impacto positivo sobre tu bienestar. Es en el presente cuando aumentas tu conexión con la profundidad de tu ser interior.

Reflexión y práctica

Tu momento presente, ahora. Por unos segundos, reflexiona sobre lo que sientes y percibes en este momento. Sin juzgar o analizar, simplemente observa tu realidad actual y responde las preguntas a continuación:

- ¿Qué sensaciones percibes en tu cuerpo?

- ¿Qué pensamientos están en tu mente?
- ¿Cuál es la emoción o el sentimiento más intenso? ¿En qué parte del cuerpo lo sientes?

- ¿Qué palabra utilizarías para describir tu momento presente?

- ¿Hay algo más que puedas observar sobre tu estado interno o sobre algo que sucede a tu alrededor que no habías percibido?

Pasado, presente o futuro: en los próximos días fíjate si tu mente tiende a divagar más hacia el pasado o hacia el futuro, o si con frecuencia se encuentra en el presente. Observa tu mente como un investigador de laboratorio y etiqueta tus pensamientos cuando los notes, con "presente", "pasado" o "futuro". Haz un inventario de lo que encuentras y escribe sobre tus hallazgos.

Conversación presente: la próxima vez que tengas una conversación, conviértela en una oportunidad para estar en el presente. Estoy segura de que la otra persona lo apreciará muchísimo y le vas a sacar más provecho a esa interacción. Lo único que debes hacer es dejar ir cualquier distracción y enfocar tu atención en lo que está diciendo la otra persona. No se vale ver el celular, cocinar, limpiar ni realizar otras actividades al mismo tiempo. Préstale atención a tu interlocutor(a), al mensaje, al sonido de sus palabras, a su entonación, a sus gestos (si son visibles), a las emociones detrás de sus palabras, etc. Esto puede funcionar tanto presencialmente como por teléfono o videoconferencia. ¡Inténtalo!

Respiración consciente: practica el siguiente ejercicio de respiración, llamado *sama vritti pranayama* en sánscrito. Es excelente para centrar la mente en el presente y enfocar la atención cuando tienes muchas distracciones. Haz este ciclo tres veces. Solamente te tomará unos segundos.

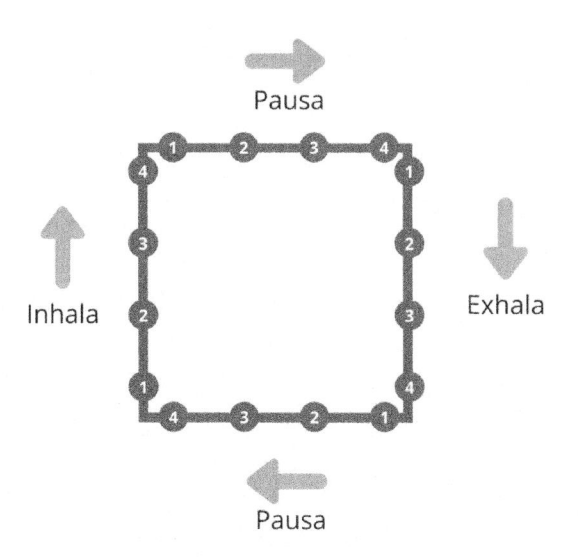

- **Paso 1:** imagina que tu respiración es como una cuadrado y vas a estar en cada lado contando hasta cuatro, lentamente.

- **Paso 2:** empieza inhalando en cuatro tiempos. Cuenta uno, dos, tres y cuatro mientras inhalas.
- **Paso 3:** mantén tu respiración después de inhalar, cuenta hasta cuatro.

- **Paso 4:** exhala de igual manera, cuenta hasta cuatro.

- **Paso 5:** cuenta hasta cuatro en el espacio después de exhalar y antes de inhalar una vez más.

Visita **plenitud.net/recursos** en donde encontrarás una animación sobre el ejercicio de respiración consciente y recursos adicionales para este capítulo.

A PROFUNDIDAD: SOBRE LA MEDITACIÓN

Dado que la meditación te ayuda a estar en el presente y es algo que te invitaré a practicar a lo largo de los próximos capítulos, quiero hacer una pausa para profundizar más sobre este tema. Así tengas amplia experiencia en la meditación, esta sección puede recordarte el gran valor de continuar tu práctica.

¿Qué significa meditar?

La meditación es un proceso para entrenar la mente, conectarse con la quietud del interior y generar un estado de bienestar. A través del amplio espectro de prácticas de meditación se puede calmar la actividad mental, lo cual permite mayor serenidad, conexión consigo mismo y con el entorno.

¿Qué puedo sentir durante la meditación?

Cada persona responde de manera diferente a la meditación, incluso, una misma persona puede tener distintas sensaciones en momentos diferentes. Según mi experiencia, los dos elementos centrales de las prácticas de meditación son la pausa y la presencia. La pausa significa dedicar un espacio para centrar y calmar la mente. La presencia significa estar en completa conexión con el aquí y el ahora, observar la experiencia actual desde una perspectiva más amplia y aceptar la realidad tal cual es. Así que lo que puedes experimentar, en términos generales, es ese espacio de pausa y de presencia. Con la práctica puedes percibir mayor paz mental, calma, serenidad y conexión con tu interior y tu entorno.

¿Cuáles son los beneficios de la meditación?

Esa es la gran pregunta. Con todo lo que tienes que hacer en tu día a día y las muchas actividades por priorizar, ¿para qué dedicarle tiempo a meditar? Sharon Salzberg, una maestra de meditación a quien estimo mucho, explica en su libro *Real Happiness*: "La meditación es esencialmente entrenar nuestra atención para que tengamos mayor consciencia–no solamente de nuestros estados internos sino también de lo que sucede alrededor nuestro, en el aquí y el ahora"[12]. Según dice, la meditación fortalece y direcciona la atención para cultivar tres habilidades específicas: la concentración, con el fin de aumentar el enfoque y disminuir las distracciones; el *mindfulness*, para refinar la atención y conectarse más con lo que la vida presenta, y la compasión o bondad amorosa, la cual transforma las conexiones con otras personas.

Cada persona tiene un objetivo diferente al empezar una práctica meditativa. Algunos incluyen reducir estrés, cultivar paz, eliminar fatiga, mejorar la memoria, buscar claridad de propósito, mejorar el sueño o encontrar conexión espiritual. Todos estos son motivos poderosos para empezar una práctica de meditación. He intentado resumir las razones principales para meditar, basándome en las personas que conozco y en una encuesta que hice recientemente en mi página web. Consolidé las razones bajo seis grupos: relajación, atención, introspección, conexión, espiritualidad y salud. No todas las personas buscan cada uno de estos objetivos ni llegan a obtenerlos en su totalidad. Depende de cada persona y de su situación. Todas estas razones son perfectamente válidas, ninguna es mejor que otra.

Al hacer este resumen, noté que las primeras letras de los seis grupos forman la palabra RAÍCES. ¡La meditación te permite enraizarte y conectarte con tu interior!

- **Relajación:** encontrar un espacio para permitir que el cuerpo descanse. Llegar a un punto de calma, equilibrio y tranquilidad mental. Reducir el estrés.

- **Atención:** entrenar la mente para llegar a estados más sostenibles de enfoque, atención y concentración.

- **Introspección:** permitir espacios de silencio para reflexionar y asimilar con mayor profundidad los aprendizajes de la vida.

- **Conexión:** aumentar la cantidad y la profundidad de momentos en los que te conectas con tu ser interior. Desarrollar la habilidad de establecer conexiones más profundas con quienes te rodean. Aumentar compasión contigo mismo y con los demás.

- **Espiritualidad:** evolucionar como ser espiritual. Reconocer tu esencia como parte de la unidad. Conectarte con lo divino. Trascender. Crecer en tu camino espiritual.

- **Salud:** mejorar tu estado físico. Reducir la ansiedad y la depresión. Superar situaciones difíciles, problemas emocionales o físicos. Aumentar energía y vitalidad.

No importa la razón que tengas para empezar a meditar. Puedes hacerlo solamente para relajarte o puedes practicar para crecer espiritualmente. Independientemente del motivo, estarás haciendo algo positivo para ti y para tu entorno. Además, la meditación puede tener efectos adicionales en tu mente y cuerpo, los busques conscientemente o no.

La investigación científica sobre la meditación y el *mindfulness* está creciendo exponencialmente. Son muchos los investigadores alrededor del mundo que se han interesado por descubrir o validar los beneficios de prácticas contemplativas como la meditación, usando el método científico tradicional. Y aunque aún queda mucho por investigar, existe amplia evidencia sobre el impacto positivo de la meditación a nivel fisiológico, emocional y mental.

El libro *Rasgos alterados*, de los investigadores Daniel Goleman y Richard Davidson, es una de las obras más completas sobre la evidencia científica existente en relación con los efectos de la meditación. Según los autores, una práctica constante de meditación puede generar cambios positivos y duraderos de comportamiento y hasta modificaciones en la estructura cerebral del practicante, con resultados benéficos en muchos ámbitos[13].

Richard Davidson, quien también es el fundador del Center for Healthy Minds (Centro para mentes saludables) en Estados Unidos, explica que lo más alentador sobre las nuevas investigaciones es que la meditación puede remodelar el cerebro para fortalecer las cualidades que los psicólogos dicen ser componentes cruciales para la felicidad: resiliencia, ecuanimidad, calma y el sentido de conexión compasiva con otros.

De acuerdo con Sharon Salzberg, "La meditación no solamente mejora nuestras habilidades cognitivas, sino también nuestro sistema inmune". Ella relata que el equipo de Richard Davidson se alió con Jon Kabat-Zinn, creador del programa de reducción de estrés basado en *mindfulness*, conocido como MBSR, por sus siglas en inglés, para un estudio sobre ese tema. A propósito, dice:

> Los investigadores estudiaron los cerebros de los participantes antes y después de recibir ocho semanas de capacitación en MBSR y los compararon

con un grupo de personas que no meditaban. Al final de la capacitación, ambos grupos recibieron vacunas antigripales y sus niveles de anticuerpos fueron medidos. El grupo de meditadores no solamente demostró una actividad elevada en el área del cerebro asociada con menor ansiedad, una disminución en emociones negativas y un aumento en las positivas, sino que además su sistema inmune produjo mayores anticuerpos como resultado, comparado con el grupo de quienes no meditaron. En otras palabras, puede existir un vínculo fuerte entre la meditación, las emociones positivas, y un sistema inmune más saludable[14].

La meditación te puede ayudar a alcanzar tus demás objetivos, pues se ha demostrado que meditar aumenta la fuerza de voluntad. A través de una práctica constante de entrenamiento mental para volver al presente, puedes crear mayor control sobre tus pensamientos y acciones. De esta forma, puedes aumentar tu disciplina, autocontrol, enfoque y fuerza de voluntad. Esto significa que en tu día a día podrás obtener otros objetivos y mantener tus hábitos saludables con mayor facilidad.

Podría enumerar una larga lista de beneficios en distintos niveles, pero existe un aspecto de la meditación que quiero resaltar como el más importante para una vida en plenitud, según mi propia experiencia: profundizar la conexión con el interior. Hace algún tiempo, mientras caminaba por las calles de San Francisco llegó a mis manos una hoja de papel con un texto cuyo título ya había visto en varias ocasiones: "¿Para qué meditar?". Dado que lo tenía en la mano y tenía tiempo para leerlo mientras tomaba un batido de açaí, lo ojeé y me absorbió completamente. Es una de las explicaciones más profundas que he leído sobre la meditación. Aquí está mi traducción corta del texto, escrito originalmente por el gran filósofo Wayne Dyer en el libro *Getting into The Gap* (Entrando en la brecha):

La meditación nos ofrece la experiencia más cercana que tenemos de reunirnos con la Fuente y estar en unidad al mismo tiempo que estamos personificándola (...). El silencio o la meditación, son el camino a ese centro (...). Esto es a lo que yo llamo entrar en la brecha. Es donde creamos, manifestamos, sanamos, vivimos y realizamos a un nivel milagroso. La brecha es el poderoso silencio al que podemos acceder a través de la meditación. Al entrar en esta brecha elusiva entre un pensamiento y otro, podemos ingresar a una quietud que podría resultar imposible de alcanzar con otros medios (...). La práctica de meditación nos lleva a un camino fabuloso, donde todos los beneficios de una vida más serena, sin estrés, más saludable y sin fatiga están disponibles, pero esos son solamente beneficios colaterales. La razón superior para tener una práctica de meditación diaria es para llegar a la brecha entre pensamientos y hacer contacto consciente con la energía creadora y con la vida misma[15].

En mi experiencia he notado que ese espacio que se empieza a crear entre pensamiento y pensamiento o entre respiración y respiración es el que permite la conexión con el interior y con todo a tu alrededor. Al principio, esa brecha puede que sea corta, tal vez de segundos o hasta nanosegundos. Poco a poco, y con la práctica, se podrá ir ampliando y permitirá que la serenidad, la calma y el silencio te invadan plácidamente. A través de esos espacios generosos de silencio y quietud podrás conectarte con mayor facilidad con esa parte de ti que está completamente ligada con la fuente de vida. La meditación te permite ese espacio inigualable de conexión con tu centro y con el Todo, y por ello puede ser una experiencia profunda.

Me gusta imaginar que mi mente es como el mar. La superficie se asemeja a la actividad mental en donde hay movimiento constante. Cualquier influencia externa afecta la superficie del agua: si pasa una lancha, se generan pequeñas olas; si el viento es fuerte, propicia corrientes, y si algún pez salta fuera de la superficie, su fuerza genera ondas, por más pequeño que sea. Eso sucede con la mente, pues cualquier estímulo externo afecta la constante actividad mental superficial. Bajo la superficie del mar, por otro lado, hay una quietud relativa en donde puedo percibir mayor paz y tranquilidad. A pocos metros por debajo de la superficie logro observar la actividad externa, sin que me afecte. Solamente la observo. Y si sigo descendiendo hasta acercarme al fondo del mar, puedo percibir más y más quietud, espacios de silencio y serenidad mental. Es en ese espacio en el que puedo conectarme con mi profundidad, con el poder de lo infinito y con lo sagrado de la vida, y al que logro llegar a través de la meditación.

¿Cómo puedo meditar?

Dado que hay muchas técnicas meditativas, probablemente sea difícil saber por dónde empezar. Sin lugar a dudas, la técnica que te va a dar mejores resultados es aquella que te permite crear un hábito y ser constante. En el momento que encuentres un tipo de meditación al que le puedas dedicar tiempo diariamente, habrás encontrado la mejor técnica para ti.

Inicialmente, esto va a requerir que intentes diferentes modalidades. Lo puedes ver como una invitación para descubrir qué te gusta más. También puedes visitar plenitud.net/recursos para escuchar las meditaciones grabadas con diferentes temáticas, estilos y duraciones. A continuación, te comparto mis diez pasos recomendados para practicar, como ejemplo de una de las muchas técnicas de meditación:

1. **Prepara tu espacio:** elige un lugar silencioso y tranquilo. Antes de empezar, realiza todo lo que tengas que hacer para evitar distracciones e interrupciones durante tu práctica. Por ejemplo, apaga tu teléfono o avísales a las personas con quien vives que vas a necesitar silencio.

2. **Decide la duración:** escoge cuánto tiempo vas a dedicarle a tu meditación. Yo recomiendo empezar de a poco, hasta llegar a, por lo menos, veinte minutos diarios. Puedes empezar con cinco, diez o quince minutos. Si solamente puedes hacerlo durante cinco minutos, está bien; esos pocos minutos pueden resultar muy valiosos en tu día y te ayudarán a seguir de manera constante. Una vez decidas la duración, programa una alarma suave (existen aplicaciones móviles que ayudan con esto), para que te puedas relajar y no estés pendiente del reloj. Te recomiendo meditar a la misma hora todos los días, si es posible.

3. **Siéntate:** puedes meditar de pie, caminando, o en posición horizontal, pero yo recomiendo que te sientes y que uses un cojín de meditación o algo que te eleve la cadera. Si prefieres usar una silla, escoge una que te permita poner los pies sobre el suelo o usa un cojín o una manta enrollada para elevar tus pies sin que queden flotando. Mantén la espalda recta, el mentón ligeramente inclinado hacia atrás y las manos sobre las piernas.

4. **Comienza:** cierra los ojos y relájate. Ten un momento de atención plena, lleva tu mente al pre-

sente y toma consciencia de ti y de lo que te rodea.

5. **Haz un escaneo a tu cuerpo** y relaja las partes que estén tensas.

6. **Enfócate en tu respiración:** si ya has intentado meditar, probablemente estés familiarizado con la idea de usar la respiración como el ancla de la meditación. El método del enfoque en la respiración funciona muy bien, pues no requiere de otras herramientas, está disponible dondequiera que vayas y es bastante sencillo. Enfócate en cada detalle de tu respiración: por donde pasa el aire, la manera en la que tu abdomen se llena de aire al inhalar y se desocupa al exhalar. Siente la frescura del aire al entrar por tu nariz y cómo se calienta y sale al exhalar. Imagina que pasa por todo tu cuerpo y te llena de oxígeno. Céntrate en lo que sientes al inhalar, lo que notas al exhalar, y también en lo que observas durante las pausas entre inhalación y exhalación. Lleva tu mente a este proceso, una y otra vez. Respira y siente con detenimiento todo lo que sucede mientras lo haces.

7. **Aumenta tu estado de serenidad:** mientras te enfocas en la respiración, te recomiendo formar una ligera sonrisa en la comisura de tu boca (más o menos como la sonrisa de la Mona Lisa) y relajar el ceño. Esto, inmediatamente, cambiará tu estado interno y aumentará tu serenidad. ¿Lo notas?

8. **Suelta tus pensamientos las veces que sean necesarias:** es normal que, aun cuando te estás enfocando en tu respiración, lleguen pensa-

mientos a tu mente. Esto es parte natural del proceso de meditar. Cuando llegue algún pensamiento, obsérvalo, trata de no juzgarlo ni entretenerte o involucrarte con él y, poco a poco, déjalo ir. Si vuelve a suceder y notas que estás pensando en algo otra vez, no pasa nada. Suelta esos pensamientos con suavidad y paciencia; no les des fuerza, no los alimentes, pero tampoco los rechaces. Obsérvalos y déjalos pasar.

9. **Disfruta la brecha entre pensamiento y pensamiento**: poco a poco, observa el espacio entre pensamiento y pensamiento. Esa brecha de silencio y quietud irá creciendo con la práctica. Repite el paso ocho cuando llegue un pensamiento de nuevo.

10. **Ding-dong, la campana o alarma suena:** toma consciencia de tu cuerpo una vez más, poco a poco. Abre los ojos y agradece ese momento que te dedicaste.

¿Cuáles son los mitos más comunes sobre la meditación?

Quizás no sea tu caso, pero muchas personas tienen ciertas ideas erróneas sobre la meditación. A continuación, aclaro algunas de ellas:

Meditar significa poner la mente en blanco. Se estima que la mente genera cerca de 70.000 pensamientos por día, lo que equivale a 2.917 pensamientos por hora y casi cuarenta y nueve pensamientos por minuto. Dejar la mente completamente en blanco de manera sostenida es casi imposible. En lugar de pensar que el objetivo de la meditación es vaciar tu mente, piensa que es una oportunidad para intentar no identificarte ni involucrarte con tus pensamientos. Aún más, la práctica de meditación más simple se encuentra en el proceso de percibir que tu mente esté divagando y la vuelves a centrar. Así, el proceso de observar tus pensamientos y dejarlos ir juega un papel importante en la meditación, especialmente al inicio de la práctica.

La meditación es algo que "debo" hacer. Algunos maestros de meditación dicen que la meditación "no es algo que se hace", sino que "esta hace algo en ti". No es algo que debas hacer como una obligación; es un proceso voluntario del ser, no del hacer. Puedes ver tu práctica meditativa como un regalo, en lugar de una tarea más que cumplir.

Podré experimentar estados alterados de éxtasis espiritual o un momento de iluminación si medito con mucha frecuencia. El objetivo de la meditación no es llegar a un estado alterado de la mente o del cuerpo. Es posible experimentar momentos sagrados y maravillosos en donde se pierde la noción del tiempo y el espacio o donde encuentras conexión con el Todo. Sin embargo, ese no es necesariamente el fin, y no lo estás haciendo mal si esto no es lo que experimentas.

Tengo que ser una persona religiosa para meditar o la meditación va en contra de mi religión. La meditación es una técnica mental que se viene utilizando hace cientos de años y puede practicarse dentro de una religión o sin prácticas religiosas. La meditación te puede acercar más a tu práctica espiritual o religiosa, si es lo que buscas, o puede ser una actividad laica e independiente de cualquier creencia, si esa es tu preferencia.

Estoy meditando bien cuando logro el objetivo. Es muy común que en medio de una meditación te cuestiones si lo estás haciendo mal. Sin embargo, no existe manera de meditar "mal". Si sigues los pasos para meditar o algún audio de meditación guiada, lo estás haciendo, y eso es lo importante. Dedícale tiempo a tu práctica, sin darle tantas vueltas, con la frecuencia que puedas.

No te va a salir mal. No te juzgues por la manera como lo haces, por el contrario, agradécete por regalarte ese espacio que puede generar tantos beneficios en tu vida. Con el tiempo, vas a empezar a conocer las técnicas que más te gustan o a hacer ajustes en aquellas que practicas, para encontrar la manera de meditar que se acomode a tus preferencias y gustos.

¿Cómo establecer el hábito de meditar?

La meditación se puede ver como una práctica parecida al deporte: no se puede asegurar que existe un método que es absolutamente mejor que el resto; el mejor método para ti es el que disfrutas y el que te invita a dedicarle tiempo. Para desarrollar destreza en un deporte se requiere de práctica y constancia; no puedes convertirte en Ronaldo o Messi de un momento para otro sin practicar, igual sucede con la meditación. Así como hacer muchas sentadillas tonifica y esculpe los músculos de las piernas, la meditación modifica la estructura física del cerebro, según diversos estudios.

Al tener una práctica constante, estás desarrollando habilidades que probablemente ni siquiera te propusiste desarrollar. Por ejemplo, cuando nadas fortaleces los músculos de tus brazos, aun si tu propósito es solamente hacer ejercicio cardiovascular. Asimismo, la meditación desarrolla muchas habilidades sin que te lo propongas, llegando, incluso, a modificar aspectos muy profundos en ti.

Hace algunos años, salir a trotar por la calle con el único objetivo de hacer ejercicio era una idea extraña, ahora es algo común y positivo. Algo similar está sucediendo con la meditación: muchas personas ya tienen un hábito de meditación y en diversas empresas ya existen tanto gimnasios para ejercitar el cuerpo como salas de meditación para ejercitar la mente.

Para crear el hábito, puedes explorar las siguientes recomendaciones:

- Agenda tu espacio de meditación en tu calendario, ya sea de manera digital, en tu agenda física o en un tablero visible.

- Busca compañeros para realizar tu práctica. Puede ser una persona o un grupo de meditación que te ayude a mantener la constancia.

- Observa tus motivaciones diarias o excusas para para no meditar. Sin juzgarte, analiza lo que te dices en los momentos en los que decides no meditar y pregúntate si los motivos son más importantes que dedicar tiempo para ti.

- Recuerda que la práctica lo hará más fácil. Si meditar te cuesta o te parece incómodo, ten la seguridad de que se irá haciendo más fácil con el tiempo. Tal y como sucede con cualquier otra habilidad como montar bicicleta, cocinar o aprender un nuevo idioma.

- Ofrécete cariño y gentileza cuando no logres hacer tu práctica de meditación. La vida presenta muchas situaciones, y está bien si algo te impide realizar tu meditación. Vuelve a intentarlo al día siguiente.

En los próximos capítulos, continuaré compartiendo contigo diferentes técnicas de meditación y *mindfulness*, pues, como ya lo he mencionado, son una base clave para practicar los principios de la plenitud.

Para recordar

A través de la meditación podrás calmar tu actividad mental, lo cual te permitirá percibir mayor serenidad y conectarte con tu interior. Una práctica constante de meditación te puede generar cambios positivos y duraderos en muchos ámbitos.

Reflexión y práctica

Reflexiona sobre la meditación respondiendo a las siguientes preguntas: ¿qué significa meditar para ti? ¿Cuál sería la frecuencia y duración ideal de tu práctica de meditación? ¿Tienes alguna dificultad o reto frente a la práctica de meditación? ¿Qué aspecto de la meditación es el que más te llama la atención?

Razones. Con base en el listado de RAICES, explicado anteriormente, ¿cuáles son tus razones para empezar a meditar? Marca una o varias razones:

- ☐ Relajación
- ☐ Atención
- ☐ Introspección
- ☐ Conexión
- ☐ Espiritualidad
- ☐ Salud

¿Existe otra razón que no está incluida en esta lista?

Audio: ¡Llegó la hora de practicar! Escucha una de las meditaciones guiadas que preparé para ti en **plenitud.net/recursos**.

CAPÍTULO 4
CARIÑO

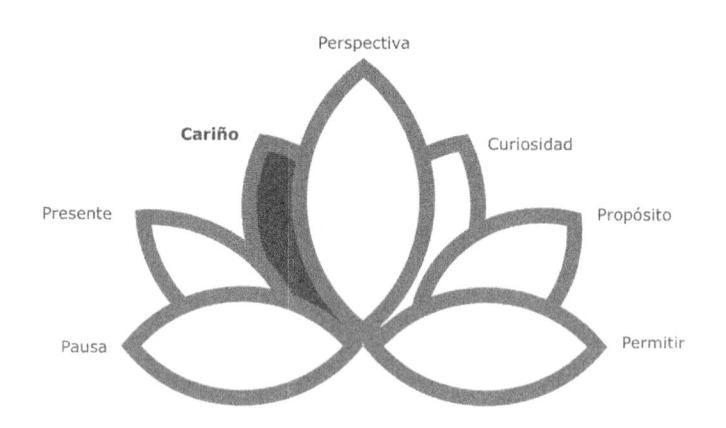

Un par de meses después de haber experimentado ese ataque de ansiedad en el trabajo, mi esposo y yo decidimos separarnos del todo. Después de varios días fuera

> *Amarse a uno mismo es el comienzo de un romance que durará toda la vida.*
> **Oscar Wilde**

de casa, regresé con el propósito de hacer enmiendas en nuestro matrimonio para que funcionara. A pesar de que no llevábamos mucho tiempo de casados, nuestra relación había desmejorado a pasos agigantados y los dos estábamos entrando en la zona de desesperación. Era muy difícil para mí saber si debía seguir luchando por la relación o si esa era una señal clara que indicaba que el final había llegado y que lo mejor era alejarnos. Esa disyuntiva, el estar parada frente a dos caminos sin saber cuál sendero tomar, me estaba afectando muchísimo y fue lo que me llevó a salir de casa inesperadamente aquel domingo después de mi cumpleaños.

Tanto él como yo queríamos que todo volviera a ser como cuando habíamos iniciado nuestra relación. Intentamos varios tipos de actividades y terapias de parejas, pero nada estaba funcionando. Habíamos creado una brecha entre los dos y nos estaba costando cerrarla. La verdad es que no era mucho lo que nos faltaba en la relación, pero lo que hacía falta era muy profundo.

Como último recurso, decidimos organizar un paseo a un pueblo que quedaba a tres horas de distancia para pasar el fin de semana. Con mucha ilusión, empacamos nuestras maletas y preparamos todo para pasar unos días románticos y desconectarnos de la rutina. Nada extraordinario sucedió durante nuestra estadía en el lindo pueblo de Mendocino, excepto durante el camino de regreso a casa. Por recomendación de algún amigo, empezamos a escuchar un audio de Enric Corbera, autor de varios libros sobre la *bioneuroemoción*, que hablaba sobre el amor en pareja. Al oírlo, algo hizo clic en nosotros dos: lo que faltaba en nuestra relación era exactamente aquello que cada uno buscaba en sí mismo. En palabras de Enric: "Tu pareja es tu reflejo".

Por mi parte, yo estaba buscando sentirme más querida y aceptada por mi esposo. La manera en la que él me expresaba cariño no era suficiente para mí. Mis células, mi corazón y mi mente sentían un vacío de amor que él no llenaba por más intentos y buenas intenciones que tuviera. Al explorar ese anhelo con mayor profundidad, descubrí que lo que yo buscaba era quererme y aceptarme más a mí misma. Aquello que le pedía a mi pareja con tanto fervor era exactamente lo que mi alma me pedía a mí misma.

Cuando entendí esto de manera visceral, me di cuenta del poderoso mensaje que la vida me estaba enviando. En silencio, le agradecí al Universo por mi esposo, el maestro que había puesto en mi camino para enseñarme esa lección y decidí dejarlo ir y enfrentar ese nuevo reto que tenía que superar por mi cuenta. Así que, al día siguiente, con gran tristeza en el corazón, buscamos viviendas separadas, empacamos nuestras cosas y terminamos, de manera muy amorosa, una relación que nos dejó muchas enseñanzas.

Al mismo tiempo, empecé a darme cuenta de que mi nivel de ansiedad en el trabajo también estaba relacionado con mi falta de aceptación y amor propio. Mi perfeccionismo, autocrítica y autoexigencia habían llegado a niveles muy altos, causando más daño que beneficios, aunque mi mente pensara lo contrario. No sentía que lo que hacía fuera suficiente, el síndrome del impostor venía a visitarme con frecuencia y consideraba que mi valor personal estaba ligado a mis resultados profesionales.

Después del incidente con mi presentación en el trabajo, nadie me dijo nada al respecto. No me felicitaron (lo que usualmente habrían hecho), no me ascendieron, ni tampoco me llamaron la atención (lo que yo estaba esperando). Creo que lo que me sucedió fue tan extraño y fuera de lo común que todos prefirieron ignorarlo y hacer como si nada hubiera pasado. El tema de las dificultades emocionales y mentales era algo que a mi equipo, y a la mayoría de grupos laborales, se les dificultaba abordar.

Sin embargo, para mí, ese episodio fue la "evidencia" que mi mente buscaba, lo que validó que algo andaba mal conmigo y que no era suficientemente buena como profesional. En la raíz de todo esto se encontraba mi miedo a ser una persona con fallas y a que los demás lo descubrieran.

El hecho de que la vida me estuviera presentando la misma lección a nivel personal y a nivel profesional, al mismo tiempo, no fue coincidencia y tuvo un efecto muy fuerte en mí. Era una lección que debía aprender y superar. Ahora lo entiendo perfectamente y puedo hablar de ello, pero en ese momento no lo entendía, lo quería esconder, y mi confusión al respecto me hizo entrar en una etapa de gran oscuridad.

Paralelamente, comencé a sentir un dolor muy extraño en la parte derecha de la cadera que me impedía correr, hacer ejercicio, como tanto me gustaba, o quedarme mucho tiempo sentada. Visité varios médicos y todos me diagnosticaron algo diferente, sin lograr identificar o tratar mi dolor. Uno de ellos me recomendó una cirugía compleja, lo cual me asustó mucho, así que preferí ignorar todas las recomendaciones. Este fue otro ingrediente más que aportó desilusión y frustración a mi vida.

Por varios meses sentí que una nube gris decidió posarse sobre mi cabeza, y por más intentos que hacía no lograba que se alejara. Sentía una tristeza profunda, ansiedad, miedo, nostalgia y poca motivación. ¿Quién era yo sin mi profesión?, ¿sin mi pareja?, ¿lejos de mi familia y en un país por el que no tenía sentido de pertenencia (y tampoco lo sentía por el país dónde había nacido)? Era como si la tierra se hubiera abierto debajo de mí, como si me hubieran quitado la alfombra sólida sobre la que me apoyaba y súbitamente me hubiera quedado perdida, volando, insegura y frágil.

Seguí intentando que nada de esto fuera visible en mi trabajo, pues quería mantener la imagen de una profesional que todo lo puede, para no poner en riesgo mi carrera. Sin embargo, poco a poco, la habilidad de esconder esa parte de mí que me estaba dominando y de vivir una doble vida se volvió imposible. Cada vez resultaba más obvio para las personas a mi alrededor que algo andaba mal.

Un día, en el que estaba muy sensible, no pude más y le conté todo lo que me sucedía a mi jefe. Rompí mi regla de no llorar en el trabajo (por lo menos no visiblemente) y le abrí mi corazón. Esa noche no pude dormir por la vergüenza que sentí al haberme mostrado débil en un ámbito profesional, pero había alcanzado mi límite y sentía que no iba a poder más con mi vida. Era como si yo fuera una banda de caucho que se había estirado tanto que, o se rompía o regresaba a su estado normal. Algo tenía que suceder. Mi jefe trató de consolarme y me ofreció apoyo con muy buenas intenciones. Sin embargo, él y el equipo siguieron exigiéndome un nivel bastante alto de calidad y volumen de trabajo, lo cual no me ayudó en ese momento.

Recuerdo que un día los directivos de mi equipo me pidieron dar una presentación a altos ejecutivos de ventas sobre uno de mis proyectos, unas horas antes de un vuelo que tenía programado a Las Vegas para asistir a una conferencia. La yo de antes hubiera programado todo con exactitud para tener la oportunidad de interactuar con los ejecutivos y, a la vez, no perder el vuelo, y lo habría logrado a la perfección. La yo de ese momento estaba absolutamente exhausta, le costaba hasta respirar y, mucho más, tomar el riesgo de pasar otra vergüenza durante una presentación. Así que, a escondidas, decidí cambiar mi vuelo a Las Vegas para que saliera tres horas antes (pagué la tarifa de cambio con mi propio dinero), y así tener una razón válida que me excusara de asistir a la reunión y poder delegársela a alguien más de mi equipo.

Durante el vuelo, llegaron a mí preguntas existencialistas sin parar: ¿Dónde estaba la mujer luchadora y guerrera que lograba obtener todo lo que se proponía? ¿Qué estaba haciendo con mi vida? ¿Para qué estaba en este planeta? ¿De qué se trata el camino de la vida? ¿Qué seguía para mí y con qué fin? Y, finalmente, la pregunta que me sacudió con fuerza: ¿merecía la pena seguir viviendo?

Al pensar en esa última pregunta el avión se estremeció por algo de turbulencia. Aunque me encanta viajar, usualmente se me acelera el corazón y me sudan las manos cuando hay turbulencia. En ese momento, sorpresivamente, no sentí nada. De cierta manera, algo en mí quería que ese vuelo me ayudara a dejar de existir, que cesara la turbulencia que llevaba en mi interior.

No encontré respuestas a todas mis preguntas, pues el vuelo era muy corto y mis inquietudes demasiadas y profundas. Pero hubo algo en ese avión que me dio una nueva perspectiva, algo de curiosidad y una dosis de ilusión, por más pequeña que fuera. Me di cuenta de que estar en un avión, alejada de mi mundo, escapar y entender bien qué me sucedía y qué seguiría en mi vida, era exactamente lo que necesitaba. Quería más de eso, seguir volando, pensando y averiguando más y más sobre lo que me sucedía.

Al regresar a casa, después de cuatro días de actividades en la conferencia, en la que mi máscara de profesional feliz no se cayó ni un minuto, el sentimiento de querer escapar aumentó aún más. Esa última pregunta que me hice mentalmente en el avión me suscitó curiosidad. Me preguntaba si lo que realmente me daría paz sería un escape "total" del planeta, y, a la vez, me preocupaba mucho tener esos pensamientos.

Después de varios días con las mismas inquietudes, decidí ver a un médico y pedir ayuda, algo que se me dificultaba hacer. Tuve la gran fortuna de encontrar a una doctora muy compasiva, amigable y empática, que me dio el tiempo y el espacio para que le contara todo lo que me había sucedido. Tras escucharme, me diagnosticó síndrome de agotamiento extremo, ansiedad y depresión y me recetó una medicina para que pudiera manejar mis días un poco mejor mientras empezaba sesiones psicológicas continuas.

Nunca me había gustado la idea de tomar medicamentos químicos de ningún tipo, si los podía evitar, incluyendo medicinas tan sencillas como un acetaminofén para el dolor de cabeza. De alguna manera, siempre había preferido no esconder el dolor, para poder monitorearlo mejor, si era tolerable. Además, elegía los remedios caseros o naturales como primera opción. Pero este era un caso extremo, así que empecé mis dosis de antidepresivos y ansiolíticos, y noté mejoría. Sentí mucho agradecimiento por todas aquellas personas que investigaron, probaron, produjeron y me recetaron ese producto que le estaba dando un poquito de equilibrio a mis días.

Continué trabajando por varios meses e hice mi mayor esfuerzo por llevar una vida estable en ese nuevo capítulo después de mi separación. Hice planes con amigos, me involucré en nuevos proyectos dentro y fuera del trabajo, traté de dormir bien, hice prácticas de *mindfulness*, y algunos días logré sentirme mejor, pero el dolor profundo y mi inquietud constante no cesaban.

Un día una amiga me invitó a un paseo a un pueblo cercano. Aunque no quería ir, terminé aceptando a regañadientes. Allí conocí a un grupo maravilloso de personas a las que les gustaban las actividades en la naturaleza, incluyendo a Vincenzo, un italiano recién llegado a San Francisco. Este hombre alto tenía los ojos color azul grisáceo más dulces que había visto y su sonrisa constante marcaba dos pequeños hoyuelos en sus mejillas, detrás de la sombra de su barba. Recibir sus dos besos de saludo tradicional y oírle decir un par de palabras en italiano fueron suficientes razones para hacerme sentir las conocidas mariposas en el estómago. En ese instante me pregunté si podría otra vez abrir mi corazón al cariño de alguien. No sabía si estaba lista, pues era un torbellino de emociones y quería explorar sobre el amor hacia mí misma antes de empezar una nueva relación. A esa tarea todavía le faltaba mucho.

Amor propio

No me imaginé que el tema del amor propio pudiera ser un problema para mí. Siempre estuve rodeada de personas amorosas y con niveles de autoestima adecuados como modelos de vida. Además, los resultados académicos y profesionales positivos que obtuve desde temprana edad me generaron gran confianza en mis habilidades. Sin embargo, existe gran diferencia entre la autoestima y el amor propio.

La autoestima se define como el aprecio o consideración que uno tiene de sí mismo. A pesar de que tener un buen nivel de autoestima es importante, puede haber un lado negativo. En algunos casos, la autoestima puede reflejar la valoración propia, pero basada en comparaciones con los demás.

Cuando la autoestima es relativa y tiene una fuente externa, depende de qué tan por encima o por debajo se siente la persona en relación con el promedio (es decir, si se siente mejor o peor que otras personas). Dado que en la mayoría de las sociedades ser alguien "promedio" es visto como negativo, solamente es posible sentirse especial y aumentar la autoestima cuando alguien se siente mejor que otros en algún aspecto.

En casos extremos, una alta autoestima puede conducir a la arrogancia, adicción a la aprobación externa, separación con otras personas, egocentrismo y hasta al narcisismo. De igual manera, una autoestima baja puede generar inseguridad, inhabilidad para crear límites, autosabotaje y falta de confianza propia. La autoestima en dosis adecuadas es importante, especialmente cuando la autovaloración no depende de factores externos.

Por otro lado, el amor propio no se basa en juicios o evaluaciones positivas, es, más bien, una manera de relacionarse consigo mismo. El amor propio no depende del contexto externo, su fuente es interna e independiente del entorno. Esto lo hace más estable y sostenible, pues no es necesario obtener o hacer algo en particular para merecerlo. El amor propio también le permite a una persona unirse aún más con los demás, en lugar de crear separación.

Cuando ligas tu valor personal a lo que puedes obtener o lograr, estás condicionándolo. Cuando te amas profunda e incondicionalmente, solo es necesario "ser", sin tener que "hacer" nada. El amor incondicional propio solamente está presente cuando ves lo que vales como algo con lo que ya naciste y que jamás podrás perder, por el simple hecho de existir.

Hace muchos años, cuando visité Japón, tomé una clase de cerámica y escuché hablar del *kintsugi*, un tipo de arte en el que se llenan de oro las partes rotas o quebradas de piezas de cerámica como símbolo de lo valioso que nace a partir de lo que se rompe. Cuando una pieza se quiebra, en lugar de tirarla a la basura, los artistas trabajan sobre ella, honrando las marcas que deja el tiempo y realzando su valor. Este tipo de arte presenta una invitación a ver la vida de manera similar: en lugar de rechazar tus cicatrices o las marcas físicas y emocionales que han surgido en tu vida a través de los años, hónralas. Son una prueba de tu resiliencia, de tu fuerza y de tu capacidad de evolucionar.

No es necesario que algo suceda para amarte y aceptarte. No hay que esperar a que obtengas un aumento salarial, pierdas o aumentes algunos kilos, compres una casa más grande, encuentres pareja, tengas hijos, termines una maestría o encuentres un mejor trabajo. Nada de eso tiene influencia en lo que vales ni debería afectar tu nivel de amor propio. Esto fue algo que me costó integrar realmente en mi vida, pues tendía a buscar razones para sentirme bien conmigo misma, la mayoría relacionadas con mi habilidad de lograr metas y recibir reconocimientos.

Con el nacimiento de mi primer sobrino, Esteban, tuve el mejor ejemplo de amor incondicional. El día que nació, o incluso meses antes, todos en mi familia lo empezamos a amar de una manera tan profunda que yo no había percibido antes de manera consciente. El bebé no tuvo que hacer nada más que nacer para que todos lo amáramos y quisiéramos lo mejor para él. Esteban solamente tuvo que *ser*, y nuestro amor fluyó sin esfuerzo, sin juicios y sin motivaciones mentales.

Ese es el mismo tipo de amor propio que puedes ofrecerte a ti mismo. **Ya eres merecedor de amor incondicional, simplemente por existir, sin razón adicional.**

> **Prueba esto:** trae a tu mente a una persona a la que hayas amado o ames actualmente simplemente porque existe, sin ninguna otra razón. Cierra los ojos por unos segundos y siente ese amor en todo tu cuerpo. Ahora cambia la dirección de ese sentimiento y ofrécetelo a ti mismo. Aquí y ahora, ámate incondicionalmente, solamente por existir.

Cuando aprendes a amarte es cuando realmente amas a los demás y les brindas toda tu esencia y grandeza. Cuando aprendes a amarte comienzas a vivir sin miedo, dejas de hacer concesiones locas y te permites ser natural y actuar de corazón, no buscando afecto, reconocimiento o aceptación. Cuando aprendes a amarte dejas de juzgarte y a su vez dejas de juzgar a los demás. Cuando nos amamos a nosotros mismos, la única opción es la de aceptación plena de todo lo que nos pasa y continuar caminando hacia una versión mejor de cada uno de nosotros.
Covadonga Pérez-Lozana

Perfectamente imperfectos

Como te mencioné al inicio de este libro, el perfeccionismo ha sido una tendencia constante en mí, que empecé a muy temprana edad. Si analizo mi infancia, puedo ver que siempre deseé hacer las cosas muy bien, como algo natural en mí.

Durante mis años de colegio, los comentarios positivos de los adultos a mi alrededor por mis buenos resultados académicos me hacían sentir muy bien, aunque también me hicieron víctima de las burlas de mis compañeras de estudio. En varias oportunidades, cuando recibía la calificación de algún examen o tarea en el colegio, algunas de mis compañeras se acercaban a ver cuál había sido mi puntaje. Cuando obtenía una calificación de diez sobre diez, por ejemplo, me decían algo como "era de esperarse, geniecita".

Un día cometí errores en un examen y una de ellas me quitó el papel de las manos bruscamente, se subió sobre un pupitre del salón de clases y les gritó a las demás: "¡Caro Lasso sacó mala nota! ¡Ya era hora!". Cualquier comentario, positivo o negativo, me generaba gran incomodidad, así que preferí esconder mis resultados, aunque alimentaba mi perfeccionismo en silencio.

Con el tiempo, me di cuenta de que si hacía las cosas bien, lograba satisfacer una necesidad interna y, al mismo tiempo, recibir halagos y validación de los adultos, lo cual alimentó en mí una constante búsqueda de esa retroalimentación. Ahora sé que cada halago o comentario positivo externo era como una dosis de dopamina, el neurotransmisor que regula la experiencia de placer. Como si se tratara de una adicción, quise experimentar cada vez más esa sensación placentera, lo cual acrecentó mi perfeccionismo y terminó metiéndome en una bola de nieve que creció exponencialmente con los años.

Eventualmente, ese perfeccionismo también involucró mi aspecto físico, y como adolescente experimenté temporalmente la bulimia y la anorexia, desórdenes alimenticios, consecuencias del temor a engordar. También me llevó a trabajar incansablemente en la universidad, en donde me esforcé por mantener el puntaje perfecto de 4.0 sobre 4.0 en mis calificaciones.

Con el tiempo, también me di cuenta de que ser una mujer inmigrante y latinoamericana en Estados Unidos me llevó a trabajar más de la cuenta. Al ver el estigma y la discriminación que existía con tantas personas de mi grupo étnico, me esforcé por dejar en alto el nombre de mi región y demostrar nuestro potencial. Además, tuve que esforzarme mucho por aprender inglés y adaptarme a la cultura mientras hacía mis tareas académicas o profesionales. Noté que trabajaba más horas que el promedio, especialmente por hacerlo en un idioma que no era el mío. Por ejemplo, ensayaba presentaciones frente a un espejo por horas, para asegurarme de pronunciar bien cada palabra, y editaba escritos cientos de veces, para que estuvieran libres de errores.

Esa motivación es algo que siempre le agradeceré a la Carolina de esa época, pues me permitió obtener muchos logros y salir adelante. Ese deseo de superación fue una parte valiosa de mi personalidad. Sin embargo, con los años entendí que ese perfeccionismo y ese juez interno tan rígido no eran sanos.

Aunque el perfeccionismo pueda ser una cualidad y tenga aspectos positivos, puede esconder falta de amor propio, convertirse en una adicción o generar constante insatisfacción, rabia, culpa y ansiedad. Las personas perfeccionistas, inevitablemente, crean una trampa para sí mismas y caen en sentimientos de fracaso constante, pues la perfección es un imposible. Detrás de su obsesión por alcanzar metas difíciles se esconde un deseo enorme de validación externa y de demostrar el valor propio a través de acciones juzgadas bajo estándares imposibles. Con frecuencia, su actividad mental se enfoca en las imperfecciones que observan, y rumean lo que pudo haber sido mejor en el pasado, lo cual los lleva a sentir ansiedad, culpa y vergüenza por lo que consideran inadecuado e insuficiente en su realidad presente.

La búsqueda de la perfección es un disfraz para la inseguridad.
Paulo Coelho

Desear la excelencia y hacer las cosas bien es importante. Sin este deseo no se podría crecer ni mejorar. Sin embargo, y a pesar de que suene contradictorio, existen estudios que demuestran que el perfeccionismo puede llegar a impedir el éxito, en lugar de aumentarlo. Un análisis realizado por investigadores de universidades en los estados de Georgia y Florida de Estados Unidos, que contó con la participación de 25.000 personas, encontró que el perfeccionismo está relacionado con altos niveles de estrés, adicción al trabajo, ansiedad y depresión. Adicionalmente, el análisis reveló una ausencia de correlación entre los resultados laborales y el nivel de perfeccionismo; es decir, que los perfeccionistas no generaron mejores ni peores resultados que aquellos que no lo eran[16].

A nivel profundo, la creencia de "no soy suficiente" es la semilla que le da vida al perfeccionismo (y a muchos otros padecimientos). Se busca que la apariencia física, los logros, la validación externa, los premios, la adrenalina de terminar un proyecto exitosamente o la adulación llenen el vacío de amor, aceptación incondicional y suficiencia. Las personas terminan usando el perfeccionismo para protegerse y esconder su vulnerabilidad interna. Solamente cuando se deja de lado la incesante búsqueda de la perfección se puede encontrar lo perfecto que ya está en el interior de cada uno.

La autocompasión

Los autores del libro *Rasgos alterados* cuentan que a finales de los años ochenta se le informó al Dalai Lama que en Occidente muchas personas sentían aversión por ellas mismas. El gran maestro quedó asombrado al escuchar esto, pues siempre había asumido que las personas se amaban a sí mismas. En su idioma natal, al igual que en otras lenguas clásicas como el sánscrito, la palabra compasión implica sentir esto por uno mismo y también por los demás. Sin embargo, en idiomas como el español o el inglés existe una separación. Por ello, es necesaria una palabra adicional: la autocompasión.

Este concepto puede interpretarse de manera negativa, como si se tratara de sentir lástima por uno mismo, ser víctima o de no tener valentía en la vida, pero no es así. De la forma más sencilla, **la autocompasión se define como una invitación a tratarte a ti mismo como tratarías a alguien a quien quieres o a un buen amigo en un momento difícil**. Es estar consciente de tu sufrimiento o dificultad, junto al deseo auténtico de alivianarlo con gentileza y cariño. No obstante, para muchas personas es más fácil sentir compasión, bondad, paciencia y empatía por otra persona, que ofrecerse ese tipo de apoyo a sí mismas.

Un día, viendo videos de TED, conocí el trabajo de Kristin Neff, profesora de la universidad de Texas en Austin, el cual me mostró por primera vez el concepto de la autocompasión. En charlas, libros y videos, Kristin relata lo difícil que le ha resultado usar el amor propio para superar situaciones difíciles, como serle infiel a su pareja o tener un hijo con autismo, a pesar de que, irónicamente, es una experta en el tema de la autocompasión.

A mí también me costó interiorizar la importancia de la autocompasión, porque pensé que iba en contra de mi deseo de superación, crecimiento y disciplina. Por ejemplo, durante el primer año de la universidad, desarrollé la rutina de levantarme a las cinco de la mañana para hacer una hora de natación, preparar un desayuno saludable y estar lista para clase de ocho, aun en días lluviosos o con nieve. En esa época también desarrollé una gran habilidad para contar calorías y limitaba mi consumo a 1150 por día (muy por debajo de lo que requería para mi edad, peso y actividad diaria). Veía a mi cuerpo como algo "separado" de mí, al que tenía que mantener en forma, con rigidez y límites constantes. El día que algo fallaba en mi rutina, o me enfermaba o tenía que cambiar el plan, me lo recriminaba, me juzgaba y me sentía mal. Pensaba que si era muy suave conmigo misma, iba a desviarme de mis objetivos y caería en malos hábitos. Prefería mantener el control para conseguir mis metas. En pocas palabras, pensaba que el tema de sentir compasión por sí mismo era para personas débiles o demasiado sensibles, no para mí. Estaba completamente equivocada.

Pese a que puede sonar contraintuitivo, muchos investigadores han encontrado que, frente a un contratiempo, la autocompasión puede generar mayor bienestar y mejores resultados que la autocrítica. Estos estudios, por ende, desmienten las creencias según las cuales la autocompasión puede volver débiles a las personas, disminuir su motivación o que es una práctica egoísta, egocéntrica o autoindulgente, pues revelan que es exactamente lo contrario. Por ejemplo, los atletas y deportistas son personas que están constantemente expuestas la evaluación y la crítica. Dado que sus movimientos, sus cuerpos y sus talentos son analizados milimétricamente por entrenadores, medios de comunicación o por el público, los atletas se enfrentan frecuentemente a la autocrítica. Ponte en su lugar por unos segundos y piensa en lo que se sentiría estar expuesto públicamente y tener ese nivel de presión por ganar o por obtener un buen puntaje. Nada fácil, ¿verdad?

Un estudio realizado con mujeres atletas entre los dieciséis y veinticuatro años reveló que la autocompasión tuvo una correlación positiva con su percepción de rendimiento deportivo, mientras que la autocrítica no la tuvo[17]. Otros estudios han encontrado hallazgos similares: la autocompasión no disminuye la disciplina ni el deseo de ser mejor; por el contrario, ayuda en la motivación, en la habilidad de tomar riesgos y en el deseo de superación.

> *Sentir compasión por nosotros mismos de ninguna manera nos libera de la responsabilidad de nuestras acciones. Más bien, nos libera del autoodio que nos impide responder a nuestra vida con claridad y equilibrio.*
> **Tara Brach**

En un taller que hice con Kristin Neff aprendí que existen dos lados de la autocompasión: el lado *yin*, que es suave, tierno, sanador, tranquilizador y calmante, y el lado *yang*, que ofrece fuerza, empoderamiento, motivación, crea límites y genera acción. Los dos lados son necesarios al enfrentar situaciones adversas, desafíos o fracasos.

Primero debes ofrecerte cariño y bondad, así como una abuelita que le cuida una pequeña herida en la rodilla a su nieto. Luego, te ofreces la fuerza que necesitas para tomar acción, así como cuando una madre motiva a su hijo a montar en bicicleta una vez más a pesar de que se acaba de caer y tiene miedo de volverlo a intentar.

Tú mismo te puedes ofrecer esos dos niveles de apoyo, siempre. Al final, tú eres la única persona con la que estás las veinticuatro horas del día, y no existe mejor fuente de amor, apoyo y motivación que la tuya propia. Como todos los elementos de una vida en plenitud, la autocompasión es una habilidad que puedes capacitar, a través de la práctica de sus tres ingredientes:

1. **La atención plena.** El primer paso para la autocompasión es tener consciencia de tu dificultad, sufrimiento o desafío y entender de qué manera te está afectando. La atención plena es clave para ayudarte a observar la situación de manera neutral, sin identificarte de sobremanera con ella, ni tratar de evadirla.

2. **La amabilidad.** El segundo paso es ofrecerte paciencia, cariño y gentileza en un momento difícil. Hazte la pregunta "¿qué me ayudaría en este

instante para sentirme mejor o para mi bienestar?" y ofrécete aquello que te pueda ayudar.

3. **La humanidad compartida.** El tercer paso es recordar que no estás solo. El sufrimiento y la adversidad son parte de la experiencia humana y todos en el mundo, sin excepción, pasamos por algo difícil en algún momento de la vida. Saber que tu situación no está aislada y que otras personas superaron algo similar, te puede ayudar a tener una perspectiva diferente y a entender mejor la situación.

A diferencia de la autocrítica que cuestiona si soy suficientemente bueno, la autocompasión pregunta "¿qué sería bueno para mí en este momento?"
Kristin Neff

Ser amables, generosos y compasivos

Para concluir el capítulo sobre el cariño, es importante hablar sobre la manera como se lo ofreces a otras personas. Esto no se limita a tus relaciones cercanas, se extiende a la manera como te relacionas con las personas a tu alrededor, lo cual te ayudará a atraer mayor plenitud, sentido de propósito y dicha.

Se ha demostrado a través de muchos estudios que ofrecer bondad y generosidad le genera felicidad a la persona que lo ofrece, independientemente de quién lo reciba o del impacto que tenga en esa persona. Cuando realizas actos bondadosos y generosos, por pequeños que sean, logras:

- Aumentar tu positivismo, pues saber que puedes ayudar a otra persona te hace sentir bien a ti. De hecho, en inglés existe el concepto *hel-*

per's high, que define el estado eufórico en el cerebro (casi como al consumir una droga) después de ayudar a alguien.
- Producir un aumento en los neurotransmisores, como la dopamina, serotonina y oxitocina, los cuales te hacen sentir muy bien emocionalmente y estrechan tus lazos con otras personas.
- Generar una reacción en cadena: la persona a la que ayudas podría estar más dispuesta a ser generosa y amable con otras personas, y estas, a su vez, con otras.
- Percibir mayor calma y efectos positivos en tu salud física y mental.

Algunos ejemplos sencillos de actos de amabilidad y generosidad son:

- Sembrar un árbol.
- Dar una propina generosa.
- Sorprender a alguien con un regalo inesperado.
- Ayudarle a un compañero de trabajo nuevo en su primer proyecto.
- Genuinamente, desearle un buen día a un extraño en la calle.
- Invitar a cenar a un anciano solitario.
- Cuidarle el bebé a una pareja de amigos o familiares para que tengan una tarde libre.
- Ayudarle a tu sobrino, nieto o amigo en su tarea del colegio.
- Hacer una donación monetaria a una organización sin ánimo de lucro.
- Recoger la basura de un parque.
- Pagarle el café a un extraño, sin razón.
- Ayudarle a alguien a encontrar trabajo.
- Escuchar a un conocido que necesite apoyo.
- Enviar una tarjeta, carta o *email* de agradecimiento.

> *Puede que las personas no recuerden lo que dijiste o lo que hiciste, pero siempre recuerdan cómo las hiciste sentir.*
> **Maya Angelou**

Las relaciones profundas han sido consideradas uno de los factores más importantes del bienestar a largo plazo. Un estudio multigeneracional de Harvard, que lleva más de ochenta años en vigencia, ha demostrado que establecer y mantener relaciones cercanas, por encima del dinero o de la fama, mantiene a las personas más felices y sanas a largo plazo y son claves en la última etapa de la vida. Según uno de los investigadores: "Cuando el estudio empezó [en 1938], nadie se interesaba por la empatía o el afecto. Pero la clave de envejecer saludablemente está en las relaciones, relaciones, relaciones"[18].

Una de las maneras más profundas de cultivar tus relaciones con otros y expresarles cariño es a través de la compasión. En un taller que tomé con Scott Shute, el director de programas de *mindfulness* y compasión en la compañía LinkedIn, conocí una definición de este concepto que me gustó: **"La compasión es la habilidad de tomar consciencia de los demás, la capacidad de desearles lo mejor, y la valentía de tomar acción para ayudarles"**[19].

La palabra compasión proviene del término latino *cumpassio*, que significa acompañar en el sufrimiento. La compasión no se trata de tenerle lástima a otra persona, sino que te invita a solidarizarte con el dolor ajeno, comprenderlo, compartirlo y buscar maneras para aliviarlo. Como explica la escritora y monja budista Pema Chödrön: "La compasión no es una relación entre el sanador y el herido. Es una relación entre iguales (…) y se vuelve real cuando reconocemos nuestra humanidad compartida"[20].

La compasión posee y, a la vez, trasciende a la empatía, que invita a ponerse en el lugar del otro para entender lo que le pasa y siente, pero no necesariamente implica ayudarlo. Por ejemplo, yo puedo sentir empatía por las personas desempleadas, pero también creer que no puedo hacer nada por ellos; mientras que al sentir compasión por alguien desempleado, tengo una motivación para ayudarle a encontrar trabajo. Al sentir compasión por una persona no necesariamente se sufre igual que ella, sino que se logra dejar de pensar en sí mismo para pensar principalmente en ella, al menos por un instante. Es acercarse al otro y desear que esté libre de sufrimiento.

> *Si quieres que otras personas sean felices, practica la compasión. Si quieres ser feliz, practica la compasión.*
> **Dalái Lama**

Bondad amorosa

Durante aquella época difícil para mí, en la que buscaba entender mejor mi lección de amor propio, decidí asistir a una clase de meditación enfocada en la bondad amorosa o amor benevolente. A pesar de estar un poco escéptica, decidí participar y resultó siendo uno de los tipos de meditación más lindos que he practicado. Esta meditación se conoce como *metta* en pali, la lengua en la que se registraron enseñanzas budistas, y como *maitri* en sánscrito, y se enfoca en cultivar la compasión visualizando y ofreciendo buenos deseos a otras personas y a sí mismo.

La práctica de la bondad amorosa es muy sencilla y, a la vez, muy poderosa. Existen muchos estudios de neurociencia que demuestran sus beneficios. Por ejemplo, el escritor Daniel Goleman, explica que las personas que practican *metta* con cierta frecuencia pueden desarrollar la empatía y el deseo de querer ayudar a otros, así como emociones positivas[21]. También se ha evidenciado que este tipo de meditación ayuda a mejorar las actitudes interpersonales, regulación de emociones y conexión social, y hasta puede tener efectos positivos a nivel fisiológico.

Escribí las frases a continuación inspirada en la práctica *metta* para extender la bondad amorosa y cultivar la compasión por uno mismo y por los demás seres del planeta. Te invito a que leas cada frase dos veces (inténtalo en voz alta) y a que reflexiones sobre cómo te hacen sentir. Para la segunda estrofa, imagina a alguien a quien quieres mucho.

Que yo me sienta a salvo.
Que tenga salud y tranquilidad.
Que mi corazón esté lleno de amor.
Que alcance la plenitud.

Que tú te sientas a salvo.
Que tengas salud y tranquilidad.
Que tu corazón esté lleno de amor.
Que alcances la plenitud.

Que todos los seres del mundo se sientan a salvo.
Que tengan salud y tranquilidad.
Que todos los corazones estén llenos de amor.
Que todos alcancen la plenitud.

Como ves, el principio del cariño abarca el amor propio y la compasión que puedes sentir por ti mismo y por los demás. Todos estos son ingredientes fundamentales en el camino para trascender al ego, conectarte con tu ser interior y, con ello, aumentar tu estado de plenitud. Te invito a que explores la manera de ofrecerte cariño y de ofrecérselo a los demás y la hagas parte de tu rutina, como un filtro más con el que vives tu vida.

Cuando el amor se encuentra con el dolor, se convierte en compasión. Cuando el amor se encuentra con la felicidad, se convierte en dicha.
Jack Kornfield

Para recordar

Ya eres merecedor de amor incondicional, simplemente por existir. Tu compasión hacia ti mismo y hacia los demás cultiva el nexo más fuerte de amor incondicional que puedes construir.

Reflexión y práctica

Realiza un inventario de tu cariño propio y reflexiona sobre las siguientes preguntas:

- ¿Qué significa "amor propio" para ti?
- De 1 a 5, ¿cómo calificarías tu nivel de autocrítica? 1 = muy bajo, me critico con muy poca frecuencia; 5 = alto y recurrente. ___.
- De 1 a 5, ¿cómo calificarías tu nivel de amor propio? 1 = muy bajo, se me dificulta sentir amor propio; 5 = alto, me expreso amor con frecuencia. ___.

- ¿Cómo te sientes al observar los resultados de las dos preguntas anteriores? ¿Hay algo que te gustaría cambiar?

- Cuando estás enfrentando una situación difícil, usualmente, ¿qué te ayuda a sentirte mejor? Por ejemplo, salir a caminar, hablar con un amigo, estar a solas, escribir, etc. Escribe en una hoja de papel la manera en la que te gusta ofrecerte cuidado y cariño, para tenerlo como referencia en tiempos de adversidad.

Lluvia de ideas: sabiendo que compartir, ser generoso y expresar amabilidad aumenta tu propia plenitud, explora diferentes maneras en las que podrías aumentar esas cualidades con otras personas cercanas, con conocidos o con extraños. Comprométete a realizar, al menos, un acto de generosidad y bondad en los siguientes tres días y observa lo que sientes al hacerlo.

Tu conversación interna: ¿qué palabras podrían describir el tono que usas para hablarte a ti mismo? Por ejemplo, un tono casual, regañón, alegre, etc. Ahora busca (o imagina) una foto tuya de cuando eras bebé y háblale con ese mismo tono. ¿Logras hacerlo? Cada vez que te des cuenta de tu autocrítica, piensa en cómo le hablarías a ese bebé y observa si percibes algún cambio en tu tono o en las palabras que usas.

Seres queridos: piensa en tres personas por las cuales estarías dispuesto a dejarlo todo en caso de una emergencia. ¿Quiénes son? ¿Con qué frecuencia hablas con ellos? ¿Cuándo fue la última vez que les ayudaste con algo? ¿Cómo podrías demostrarles más cariño en los próximos quince días? ¿De qué manera podrías continuar nutriendo esas relaciones?

Recursos adicionales. Escucha las meditaciones *Tal como soy* y *Bondad amorosa* en **plenitud.net/recursos,** bajo el capítulo de Cariño.

A PROFUNDIDAD: SOBRE EL EGO

> *El mantra del ego es "¿de qué me sirve esto a mí?"; el mantra del alma es "¿cómo puedo servir yo?"*
> **Wayne Dyer**

En el primer capítulo mencioné que se llega a un estado de plenitud al estar en conexión completa con el ser interior y que una acción fundamental para lograr este estado es trascender el ego. Al hablar sobre el principio de cariño, abordé los temas del perfeccionismo, la comparación con los demás y el deseo constante de complacer o recibir validación de otras personas, los cuales están íntimamente relacionados con el ego. Así que te invito a profundizar más sobre el concepto del ego, su origen y la manera en la que se convierte en el principal obstáculo para reconocer y alinearse con el ser interior.

¿Qué es el ego?

Voy a empezar por identificar los distintos significados que se le han atribuido a la palabra ego:

1. En conversaciones coloquiales se usa la palabra ego para designar el exceso de valoración que alguien tiene de sí mismo. Por ejemplo, se puede decir "esa persona tiene un ego muy grande" al referirse a nivel exagerado de autovaloración o arrogancia. Este significado es similar a términos como el egocentrismo o la egolatría.

2. Bajo la teoría del psicoanálisis, el ego se conoce como la instancia psíquica en la cual se reconoce el "yo". Según esa teoría, el ego es la parte de la personalidad responsable de enfrentar la

realidad y satisfacer necesidades dentro de los parámetros sociales establecidos.

3. Una tercera definición del ego tiene que ver con la historia relacionada con la identidad personal de cada quien. Esta es la definición con la que me refiero al ego y será la que usaré en todo el libro. En este sentido, **defino al ego como el concepto de imagen individual que cada uno fabrica sobre sí mismo y la voz interna que busca proteger ese concepto.**

El psicólogo Mica Akullian, en su libro *Healing Through Awakening* (Sanando a través del despertar), amplía la definición de esta manera:

> El ego es una adaptación psicológica muy arraigada que se ha desarrollado por miles de años para asegurar la supervivencia del individuo. La base del ego es la creencia en la separación, la creencia que estás sólo en el mundo y debes luchar para tu protección y supervivencia. El ego se puede observar como la voz compulsiva en la mente que está constantemente interpretando y filtrando las experiencias de vida a través del intelecto. Esa voz que está frecuentemente pensando en eventos futuros, obsesionándose por el pasado, comentando sobre todo lo que está pasando a tu alrededor y haciendo juicios sobre ti, tus situaciones y otras personas[22].

¿Cuál es el origen y propósito del ego?

Todos los seres humanos tenemos un ego. Algunas personas tienen la capacidad de reconocer la manera en la que se manifiesta en sus vidas, mientras que otras no son conscientes de su existencia. Pero lo que es cierto es que, en mayor o menor grado, todos hemos creado una imagen de nuestro yo y hemos fabricado una narrativa sobre nuestra realidad. El ego busca proteger la identidad y creencias de cada persona y defenderlas de lo que percibe como una amenaza.

A través de millones de años de evolución, nuestros ancestros desarrollaron estrategias para asegurar la supervivencia, principalmente enfocadas en la creación de distancia con los demás ("me separo para que los otros no me hagan daño"), y búsqueda de estabilidad ("evito cualquier peligro o cambio para eludir situaciones de riesgo"), con el fin de asegurar la continuación de la especie. Estas estrategias fueron de gran ayuda para sobrevivir y, por ello, fueron transferidas de generación en generación.

De igual forma, el instinto de supervivencia no logra diferenciar entre un riesgo inminente ("veo a un depredador aproximarse") y uno imaginario ("mi jefe me podría despedir del trabajo mañana"), por eso, reacciona de manera similar. Este mecanismo de defensa básico se ha mantenido por millones de años, aun cuando en el estilo de vida actual no se enfrentan los mismos tipos de peligros que antes.

Además de proteger a tu cuerpo físico para que sobreviva, el ego juega un papel importante al protegerte a nivel emocional. Tu ego busca mantener intacto el concepto de quién eres, tus creencias y tu imagen, y te guía a protegerlos constantemente.

¿Por qué es el ego un obstáculo para estar en plenitud?

Si el ego es una parte de nuestra humanidad que lleva miles de años buscando proteger a los seres humanos y todos lo poseemos, ¿por qué es un obstáculo en el crecimiento personal y en la búsqueda de una vida en plenitud?

La razón principal se puede resumir en que el ego te separa de tu conexión con el Todo, te reduce a un grupo de ideas que representan una pequeña fracción limitada de lo que realmente eres y, frecuentemente, te conduce al miedo y al sufrimiento. Te cuento en detalle el porqué:

No eres tu historial. Al nacer, no tienes noción de tu identidad personal. Al crecer, empiezas a fabricar un conjunto de ideas, conceptos e imágenes que forman tu identidad. Hago énfasis en que es una fabricación, pues es como si cada persona estuviera creando una película sobre su propia vida. Cada hecho, cada comentario, cada situación forma una narrativa que se basa en lo que percibe la mente. Es decir, el filtro y la perspectiva de cada persona generan la identidad que cada quien se adjudica.

No obstante, ese conjunto de ideas, conceptos, creencias e imágenes que fabricas sobre ti no es en realidad quién eres; es solamente un grupo de calificativos y hechos históricos sobre tu experiencia humana. No es que esas ideas sean negativas o positivas, son simplemente hechos de tu vida.

El obstáculo se presenta cuando tu ego te hace apegar a ese conjunto de ideas limitadas, ignorando la profundidad y lo ilimitado de lo que verdaderamente eres. El ego te lleva a proteger tu concepto mental de lo que crees que eres, alejándote de tu verdadera esencia.

No eres lo que piensas. Un pensamiento es un producto de actividad mental limitado a lo que puedes percibir con tus sentidos físicos o con tu imaginación, por ello, no alcanza a representar la totalidad de tu ser.

No eres aquello que piensas, ni lo que piensas que eres. El ego también te puede motivar a juzgar a los demás y a ti mismo con pensamientos incesantes de comparación, y muchas veces termina alterando los hechos y creando historias distorsionadas y sesgadas de la realidad. Además, para el ego no hay cabida para la profundidad real del ser. Pese a que cada persona es parte de un campo de consciencia ilimitado, infinito y vasto, la mente 'egoica' no alcanza a reconocerlo.

Tu valor no nace de tus logros o activos. Otro obstáculo presentado por el ego es el apego a lo que se obtiene en la realidad física, como los logros, posesiones, reputación, títulos, reconocimientos, etc. Dado que esos atributos pueden hacer que te percibas como especial y destacan aspectos de tu individualidad ("yo logré esto"), el ego busca resaltarlos y protegerlos. El ego te invita a seguir buscando más de aquello que te hace ver como alguien mejor de manera externa, en busca de reconocimiento y validación.

El ego siempre quiere más y es difícil de saciar. Si reconoces ansiedad por querer más y más en tu vida, necesidad de acumular o deseo por logros que difícilmente se aplacan, incluso después de haberlos conseguido, lo más probable es que vengan del ego.

El obstáculo que presenta esta necesidad de acumular logros o posesiones es que te puede llevar a buscar validación externa en lugar de interna y genera sufrimiento. Al asignarle valor a tu vida según una cantidad de posesiones o reconocimientos, será muy fácil que te frustres o que sufras cuando no obtengas lo que quieres o cuando lo pierdas. La sociedad ha hecho énfasis durante muchos años en que la mejor manera de vivir es adquiriendo más activos o logros, y son muchas las personas que han entrado en una carrera sin fin para obtener todo aquello que piensan que les va a dar valor, felicidad o significado. Pero la realidad es que, seguro, se va a perder aquello que está atado a la realidad física, así que el apego a lo externo traerá sufrimiento en algún momento.

No hay separación. Como has visto, una de las características principales del ego es que es una creación sobre la individualidad, por ello, está separado de los demás. Esa identidad creada en la mente es la que la separa de su verdadera naturaleza como parte del Todo.

Sin embargo, todos los seres humanos hacemos parte de algo colectivo, superior a nuestra individualidad. A nivel físico, se sabe que todo es energía; a nivel espiritual, todo está conectado como una misma unidad (te contaré sobre esto más adelante).

El ego te puede hacer pensar que eres completamente independiente, sobre todo al enfatizar tus diferencias con otros, si eres mejor que alguien más o si te sientes inferior a otra persona. El ego es lo que te hace comparar tu vida con la de los demás y te aleja de la verdadera interdependencia.

El miedo no es tu combustible. El ego se alimenta del miedo y prospera cuando crees en las ideas atemorizantes que fabricas en tu mente. Como un objetivo del ego es protegerte, constantemente está monitoreando situaciones de riesgo, preocupándose y tratando de evitar algún daño o desdicha futura en tu camino. Con ello, te envía mensajes como "¡Atención!, ¡Cuidado!, ¡No te acerques!, ¡Aléjate!, ¡Defiéndete!, ¡Protégete!, ¡Pelea!, ¡Te están atacando!", aun cuando no existe amenaza real.

Es importante anotar que es crítico que le prestes atención a tu mecanismo de defensa para amenazas reales, porque nunca debes permitir que te hagan daño y muchas veces debes defenderte o crear límites. Una amenaza, ya sea física o emocional, jamás debe ser ignorada. Ahora, las señales de alerta para amenazas verídicas raramente vienen del ego. El ser interior y su sabiduría son las que te guían de manera más acertada frente a situaciones que ponen tu vida o integridad en riesgo.

El ego, por otro lado, fabrica miedos a partir de la realidad que percibe. Son esas creencias irreales las que se deben mitigar, pues pueden llegar a paralizarte e impedir que actúes, te separan de los demás y le dan más combustible al ego para que siga guiando tu camino de una forma limitada, con angustia y con sufrimiento.

> *El miedo no previene la muerte. Previene la vida.*
> **Naguib Mahfouz**

La narrativa del ego usualmente muestra algunos patrones que pueden ayudarte a identificarlo:

- **Pasado o futuro:** el ego nunca vive en el presente. Siempre está recordando el pasado o enfocándose en el futuro. Nunca lo percibes cuando estás en el aquí y el ahora.
- **Negatividad:** el ego puede manifestarse como una voz interna negativa, regañona, que juzga, que se preocupa incesantemente.
- **Comparación y separación:** al ego le es inevitable compararse con otras personas y se identifica como una entidad separada de lo que le rodea.
- **Miedo y preocupación** frecuente por causas innecesarias o irreales.

> *Albert Einstein llamó a la mente intuitiva o metafórica un regalo sagrado, y a la mente racional, un sirviente fiel. Es paradójico que en el contexto de la vida moderna hemos comenzado a alabar al sirviente y a olvidar el regalo.*
> **Bob Samples**

¿Qué debo hacer con mi ego?

Ahora que conoces la definición del ego y cómo se manifiesta en la mente, te quiero exponer lo que recomiendo para lograr trascender al ego de manera saludable. Recuerda que cada persona desarrolla un ego y que este es necesario para ciertas funciones en el mundo. No se trata de evitar al ego, eliminarlo o erradicarlo, sino de trabajar con él, aprender a manejarlo y ver más allá. Los pasos que te pueden ayudar a trascender tu ego son:

- Tomar consciencia de la existencia del ego y aceptarlo como parte de tu humanidad. Eckhart Tolle compartió en un tuit: "El ego deja de ser ego cuando sabes que existe ego".
- Permitirte conocer a tu ego.
- Trabajar junto con tu ego (no en contra de él), entender los aspectos de tu realidad con los que te identificas y las creencias que quieres proteger y que te separan del Todo y de tu ser interior.
- Entender las raíces o las partes de tu historia personal de donde nace tu ego.
- Tener consciencia de los momentos en los que el ego se presenta en tu vida y neutralizarlos una vez identificados.

El truco que yo utilizo cuando noto a mi ego haciendo de las suyas es el siguiente: primero, me doy cuenta de que tengo a la voz de ego generando negatividad o miedo (a veces me demoro segundos en notarlo, otras veces tardo días). Luego, tomo una respiración profunda y trato de regresar al presente. Me pregunto ¿qué aspecto de esta situación es cierta? ¿Qué es fabricado? ¿Cuál es el miedo que se esconde detrás de esto? ¿Qué aspecto de mi identidad, reputación o creencia está bajo tela de juicio? Con mayor consciencia sobre la situación, le doy gracias al ego y a mi mente por querer cuidarme y por trabajar arduamente en proteger mi identidad o creencias, y le digo: "Gracias, querido ego, pero escojo lidiar con esta situación de manera diferente. Invoco la sabiduría de mi ser interior para que me guíe y me ayude a actuar de manera íntegra, alineada con mis valores".

En conclusión, lo más importante de todo es empezar a tener conciencia de la presencia del ego, llegar a conocerlo, aceptarlo, aprender de él y llevarlo al amor para trascenderlo. Paralelamente, es también importante trabajar en desarrollar amor puro propio y cultivar tu conexión con tu ser interior. Las dos caras de la moneda son necesarias: conocer, aceptar y disolver el aspecto negativo del ego mientras se cultiva el amor incondicional. Un poco más adelante, en la sección sobre el ser interior, te mostraré la manera de reconocer los mensajes del ego versus los mensajes de la sabiduría interna. Te pido que no te pierdas esa sección, tendrás mayor claridad sobre este tema.

> *El paso siguiente de la evolución humana es trascender el pensamiento. Actualmente es nuestra tarea más urgente. Esto no implica dejar de pensar, sino dejar de identificarse completamente con el pensamiento.*
> **Eckhart Tolle**

Para recordar

El ego es el concepto de imagen individual que cada uno fabrica sobre sí mismo y la voz interna que busca proteger ese concepto. El ego te separa de tu conexión con el Todo, te reduce a un grupo de ideas que representan una pequeña fracción limitada de lo que realmente eres y, frecuentemente, te conduce al miedo. Empieza a tener más conciencia de la presencia del ego, conócelo, acéptalo, aprende de él y llévalo al amor para trascenderlo.

Reflexión y práctica

Imagen de revista: imagina que la revista más leída en tu país publica un artículo sobre ti. ¿Qué áreas de tu personalidad quisieras que fueran resaltadas en el artículo? ¿Qué aspectos verídicos sobre tu personalidad te enfadaría que publicaran sin tu consentimiento? ¿Qué te dice este ejercicio sobre la narrativa de tu identidad?

Detective del ego. Durante un día que tú elijas, identifica patrones de tu ego y toma nota de ellos. Imagina que eres un detective y tu tarea es encontrar las "huellas" que deja el ego en tu vida durante un lapso de veinticuatro horas. Al final del día, haz un reporte de lo que encontraste. Por ejemplo, si estás en una cena con alguien y notas que sientes algo de envidia a raíz de la historia que te está contando, puedes escribir: "mi ego sintió envidia por la historia de mi amigo". Si puedes, también escribe la razón o el miedo que crees que pueda estar alimentando la reacción del ego. Por ejemplo, "durante la cena la envidia surgió porque mi ego percibió que alguien tenía algo que yo no poseo ahora y sintió miedo de nunca llegar a tenerlo". Dedica unos minutos al final del día para escribir lo que encontraste.

Profundizando en el conocimiento de tu ego. Después de realizar el ejercicio anterior durante veinticuatro horas, intenta extender ese periodo de tiempo y conviértete en un detective del ego de tiempo completo. No hay que sentir vergüenza o culpa al respecto, pues el ego no es algo malo. Recuerda que el ego es parte de la colectividividad del mundo actual y que se activa en cada persona de diferente manera. Mi invitación es a que logres identificar las reacciones de tu ego con frecuencia, de tal modo que en algún momento se convierta en algo fácil y casi automático. Inicialmente, quizás sea difícil notar la voz de tu ego y te genere incomodidad empezar a identificarlo, pero verás que con la práctica y con mucho amor propio podrás no solo determinar cuándo está presente, sino, además, empezar a crear distancia con la voz de tu ego, cuando esta no sea de ayuda para tu crecimiento y bienestar. Escribe tus respuestas a las siguientes preguntas en una hoja de papel:

- ¿Cómo defines tu identidad? ¿Qué conjunto de imágenes, conceptos y creencias crees que te han definido hasta hoy?
- Piensa en una situación de tu vida en la que estuviste a la defensiva. ¿Qué comentario o situación fue? ¿Qué ofendió a tu ego? ¿Qué parte de tu personalidad estabas protegiendo?
- ¿Qué tipo de críticas, juicios o comparaciones provenientes de otras personas te afectan más?

Mi queja mental: reflexiona sobre los 2 o 3 temas que generan mayor negatividad o queja en tu mente. ¿Cuáles son? ¿Cuál es el tono de los pensamientos que te generan? (ejemplo: víctima, frustración, sentido de injusticia, inferioridad, etc.). Selecciona uno de los temas que identificaste y pregúntate:

a. ¿Por qué crees que es un tema recurrente en tu mente? ¿Hay algún aspecto que tu ego esté tratando de proteger a través de la queja o de la negatividad?

b. ¿Puedes ver si la queja, negatividad o el miedo vienen de pensamientos sobre el pasado o el futuro? ¿Ambos?

c. ¿Podrías identificar algún miedo que se esconda detrás de esta queja?

El observador. Reflexiona sobre los pensamientos que te genera investigar el tema del ego. Tómate unos segundos de reflexión mientras lees esta frase. Al hacerlo, nota quién está observando esos pensamientos. ¿Quién es el observador de tu actividad mental? ¿Quién tiene la capacidad de observar tus pensamientos, su tono y las razones detrás de ellos? (no respondas por escrito, simplemente siente y conéctate con ese "testigo que observa" por unos segundos). Después, lee las siguientes afirmaciones:

- Yo no soy mis pensamientos, pero tengo la capacidad de observarlos.
- Agradezco los mensajes de mi ego, pues tratan de proteger un aspecto de mí.
- Decido trascender a mi ego, elijo no creer ni alimentar pensamientos que no me sirvan o que me alejen de mi ser interior.
- El universo entero está de mi lado, no tengo necesidad de defender mis creencias limitantes, mis pensamientos negativos ni las ideas que me hacen daño.
- Amo mi individualidad, mi manera de ser alguien único y valioso. Soy capaz de crear límites para que nadie me haga daño; al mismo tiempo, tengo certeza de ser parte de un todo superior a lo que puedo percibir con mis sentidos.
- Soy un ser ilimitado, merecedor de plenitud y abundancia, por el hecho de existir.

Carta del ego. Utiliza el documento que encuentras en **plenitud.net/recursos** para escribir una carta o mensaje dirigida a ti, desde el punto de vista de tu ego. Asignar un espacio para "escuchar" al ego puede ofrecerte perspectiva y claridad. ¡Inténtalo!

PARTE II

Una noche de insomnio. Traté de responder las mil preguntas que tenía, me arrodillé junto a mi cama, desordenada por todas las vueltas que había dado, lloré por un largo rato y, después de varias horas, sentí un cansancio profundo y general. Me sentía exhausta física, emocional y espiritualmente. Ya no quería seguir luchando. Ya no podía hacerlo más.

Levanté la mirada y me sentí vencida. Me cansé de pelear en contra del insomnio y de luchar en contra de la vida. No quería seguir poniéndole máscaras a mi realidad. No quería seguir pegándole banditas superficiales a mis heridas profundas. No quería más pañitos de agua tibia, lo que necesitaba era sumergirme en la profundidad del océano de mi verdad.

Entendí que no podía seguir viviendo la vida que llevaba y que necesitaba el espacio adecuado para verlo todo desde una perspectiva diferente, que me ayudara a comprender y sanar. Al rendirme, le pedí ayuda a quien en ese momento me estuviera escuchando. A mis ángeles guardianes, a mis antepasados, a mis abuelos que habían abandonado este plano, a la inteligencia divina que rige el universo, a quien fuera que pudiera darme una mano, o dos, para sacarme de la oscuridad en la que me encontraba.

Como una respuesta a mi plegaria, en ese instante llegó a mi cuerpo el recuerdo de la pequeña ilusión que sentí en mi último vuelo a Las Vegas. Lo libre que me sentí al viajar y alejarme de mi rutina y lo maravilloso de lo que se denomina "el espacio entre dos espacios", ese momento en el que nos trasladamos de un lugar a otro. Imaginé lo que se sentiría poder viajar y alejarme de todo. Hice un recorrido mental por los lugares en el mundo que me gustaría visitar y, poco a poco, sentí en todo mi cuerpo la serenidad, calma y libertad que me generaría un viaje así.

Esas imágenes y sensaciones me permitieron relajarme y conciliar el sueño esa noche. El día siguiente, tan pronto me desperté, decidí que iba a viajar a lugares lejanos en donde pudiera tener suficiente espacio y tiempo para pensar, sentir y buscar alternativas para sanar. No sabía cómo lo iba a lograr, pero no veía otra opción. Era lo único que me daba ilusión de vivir y no pensaba soltarlo, costara lo que costara.

Durante los siguientes días, después del trabajo, empecé a explorar y diseñar lo que podría ser un viaje de escape y encuentro. Me llenaba de ilusión buscar por internet ciudades interesantes en diferentes continentes, imaginar rutas de viaje, encontrar tratamientos de sanación holística, averiguar sitios de alojamiento, y me perdí por largas horas viendo fotos de la naturaleza, las culturas, el arte y la gente que podría llegar a conocer.

A pesar de que me habría gustado visitar decenas de ciudades, pensé que sería mejor ir a pocos lugares para poder tener más calma y profundidad en cada uno. Después de mucho explorar, logré diseñar el que sería mi viaje ideal: Italia, para sanar a través del arte, algo que me llenaba el alma y no había practicado en mucho tiempo, e India, para hacer un tratamiento de medicina ayurveda y profundizar en mi espiritualidad.

Antes de elegir el siguiente destino me hice la promesa de no escoger Indonesia, primero, porque mi viaje terminaría siendo demasiado parecido al del libro *Comer, rezar, amar*, no voy a negar que me encantó esa obra y admiro el trabajo de Elizabeth Gilbert, pero no tanto como para seguirle los pasos de manera tan literal; segundo, porque allí había sido mi luna de miel, y quería visitar lugares que me alejaran de mi situación actual, en vez de recordármela. Así que añadí a la lista de lugares ideales a Singapur, Kenia, Tanzania y a mi adorada Colombia.

Al terminar de plasmar este plan sobre un cuaderno, escribí con letras grandes la palabra en inglés *beyond*. Así se llamaría mi viaje. Sería una travesía para ver más lejos, para cruzar fronteras, para profundizar, para encontrar respuestas, para ir más allá y adentrarme en el 'más allá'.

Sí, iba a ser el viaje de miles de kilómetros que muchos hacen con el propósito de buscar respuestas en su interior; algo que no dejaba de sonar irónico: hacer un viaje a lugares lejanos para buscar la sabiduría que se encontraba dentro de mí misma. También sería un viaje para alejarme de mi realidad de ese momento y establecer un mayor distanciamiento con mi exesposo, un paso más para sellar nuestra separación.

Observé todo lo que había escrito y dibujado sobre el viaje y percibí un gran "sí" en mi corazón. Sentí mariposas en el estómago. Mis ojos se aguaron, no con lágrimas de tristeza, como en los últimos meses, sino con lágrimas de ilusión y entusiasmo. Era exactamente lo que necesitaba, aquello por lo que estaría dispuesta a dejarlo todo. Había encontrado el cordón que me unía con la vida y quería atarme a él con todas mis fuerzas.

En las semanas siguientes casi que mágicamente todo empezó a acomodarse para que el viaje pudiera hacerse realidad. Increíblemente, fue mi jefe quien sugirió que debería tomarme un tiempo para cuidarme y me indicó la manera de hacer la petición formal en Google de una licencia que me permitiera ausentarme por varios meses. Me dijo que, casualmente, alguien de otro grupo en la empresa estaba interesado en hacer una rotación en nuestro equipo y podría tomar mi puesto, temporalmente. Yo no podía creerlo, ¡mi jefe fue quien lo recomendó y, además, encontró cómo cubrir mis responsabilidades! No tuve palabras de agradecimiento por su apoyo.

Al poco tiempo, recibí la respuesta positiva de Recursos Humanos sobre mi petición, encontré a alguien interesado en subalquilar mi apartamento y recibí aprobación de mis médicos para seguir mi terapia psicológica de manera virtual. Todo salió tan rápido y tan fácil que tuve que pellizcarme varias veces, porque no lo podía creer.

Las señales eran tan claras que resultaban sorprendentes. Recuerdo que cuando aterricé en San Francisco en mi último viaje de trabajo, la aerolínea me informó que mi maleta había sufrido daños irreparables, pero me aseguró que ellos la reemplazarían por una nueva, sin costo. La señorita de United apareció con mi maleta vieja, en muy mal estado, y con una nueva, roja, brillante, con un moño de regalo, y se disculpó por la molestia. En lugar de molestarme por el daño, sentí agradecimiento por esa señal: ¡la vida me estaba dando hasta una maleta nueva para mi viaje!

A las pocas semanas, dejé todo organizado en el trabajo y en mi vida personal, empaqué lo que más pude hasta en el último rincón de mi maleta roja nueva y me embarqué en el viaje que había soñado. Tenía la esperanza y la ilusión de que esa travesía me traería las respuestas y la sanación que tanto anhelaba. Así fue como una mañana tibia de septiembre tomé el avión que me llevó al primer destino de mi viaje 'más allá'.

CAPÍTULO 5
PERSPECTIVA

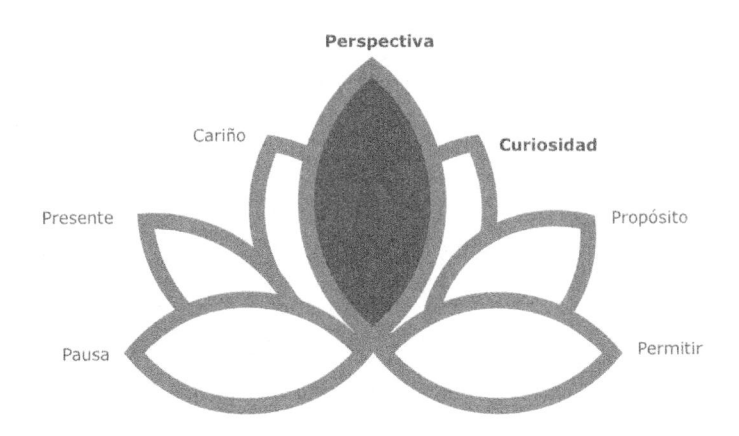

Durante el vuelo me sentí a salvo y, por primera vez en mucho tiempo, sentí serenidad y el corazón lleno de esperanza. Mientras volaba, vi mi reflejo en la ventanilla y me quedé observando ese rostro familiar que veía todos los días en el espejo, pero que, al mismo tiempo, se había tornado un tanto ajeno e irreconocible.

> *Tienes la habilidad de cambiar rápidamente tus patrones de pensamiento y, por lo tanto, tu experiencia de vida.*
> **Abraham Hicks**

Al ver la topografía desde el avión, en donde las fronteras no son delineadas, en donde la naturaleza es la protagonista y los humanos desaparecemos, y en donde el planeta Tierra entero tiene otra dimensión, me sentí en paz de alejar el zoom de mi vida y, literalmente, ver todo desde una perspectiva distinta.

Tan pronto llegué a la ciudad de Florencia, dejé mis cosas en el pequeño estudio que había reservado y salí a caminar alrededor de la catedral central, una estructura majestuosa desde todos los ángulos por donde se vea. La cúpula de color rojizo de Il Duomo, como se le conoce, es una de las más grandes en el mundo y es visible desde gran parte de la ciudad. Alrededor de esta, en medio de la calle, había decenas de artistas pintando, tocando algún instrumento, vendiendo comida con una lindísima presentación y hasta cantando ópera. Es casi cliché decir esto sobre Italia, pero ese día sentí que allí se respiraba arte, belleza y esplendor estético. Estar ahí, en medio de todos esos artistas, le puso un filtro nuevo a mi viaje.

Había decidido comenzar mi travesía en un lugar que me permitiera salir de mi mundo occidental acelerado, de manera gradual. No quise pasar de estar muy ocupada, trabajando en el Valle del Silicio, a no hacer nada en un lugar remoto y de sopetón. Así que me inscribí en un curso intensivo de italiano y de arte, dos de mis pasatiempos favoritos, que me permitiera tener una rutina y la mente ocupada parte del día mientras hacía la transición.

Un lienzo en blanco

Sabía también que el arte me ayudaría a sanar, pues desde que había empezado a pintar, a los trece años, se había convertido en uno de mis escapes de creatividad y dicha. La pintura me llevaba al presente, me ayudaba a tranquilizarme, a bajar mi nivel de ansiedad, a aumentar mi habilidad de enfoque y a sentir ese *je ne sais quoi* en el corazón cada vez que tomaba una brocha y daba un pincelazo.

Un lienzo en blanco, limpio, es un espacio abierto que contiene infinitas posibilidades. Todo es posible en ese retazo de tela enmarcado. Cada vez que empezaba un cuadro me preguntaba con ilusión: ¿en qué se convertirá ese lienzo? ¿Cuáles serán las formas y colores que lo cubrirán? ¿Qué mensaje y qué sensaciones generará? ¿Qué quiere ser transmitido a través de sus formas y colores? Lo observaba con la mente y el corazón abiertos. Con la inocencia de no saber lo que sucedería, con apertura total para lo que surgiera, con curiosidad e inocencia.

Algo interesante también sucedía cuando pintaba: al trabajar sobre un cuadro grande o un dibujo con la técnica del puntillismo (un estilo de arte en el que muchos puntos juntos crean una figura), estaba tan cerca del cuadro que lo único que veía eran pinceladas, puntos de colores, luces, sombras y trazos aislados; nada tenía claridad ni nitidez al estar tan cerca del lienzo. Sin embargo, al dar tres pasos hacia atrás, podía apreciar la obra en su totalidad. Ese era un símbolo de lo que quería que sucediera con mi vida: alejarme tantos kilómetros de mi situación anterior me permitiría observar qué era lo que realmente estaba sucediendo a un nivel más elevado y completo.

El primer día de clase de italiano me sentí como una niña pequeña que entra a un colegio nuevo, desorientada y nerviosa, especialmente al tratar de comunicarme en un idioma que aún no hablaba bien. Me hizo ilusión tener compañeros de curso de todas las edades y de diferentes países del mundo.

Tanto en la clase de arte como en la de italiano, me liberó saber que nadie conocía mi historia, que no tenía una reputación por cuidar, que podía ser y actuar libremente. Las creencias, historias y conceptos que había creado mi ego en las tres últimas décadas de mi vida no eran relevantes y me sentí libre de sus ataduras y límites.

Esos primeros días en Italia yo no era una gerente de *marketing* en Google, no era la persona que se había graduado de la universidad con el puntaje perfecto, no era la inmigrante hispana en Estados Unidos, no era la vecina amable, no era prima, hija, hermana ni exesposa de nadie. Allí yo era simplemente una humana más. Yo, Carolina, sin más. Era libre de darle una nueva perspectiva a esa imagen de mí misma que había fabricado con los años. Tenía total libertad de explorar quién quería ser durante ese viaje. Tenía la posibilidad de elegir, como un lienzo en blanco, quién quería ser y qué aspectos de mí querían florecer en la ciudad de Florencia.

Este sentimiento de libertad y de querer ser una persona nueva tambaleó, momentáneamente, cuando recordé que Vincenzo, el italiano que había conocido en California, me había dicho que planeaba ir a Italia en los próximos días.

El cuento que te cuentas cuenta

> *La vida no es la que uno vivió, sino la que uno recuerda y cómo la recuerda para contarla.*
> **Gabriel García Márquez**

Durante mis clases de italiano recordé lo que sentía al recibir e interpretar las correcciones que me hacía la profesora. A diferencia de otros momentos en los que mi ego se sentía "atacado" si alguien me corregía u ofrecía retroalimentación negativa, cuando aprendía un idioma nuevo quería y buscaba ser mejor, de manera más ligera. Me sentía niña aprendiendo otra vez y me reía cuando cometía algún error, sin darle muchas vueltas en la mente. Bueno, también tuve que pedir disculpas varias veces por alguna barbaridad que dije, como cuando en Japón quise decirle en japonés a una mujer que su bebé era "adorable" y usé una palabra que solo se usa para referirse a la comida, así que terminé llamándolo "sabroso"; a la señora no le pareció muy gracioso, me hizo un gesto feo con la boca y se marchó con su bebé. ¡Ups!

Me habría gustado tener esta misma actitud de aprendizaje, abierta a cometer errores, aprender y seguir adelante, de manera ligera y en pro de mi crecimiento, en otros aspectos de la vida. En el trabajo me tomaba los comentarios y críticas negativas de manera personal, por eso, me terminaban afectando emocionalmente durante largo rato.

Del libro *Mindset: la actitud del éxito* aprendí que esa actitud frente a los contratiempos y a la retroalimentación negativa depende de dos mentalidades básicas: la mentalidad fija y la de crecimiento. Su autora, la psicóloga e investigadora norteamericana Carol Dweck, explica que las personas que presentan una mentalidad fija consideran sus talentos y habilidades como algo que difícilmente cambia, le temen al fracaso, evitan las críticas y, por ello, prefieren evadir los desafíos y terminan quedándose por debajo de su potencial real y con frustraciones. Por otro lado, las personas con mentalidad de crecimiento consideran que su inteligencia, sus talentos y habilidades pueden desarrollarse continuamente, están abiertas a los desafíos, disfrutan el proceso de aprendizaje, aun cuando este implique algún fracaso, y acaban explotando su potencial y sintiendo mayor satisfacción frente a la vida[23].

Según la autora, una misma persona puede presentar una mentalidad fija en ciertos aspectos o proyectos de su vida y una mentalidad de crecimiento en otros aspectos. Revisa el cuadro expuesto a continuación e identifica en qué áreas podrías tener cada tipo de mentalidad:

Mentalidad fija	Mentalidad de crecimiento
El talento nace: creo que mi inteligencia, habilidades y talentos son inherentes y estáticos.	El talento se hace: creo que mi inteligencia, habilidades y talentos se pueden desarrollar continuamente.
Evito el fracaso a toda costa.	Sé que el fracaso es algo temporal de lo que puedo aprender.
Prefiero evitar riesgos.	Afronto la incertidumbre y me abro a nuevos retos.
Rechazo la crítica de otros, pues me afecta mucho.	Recibo crítica y retroalimentación abiertamente.

No busco aprender de manera proactiva.	Me esfuerzo por aprender cosas nuevas.
No me permito cometer errores, y cuando lo hago, me afecta por mucho tiempo.	Veo mis errores como oportunidades de aprendizaje.
Me siento amenazado por el éxito de otra persona.	Encuentro inspiración en el éxito de otra persona.
Me rindo fácilmente frente a los obstáculos.	Persisto con resiliencia frente a los obstáculos.

Una joven cantante de ópera belga que conocí en mi clase de italiano fue un ejemplo muy bonito de mentalidad de crecimiento: le encantaba el desafío de cantar muy bien canciones clásicas en italiano y sabía que debía mejorar su pronunciación en ese idioma. Ella tenía claro que cualquier error en una obra sería algo muy notorio, pero hablaba sobre ese desafío como algo interesante, con alegría, con optimismo y con deseo de crecer para convertirse en una gran cantante, en lugar de pensar que sus habilidades eran limitadas o de rechazar grandes oportunidades para evitar cometer errores. Admiré mucho esa manera de ver el aprendizaje, especialmente en alguien que tendría que enfrentarse a la crítica de una audiencia públicamente.

> *No hay ni bien ni mal sin nosotros, solamente hay percepción. Está el evento mismo y la historia que nos contamos a nosotros mismos sobre lo que significa.*
> **Ryan Holiday**

La manera de explicarse o hablarse a sí mismo frente a los desafíos o contratiempos fue denominada "estilo explicativo" por Martin Seligman, a quien se conoce como el padre de la psicología positiva. Según Seligman, las personas más optimistas reaccionan con un mayor poder personal, consideran que los contratiempos son temporales y que, eventualmente, se pueden superar con esfuerzo. Por otro lado, las personas mayormente pesimistas ven las dificultades como si fueran permanentes (o de largo plazo) y, en consecuencia, como características fijas de su personalidad, algo difícil de cambiar. Seligman afirma que el optimismo no consiste en ver el vaso medio lleno o medio vacío, sino en la manera en la que se ven los contratiempos y las victorias[24].

La manera en la que te refieres a los eventos que te suceden tiene gran impacto en tu vida. Así que, como le oí decir alguna vez al autor Juan Pablo Gaviria en redes sociales, "el cuento que te cuentas cuenta" en la forma de enfrentar y superar situaciones. La perspectiva que les das, o la manera en la que te explicas a ti mismo y a los demás tus contratiempos o errores, es algo que determina tu habilidad de crecimiento, resiliencia y estado de plenitud.

> *No somos responsables por lo que nuestros ojos ven. Somos responsables por la manera en la que percibimos lo que vemos.*
> **Gabrielle Bernstein**

Un ángulo inesperado

Días antes de emprender mi viaje a Italia, Vincenzo me contó que tenía que ir al sur de Italia por razones familiares, así que él y yo terminamos en el mismo país, por las mismas fechas, casualmente, y solo a unos kilómetros de distancia.

Meses después de conocernos en aquel paseo de amigos en California, Vincenzo y yo empezamos a realizar actividades con frecuencia. Poco a poco, y de manera inesperada, nos acercamos muchísimo como amigos, y al cabo de algunas semanas de vernos casi todos los días empezamos a salir como pareja. A pesar de que ya había pasado casi un año desde mi separación con mi exesposo, me era extraño tener nuevamente una pareja, y mucho más empezar una relación, cuando me iba a ir de viaje por varios meses y no tenía claro con qué frecuencia íbamos a comunicarnos o vernos.

A decir verdad, yo no quería entrar en una relación romántica en ese momento, pues tenía como prioridad realizar mi propio proceso de sanación. No creía que iba a poder estar bien con alguien más si no lograba estar bien conmigo misma. Pero así sucedió, a veces, cuando no se está buscando algo es cuando sucede. No pude evitar enamorarme de un hombre tan romántico, tierno, dulce, detallista y cariñoso, a pesar de estar en un torbellino de emociones. Él le trajo un poco de luz a esos días oscuros y me ofreció apoyo cuando más lo necesitaba.

Ya en Italia, y una vez culminadas las actividades con su familia, Vincenzo y yo decidimos pasar una semana juntos, en la que conocería la región en donde creció. Tomé un tren desde Florencia para encontrarme con él. Vincenzo les pidió un carro prestado a sus padres y empezamos un viaje por carretera cerca de la costa del mar Adriático. Visitamos pueblos hermosos, conocimos personas cálidas, disfrutamos de la deliciosa comida y del arte presente en cada esquina e hicimos las mil actividades románticas que Vincenzo había planeado con lujo de detalles.

Uno de sus planes sorpresa fue hacer una actividad de tirolesa o *zipline* llamada *Il Volo dell'Angelo*, que se traduce como "el vuelo del ángel". Solo cuando vi a otras personas "en acción" me di cuenta de lo que yo estaba a punto de hacer: viajar en posición horizontal, colgando de un cable, sobre un valle a mil metros de altura y a una velocidad de ciento veinte kilómetros por hora (si lo buscas en YouTube, podrás ver en detalle de qué se trata). Mientras que a Vincenzo le pareció divertidísima la idea, yo sentí miedo y me pregunté cómo se le ocurriría a este hombre llevar a una persona que acababa de tener episodios fuertes de ansiedad a algo semejante.

Le dije que era algo que no podría hacer y me sentí frustrada e indignada. Pero luego de una pausa, me di cuenta de que mi miedo era un deseo genuino de proteger mi existencia, porque me amaba, porque quería seguir adelante en mi viaje y porque sabía que había algo esperándome del otro lado. Vi esta actividad como una oportunidad sencilla, pero significativa, de lanzarme a ver qué había del otro lado del miedo y acepté participar. A pesar del vértigo, tomé fuerzas y volé sola, del punto A al punto B, colgada de un simple arnés, durante no sé cuántos minutos. Lancé fuertes gritos, hasta lloré, quizás solté algo que estaba atrapado en mi sistema y dejé atrás mis miedos.

Luego de un corto silencio empecé a reír con fuerza y agradecí por estar viendo un paisaje hermosísimo desde un punto en donde jamás había estado y por el hecho de estar viva. Imaginé que era un ángel volando en el cielo y que le hacía un homenaje al nombre de esta actividad. Sentí cómo me amaba, amaba mi vida, amaba al hombre que me había llevado hasta allí y deseaba llegar bien al otro lado del cable y de lo que me esperaba en el futuro. Al llegar, abracé con fuerza a la funcionaria del establecimiento que me recibió para quitarme el arnés, quien se encontraba muy sorprendida por mis gritos, llanto, risa y abrazos. Luego, abracé a Vincenzo y seguí llorando y riendo por varios minutos, con una gran dosis de adrenalina y dopamina por mis venas. Pasar del miedo a la conexión con lo 'divino', al agradecimiento y al amor fue muy poderoso.

> *La manera de ver qué tan linda es la Tierra, es viéndola desde la luna. La manera de ver qué tan linda es la vida, es desde la perspectiva de la muerte.*
> **Úrsula K. Le Guin**

Fue una semana inolvidable e inesperada que me hizo alejar aún más de mi vida en California, de mis problemas y de mi tristeza. Poco a poco, un filtro de ilusión se empezó a posar ante mis ojos, permitiéndome ver mi pasado, mi presente y mi futuro de manera diferente.

Desde cada punto de vista

Despedirme de Vincenzo al finalizar esa semana fue difícil. Él debía regresar a su trabajo en California y yo tenía que continuar mis clases y mi camino de introspección y sanación. Antes de irse al aeropuerto para tomar su vuelo a Estados Unidos, me dejó en la estación de tren para que yo pudiera regresar a Florencia. Mientras lo vi alejarse guardé todos nuestros momentos hermosos en mi memoria. Elegí enfocarme en todos los regalos del presente y en el sentimiento de gratitud que tenía por los días tan especiales que había vivido desde mi llegada a Italia. Pronto debía empezar a despedirme de ese lindo país para ir a mi siguiente destino.

Para Vincenzo, esa despedida significaba separación e incertidumbre sobre lo que sucedería con los dos, quizás el final de nuestra historia, pues no teníamos claro cuándo volveríamos a vernos. Yo entendía perfectamente lo que él sentía, y también me entristecía mucho; sin embargo, para mí, este punto significaba el portal a mis siguientes experiencias en ese importante viaje de sanación. Yo sabía que no iba a poder estar bien en una relación sin antes ocuparme de mi situación personal, así que debía honrar esa prioridad y seguir adelante con mi viaje. Era claro que sentíamos cosas muy diferentes frente a la misma situación.

Un mismo evento puede generar diferentes realidades, dependiendo de la perspectiva de cada persona. Recuerdo que en un taller virtual que tomé con Neale Donald Walsh, autor de *Conversaciones con Dios*, él explicó: "Nuestra idea de la realidad se forma a través de las experiencias personales individuales, las cuales se generan a través de las emociones y de los pensamientos que tenemos sobre los eventos de nuestra vida"[25].

Neale habló sobre un ejemplo en particular: imagina que durante una época de sequía se pronostica que el siguiente sábado habrá seis horas seguidas de lluvia. Ese evento es visto como una bendición por un agricultor, quien ha estado esperando la lluvia durante varias semanas. Por otro lado, seis horas de lluvia pueden ser un obstáculo y algo muy negativo para quien está organizando un concierto al aire libre ese fin de semana. Así, una situación cualquiera (como un día lluvioso o una actividad de tirolesa) puede generar emociones y pensamientos muy distintos en dos personas, y cada una de ellas va a recordar ese día de manera diferente.

Otro ejemplo que me gusta mucho sobre este tema es la historia que escuché sobre un grupo de sabios ciegos que estaban tratando de describir a un elefante que había llegado a su aldea. Empezaron a palpar al inmenso animal para conocerlo a través del tacto, pero cada uno tocó una parte diferente del elefante. El primer sabio tocó las grandes orejas que se movían para adelante y para atrás y pensó que el elefante era como un gran abanico. La segunda sabia tanteó las patas del elefante y decidió que era como un árbol. El tercer sabio, tras tocar la trompa, pensó que era similar a una serpiente. La cuarta, quien examinó con sus manos los finos colmillos del elefante, sintió un poco de miedo y se imaginó al elefante como una espada. Y así, cada persona creó una versión diferente del animal. Ninguna estaba errada, simplemente, cada persona creó una realidad distinta a partir de su experiencia personal.

La perspectiva se trata de entender que la realidad se forma a partir de la suma de las experiencias personales, las cuales se derivan de las emociones y pensamientos sobre los sucesos de la vida. Así, la manera en la que eliges reaccionar frente a las situaciones del día a día es lo que define tu realidad. Y es una elección, minuto a minuto.

En esto también radica la importancia de ponerte en los zapatos de los demás, ver desde su perspectiva y tratar de entender sus puntos de vista. No necesariamente tienes que estar de acuerdo con alguien para sentir empatía o entendimiento; basta con salir del punto particular desde donde estés viendo la situación y tratar de sentir lo que la otra persona puede estar experimentando.

Aquello en lo que te enfocas crece

Mientras estaba en el tren de regreso a Florencia leí una corta caricatura en una revista que alguien dejó sobre una silla en mi vagón. La historia, según lo que entendí, decía:

Una mañana un viejo le contó a su nieto sobre la batalla que ocurre en el interior de las personas. El anciano dijo:

—Hijo mío, la batalla se da entre dos lobos que están dentro de todos nosotros. Uno es malvado. Es ira, envidia, celos, tristeza, pesar, avaricia, arrogancia, autocompasión, culpa, resentimiento, soberbia, inferioridad, mentiras, falso orgullo, superioridad y ego. El otro, en cambio, es bueno. Es alegría, paz, amor, esperanza, serenidad, humildad, bondad, benevolencia, amistad, empatía, generosidad, verdad, compasión y fe. La misma batalla ocurre dentro de ti, y dentro de cada persona también.

El nieto lo meditó por un minuto y luego preguntó a su abuelo:

—¿Cuál de los dos lobos gana la batalla?

A lo que su abuelo respondió: Aquel al que tú alimentes.

La idea de que algo crece si te enfocas en ello o lo alimentas es muy poderosa. Y no es simplemente una historia: después de investigar más sobre este tema, descubrí que a nivel científico se ha encontrado que el cerebro se puede transformar fisiológicamente a través de los pensamientos y acciones recurrentes. Esta es la base de lo que se denomina 'neuroplasticidad'.

La neuroplasticidad es la capacidad del cerebro para adaptarse y cambiar, como resultado de la conducta y la experiencia.

No sé si ya habías oído hablar sobre esta capacidad, pero para mí fue una gran sorpresa cuando empecé a entenderla. Siempre supuse que el cerebro en los humanos era inmutable después de la infancia. Tenía claro que el cuerpo muda constantemente; por ejemplo, los pulmones se afectan al fumar, el corazón se fortalece con el ejercicio aeróbico, el tejido adiposo aumenta al ingerir más calorías de las necesarias, etc., pero hasta hace pocos años no tenía claro que también se puede modificar el cerebro a través de comportamientos y acciones. La masa cerebral es mucho más maleable de lo que se creía.

Juan, un vecino y amigo de mi infancia, tuvo una enfermedad cuando pequeño que lo llevó a perder la audición, pero desarrolló una habilidad muy avanzada para el dibujo y el arte visual y se convirtió en un talentoso diseñador gráfico. Según estudios neurocientíficos, las personas con pérdida auditiva muestran reorganización cerebral, en la que porciones del cerebro encargadas de funciones de escucha son reutilizadas y se agudizan otros sentidos como el tacto o la vista. Seguramente conoces ejemplos similares de personas que pierden una habilidad, pero desarrollan otra con el tiempo. Es la manera como la fisiología humana se adapta a una nueva situación[26].

Otro estudio[27], en el que se analizó el cerebro de taxistas en Londres, encontró que habían desarrollado mayor materia gris en el hipocampo posterior que personas de la misma edad y con el mismo nivel de educación e inteligencia, pero que no conducían taxis. El hipocampo juega un rol importante en la consolidación de información, memoria y funciones que permiten la navegación. Así, en los taxistas, el conducir día a día en una ciudad con tantas calles hizo que sus cerebros evolucionaran y se adaptaran físicamente. Dado esto, es importante recordar: las conexiones que no se practican se debilitan, y las conexiones que se repiten se vuelven más fuertes. Así que tienes la opción de elegir cómo canalizar tus pensamientos, comportamientos y energía en prácticas que te ayuden a modificar tus sistemas internos para aumentar tu bienestar y cultivar tu plenitud. Muy interesante, ¿no? Me hace cuestionar qué partes de mi cerebro se han desarrollado más por causa de mis pensamientos o experiencias recurrentes.

> *Mi experiencia es aquello a lo que escojo prestarle atención. Solamente aquellas cosas que noto moldean mi mente.*
> **William James**

Alejando el zoom

Cuando el avión despegó y el territorio italiano se hizo cada vez más pequeño, los recuerdos de los momentos que había vivido en ese país se fueron disipando. A medida que las nubes se acercaban y el blanco de la neblina pesada cubría mi ventanilla, lo que había vivido allí comenzó a perder nitidez, poco a poco, y me permitió apreciar todo de manera diferente.

Cuando era pequeña creía que los ángeles dormían encima de las nubes, con sus majestuosas arpas y togas blancas con cinturones dorados. Habría podido jurar que allí tenían una ciudad entera desde donde cuidaban a los humanos. Al estar volando justo en el lugar donde creía que estaba esa ciudad angelical, me pregunté qué pensarían mis ángeles guardianes de mi situación en ese momento. Qué pensarían mi yo del futuro, mi yo a punto de morir y mi alma sobre lo que estaba viviendo en aquel instante.

Al distanciarnos, o al alejar el zoom de una situación para verla desde un punto de vista 'divino' (lo que esto signifique para cada uno), se puede entender a un nivel más profundo. Las historias de la mente se van disipando y queda solamente la verdad sobre los hechos, y aquella que nuestro ser interior nos quiere comunicar.

Estaba siguiendo el llamado a hacer ese viaje de introspección y sanación, aun teniendo que dejar mis responsabilidades temporalmente. Había elegido darle una oportunidad al amor, una vez más, sin importar las circunstancias en las que nos encontrábamos Vincenzo y yo. Pensé que tanto mis ángeles como mi alma estarían sonriendo al verme seguir el llamado de mi corazón. Sentí que eran mis porristas, que me daban ánimo para seguir adelante. Percibí la energía del amor, cada vez más fuerte, en mi realidad de ese instante. Me estaba empezando a sentir mucho mejor con todo mientras me preparaba para llegar a mi siguiente destino: India.

> *Siembra un pensamiento, cosecha una acción; siembra una acción, cosecha un hábito. Siembra un hábito, cosecha un carácter; siembra un carácter, cosecha un destino.*
> **Frank Outlaw**

Para recordar

Tú creas tu propia realidad a través de las reacciones que tienes frente a los eventos de tu vida. La manera en la que te explicas a ti mismo y a los demás tu éxito o tus contratiempos determina tu habilidad de crecimiento y afecta tu plenitud. Recuerda que aquello en lo que te enfocas crece, y el cuento que te cuentas cuenta. Cada instante es una oportunidad para elegir actuar desde el amor en lugar del miedo.

Reflexión y práctica

El disco mental. Explora los temas o aspectos de tu vida en los que más te enfocas. Durante dos días consecutivos observa tus pensamientos recurrentes. Nota si algún tema parece un 'disco rayado' que se repite y se repite en tu mente. ¿En cuáles temas o situaciones enfocas tu atención con mayor frecuencia? ¿Qué patrones percibes? Escribe en una libreta o cuaderno lo que encuentras en este ejercicio de exploración.

Una perspectiva fresca. ¿Qué actividades te ayudan a tomar perspectiva para enfrentar una situación? Por ejemplo, una caminata, conversar con alguien y recibir una segunda opinión, escribir sobre ese acontecimiento, etc. Toma nota de aquello que te permite ver tu realidad de manera diferente y ponlo en práctica la próxima vez que tengas que tomar una decisión.

Mi mentalidad. Revisa el cuadro de este capítulo que explica las diferencias entre la mentalidad fija y la mentalidad de crecimiento e identifica áreas en tu vida en las que utilizas cada una. Reflexiona sobre cómo podrías poner en práctica la mentalidad de crecimiento en otras situaciones.

Recursos adicionales. Visita **plenitud.net/recursos** para ir directamente a la página web en donde encontrarás recursos adicionales sobre el principio de la perspectiva.

A PROFUNDIDAD: SOBRE LA GRATITUD

> *Cuanto más agradezcas y celebres tu vida, más motivos tendrás para celebrar.*
> **Oprah Winfrey**

Una de las herramientas más poderosas para dar perspectiva y ver la vida desde otro ángulo es la gratitud. Este sentimiento es algo que te puede ayudar a tener un filtro al momento de interpretar los hechos de tu vida y a enfocarte en lo positivo y valioso con mayor frecuencia.

¿Qué es la gratitud?

A pesar de que es un término común, que seguramente has presenciado en tu vida, voy a empezar por definirlo. Según el diccionario, significa: "El sentimiento que nos obliga a estimar el beneficio o favor que se nos ha hecho y a corresponder a él de alguna manera". Desde mi punto de vista, esa definición se queda corta. Prefiero ampliar el concepto:

La gratitud es el sentimiento de reconocimiento y apreciación por sí mismo, por los demás, por lo recibido o por algo que se va a recibir. Es lograr maravillarse con la realidad del presente.

No es muy frecuente hablar sobre la gratitud hacia sí mismo, ni sobre el sentimiento de agradecimiento por algo que aún no se ha recibido. Pero mi experiencia personal me dice que no solo es posible, sino que puede ser algo muy poderoso para aumentar el amor propio y para atraer mayor abundancia en la vida. Ya te contaré sobre esto en detalle.

El primer paso de la gratitud es tomar una pausa para "reconocer" lo que te está sucediendo, con algo de curiosidad. No se puede sentir agradecimiento por algo sin antes ser consciente de su existencia, ¿verdad? Así que una base fundamental de la gratitud es la atención plena: llevar el enfoque a las experiencias del momento presente con mente abierta y curiosidad. El segundo paso es sentir apreciación por aquello que se observó.

Como sabes, la mejor forma de definir un sentimiento es a través de la experiencia personal. Las palabras tienden a quedarse cortas. Lo bueno de la gratitud es que es fácil de generar o invocar como experiencia personal. Inténtalo: piensa en algo que agradeces de tu situación actual. Quizás el espacio de tiempo que tienes para leer este libro, la persona que te enseñó a leer, un amigo con quien puedes compartir lo que estás aprendiendo, tu desayuno del día de hoy, el que tengas comida para cenar más tarde, o cualquier otra cosa que te haga sentir agradecimiento profundo. Por unos segundos, lleva a tu mente eso que elegiste y percibe en todo tu cuerpo lo que sientes al invocar la gratitud.

Eso que acabas de experimentar es la mejor definición de gratitud. Yo, en lo personal, siento que la gratitud se manifiesta en mi cuerpo en el área del pecho, como pequeñas burbujas efervescentes que generan un sentimiento cálido y placentero y que suben hasta el cuello, y a veces llegan hasta mis ojos y los humedecen un poco. Quizás esto sea similar a lo que sientes o que tu experiencia sea completamente diferente. Cada uno siente la gratitud de manera única, a pesar de que sea algo que la mayoría de personas siente con frecuencia.

El último paso de la gratitud es expresarla interna o externamente. Muchas veces no se dice nada al sentir gratitud, solo se siente o se piensa en silencio. En otras ocasiones, se expresa verbalmente o a través de un gesto. Y en muchísimas otras, la gratitud se expresa sin realmente sentirla. ¿Cuántas veces has dicho "gracias" casi sin notarlo, de manera automática y sin sentir gratitud auténticamente? Es muy común.

Cuando tenía más o menos catorce años, vi una película norteamericana en la que se hablaba sobre el día de Acción de Gracias. Dado que en mi país esa fecha no se celebraba, me generó intriga. Busqué en un tomo de una de las pesadas enciclopedias de mi casa el significado y la historia de esa fecha y decidí que iba a organizar una celebración similar con mi familia. Pasé largas horas en la cocina preparando algo especial y escribí una oración para esa noche. Cuando mi familia llegó aquel jueves después del trabajo, compartimos un momento que nos unió de manera especial. Desde entonces, independientemente de la ciudad en donde esté viviendo, escojo conmemorar la gratitud con mis seres queridos. Es una manera de hacerle homenaje a un sentimiento tan poderoso a nivel personal e interpersonal.

¿En qué me puede beneficiar la gratitud?

Probablemente, a ti también te enseñaron la palabra mágica 'gracias' como acto de cortesía o te corrigieron cuando no la usabas. Tal vez recuerdas aquel "(agrega tu apodo) _____, mi amor, ¿qué se dice?", con el que aprendiste a dar las gracias. Nadie disiente que dar las gracias es algo bonito que demuestra buenos modales, pero por encima de esto, ¿en qué te puede beneficiar la gratitud? ¿Por qué atribuirle tanta importancia al acto de dar las gracias?

> *La gratitud nos abre a la plenitud de la vida. Convierte lo que tenemos en suficiente y más. Convierte la negación en aceptación, el caos en orden, la confusión en claridad. Puede convertir una comida en un banquete, una casa en un hogar, un extraño en un amigo. Convierte problemas en regalos, fracasos en éxitos, lo inesperado en tiempo perfecto y errores en eventos importantes. La gratitud le da sentido a nuestro pasado, trae paz al día de hoy y crea una visión para el mañana.*
> **Melody Beattie**

La gratitud se puede manifestar por algo específico a corto plazo o como una actitud o disposición frente a la vida. Las personas gratas, quienes demuestran gratitud de manera constante y activa, pueden notar y apreciar lo positivo en el mundo, observar su abundancia y tienden a ver sus vidas y experiencias como "regalos" por los cuales estar agradecidos. La gratitud es una actitud o una orientación en sus vidas de manera constante. Es el filtro con el que ven su realidad.

Yo me considero una de esas personas gratas. Nunca lo he visto como algo bueno o malo de mi personalidad, simplemente me di cuenta de que desde pequeña me han llegado pensamientos de gratitud a la mente. Y noté que entre más atención le prestaba a la gratitud, mayor abundancia veía en mi vida.

Entre más consciente seas de la gratitud, más notarás los pequeños detalles que hacen de tu vida algo especial. El beneficio de cada aspecto que agradezcas aumentará de manera concreta, palpable, vívida y directa, y le dará mayor positivismo, dicha y plenitud a tu vida.

De acuerdo con muchos estudios, la práctica de la gratitud puede llegar a ser transformadora, a pesar de su simpleza. Sonja Lyubomirsky, investigadora y profesora de psicología en la Universidad de California en Riverside, ha realizado varios estudios sobre el impacto de la gratitud en la felicidad y explicó lo siguiente en una entrevista para LiveHappy:

> La gratitud es un antídoto para las emociones negativas, neutraliza la envidia y es enemiga de la hostilidad. La gratitud va más allá de simplemente decir 'gracias' e implica un enfoque profundo en el momento presente, apreciando tu vida como es, y reconociendo qué le ha hecho posible que sea como es. Estudios de investigación revelan que la gratitud trae muchos beneficios. Se ha encontrado que las personas gratas son más felices, más energéticas y tienen más

esperanza; tienden a ser más colaboradoras, más empáticas, más espirituales, más propensas a perdonar y menos materialistas. Las personas con tendencia a la gratitud son menos propensas a tener depresión, sentir ansiedad, soledad, envidia o a ser neuróticos. Y muchos estudios demuestran que las personas que practican la gratitud consistentemente pueden aumentar su felicidad[28].

> **Prueba esto:** por unos segundos, enfócate en algo que te genera mucha rabia. Al mismo tiempo, piensa en algo que te hace sentir gratitud.
>
> ***
>
> ¿Puedes sentir ambos a la vez? La respuesta seguramente es 'no', pues son emociones incompatibles. ¡Es casi imposible sentir rabia y gratitud a la vez! Es por esto que la gratitud es una herramienta valiosa para neutralizar la negatividad, cambiar la perspectiva de una situación y manejar contratiempos.

No son las personas felices las que sienten gratitud, sino las personas agradecidas las que se sienten felices.
Anónimo

A través de la práctica de la gratitud también se puede reducir el sentimiento de insuficiencia que afecta a tantas personas y evitar que se dé por sentado lo que se posee. Cuando expresas agradecimiento por lo que tienes, logras apreciar y valorar el presente tal como es y alejas la insatisfacción de pensar en cómo "debería" ser o en aquello que crees que te hace falta. **La gratitud no te invita a tener todo lo que quieres, sino a querer todo lo que tienes.**

Ahora, practicar la gratitud no significa conformarse con poco, sino valorar lo que se tiene y, a partir de ahí, seguir alcanzando metas. La actitud de la gratitud no es pasiva: es más fácil encontrar motivación para seguir adelante en la dicha que genera el agradecimiento que en el vacío que trae la insatisfacción. Es con "buenas vibras", como dice una amiga mía, como puede nacer el interés por ser mejor y por tener lo que se anhela en el corazón. Es por esto que la gratitud es clave en el proceso de atraer lo que deseas. Te contaré de manera detallada acerca de todo esto en la sección sobre manifestar, más adelante.

De acuerdo con el doctor Robert Emmons, experto en la psicología de la gratitud, este sentimiento también ayuda a relacionarse mejor con otras personas, pues aumenta la compasión, la generosidad, la intención de servir y hasta puede disminuir la tendencia al aislamiento. En su libro *Gracias, de cómo la gratitud puede hacerte feliz*, Emmons afirma:

> Nuestra investigación ha mostrado que las personas gratas experimentan niveles más altos de emociones positivas como el gozo, entusiasmo, amor, felicidad y optimismo, y que la práctica de la gratitud como disciplina protege a la persona de los impulsos destructivos de la envidia, resentimiento, codicia y amargura. Hemos descubierto que una persona que experimenta la gratitud es capaz de hacerle frente más efectivamente al estrés diario, puede mostrar mayor resiliencia al enfrentar estrés inducido por trauma y puede recuperarse más rápidamente de enfermedades y gozar de mejor salud física[29].

Yo creo que el superpoder de la gratitud radica en que tiene un efecto amplificador de lo positivo que sucede en la vida. Cuando notas que algo positivo está sucediendo, la gratitud te ayuda no solo a ver los hechos en ese momento, sino que también te permite magnificarlos o percibirlos con mayor fuerza. Por ejemplo, cuando mi mamá prepara ajiaco, mi sopa colombiana favorita, me siento feliz; luego, al sentir gratitud por su gesto, es como si hubiera recibido dos platos de sopa. La gratitud es como una lupa, al ser puesta sobre algo positivo aumenta su tamaño.

> *La gratitud es un segundo placer que prolonga un primer placer: es como un eco de alegría a la alegría sentida.*
> **André Comte-Sponville**

Adicionalmente, la gratitud genera conexión con otros e invita a dar con generosidad. Cuando alguien hace algo por ti y tú lo agradeces genuinamente, la otra persona lo percibe y el vínculo entre los dos crece. Quizás el acto de esa persona también te anime a hacer algo por alguien más o a devolver el favor en el futuro. Así que puede crear un efecto dominó de amabilidad y generosidad, algo de lo que el mundo se podría beneficiar.

¿Cómo puedo practicar la gratitud?

Como todo lo que te puede llevar a una vida en plenitud, la gratitud se puede entrenar y, además, es muy sencillo ponerla en práctica. Es como un músculo, a medida que lo ejercitas se hace más fuerte. Estas son algunas recomendaciones para integrar la gratitud en tu rutina diaria:

Consciencia presente. Como ya viste en la definición de gratitud, el primer paso para desarrollarla es reconocer lo que sucede. Dedica unos minutos al día para tomar una pausa consciente y enfócate en la gratitud, observa tu realidad, tu abundancia, los favores que otros hacen por ti y todo lo que tienes.

Expresa gratitud genuina y creativamente. Al descubrir u observar algo por lo cual sientes gratitud, exprésalo. Si no quieres compartirlo con los demás, puedes escribirlo en un cuaderno, en una servilleta, en tu teléfono celular, en una libreta dedicada a la gratitud, o donde prefieras. Si eliges expresárselo a alguien más, explora maneras creativas de hacerlo: una tarjeta física o virtual, un correo electrónico, un regalo, un mensaje de voz, un dibujo hecho por ti, una canción, unas flores o una simple llamada. Si practicas alguna religión y te nace orar para expresarle las gracias a la Creación, hazlo. O manifiesta tu gratitud con un acto de generosidad hacia otras personas, incluyendo desconocidos, sin importar quién se beneficie de ello.

Diario de la gratitud. Quizás ya hayas oído hablar sobre lo valioso que puede ser tener una rutina dedicada a la gratitud. Todos los días, a la misma hora, o un día a la semana como el domingo, escribe entre una y cinco razones por las cuales sientes gratitud en un mismo cuaderno, libreta o aplicación móvil. Cualquier razón es válida, por más pequeña que sea. Esta actividad te puede ayudar a subir el ánimo de manera inmediata y puede llegar a tener efectos positivos a largo plazo en tu vida.

¡*Arigato*, adentro y afuera! Una de mis prácticas favoritas de gratitud y de abundancia fue inspirada por Ken Honda, un escritor japonés conocido por sus libros sobre el dinero. De Ken aprendí a tener un ritual cada vez que el dinero fluye, en cualquier dirección. Al recibir dinero, ya sea mi salario mensual, o un pago por algún proyecto, cierro los ojos por cerca de un segundo y digo mentalmente "*arigato*, adentro". Y cuando realizo algún pago o le entrego dinero a alguien, digo mentalmente "*arigato*, afuera". *Arigato* significa 'gracias' en japonés, así que uso estas frases como un símbolo para agradecer por el dinero que llega a mí o por aquello que recibo a cambio de este. También es una manera de agradecer por todo lo que tuvo que suceder para que yo pudiera pagar o recibir un pago, y una técnica para abrirme a la abundancia y para dejar que la energía del dinero fluya libremente con alegría.

Analiza la trayectoria de lo que tienes. Cuando algo llegue a tus manos, como un regalo, objeto, una compra o algo de comer, analiza su procedencia. Por ejemplo, antes de comer una tajada de pan, mientras disfrutas su agradable aroma, piensa por un momento de dónde viene ese producto. Haz un recorrido mental y expresa gratitud por el lugar donde creció el trigo, por las personas que lo sembraron y cuidaron por mucho tiempo, por quienes lo procesaron y llevaron hasta la panadería. Agradécele a quien creó la receta para que saliera a la perfección, a quien lo amasó con fuerza y dedicación y a quien lo llevó hasta el lugar donde lo compraste. Es algo que puedes hacer cada vez que comes algo o con cualquier cosa que recibas.

Cofre de gratitud. Escribe mensajes de gratitud dirigidos hacia ti mismo en pequeños papelitos y guárdalos por doce meses en una caja, frasco o cofre. Al finalizar ese año (podría ser en tu cumpleaños o en diciembre, por ejemplo), lee todas las razones que te hicieron sentir gratitud. Es una linda manera de reconocer y valorar todo tu esfuerzo, tu trabajo, tu abundancia y quienes te apoyaron para alcanzar tus logros.

Recordatorios. Dado que uno de los principales obstáculos de la gratitud es que puede olvidarse fácilmente, considera utilizar alguna alarma bonita en tu teléfono móvil una vez al día, o un aviso pequeño cerca de tu monitor, o un símbolo en tu casa que te recuerde tu práctica. Por ejemplo, cada vez que pases por una puerta en particular o cada vez que tomes agua, haz una pausa y reflexiona sobre una cosa o persona por la cual sientas gratitud.

> *Solo un exceso es recomendable en el mundo: el exceso de gratitud.*
> **Jean de La Bruyère**

Para recordar

La gratitud no te invita a tener todo lo que quieres, sino a apreciar todo lo que tienes. Entre más consciente seas de todo lo que eres y posees, en lugar de aquello que te falta, mayores serán tu positivismo, dicha y plenitud.

Reflexión y práctica

Conexión con la gratitud: para iniciar, revisa la lista de abajo y marca con un ✓ o identifica mentalmente las razones por las cuales podrías sentir gratitud en este momento. Solamente elige aquellas que sean relevantes en tu vida el día de hoy:

- ☐ **Techo:** tengo un lugar donde dormir.

- ☐ **Comida:** he tenido acceso a alimentos en las últimas veinticuatro horas.

- ☐ **Agua:** tengo acceso a agua potable que puedo beber con tranquilidad.

- ☐ **Sentido de la vista:** tengo ojos saludables que me permiten leer este libro, apreciar los colores de la naturaleza y ver el rostro de mis seres queridos.

- ☐ **Apoyo:** existe por lo menos una persona a mi alrededor que me escucha y me ofrece su apoyo cuando lo necesito.

- **Tiempo para mí:** al leer este libro tengo la posibilidad de dedicar tiempo para mí, para crecer y ser una mejor persona.

Al empezar a conectarte con la gratitud, muy probablemente lograrás identificar otras razones similares a la lista anterior. Escribe o dibuja libremente en una hoja de papel algunas razones adicionales por las cuales sientes gratitud.

De lo que identificaste, escoge una razón que te haga sentir gratitud profunda en este instante. Respira profundo, cierra los ojos y conéctate con ese sentimiento por unos segundos.

***

¿Cuál de los siguientes *emojis* podría ilustrar tus emociones al sentir gratitud? Identifica todos los que sean relevantes.

😃 😄 😍 😌 🥰 😐 😶 🥹 💕 💭 🙏 ❤️ 🎁 🎉 ✨

Describe en detalle lo que sientes al experimentar la gratitud. ¿Qué percibes? ¿En qué parte de tu cuerpo lo sientes? ¿Qué emociones te genera?

Gratitud como actitud para la plenitud. Solo a través de la práctica lograrás una vida más plena. Dados los beneficios que puede tener la gratitud en tu vida y lo que te hace sentir, haz un compromiso para mantener o aumentar tu nivel de gratitud. Elige algo sencillo y fácil de recordar que puedas poner en práctica en tu rutina. "Me comprometo a _____ _____ cada_____".

Expresando gratitud. Elige a una persona a quien desees expresarle gratitud por algo que hizo por ti, por su apoyo constante o simplemente por estar en tu camino. Escoge el modo en el que quieres expresarlo, ya sea de manera creativa o sencilla, y ¡hazlo en los próximos tres días!

Si nadie viene a tu mente, sería un honor para mí ser esa persona. Envíame un mensaje a través de Instagram a **@hola.plenitud** con **#GratitudconPlenitud** y cuéntame qué es lo que más agradeces de tener este libro en tus manos, una cosa que hayas aprendido en los últimos capítulos o algo en tu vida por lo cual sientes gratitud. ¡Te prometo que me va a llenar de 😃 😃 😃 recibir tu mensaje!

Meditación sobre la gratitud. Escucha la meditación guiada sobre la gratitud en **plenitud.net/recursos** y escribe algo sobre lo cual sientes gratitud, aunque todavía no haya sucedido.

CAPÍTULO 6
CURIOSIDAD

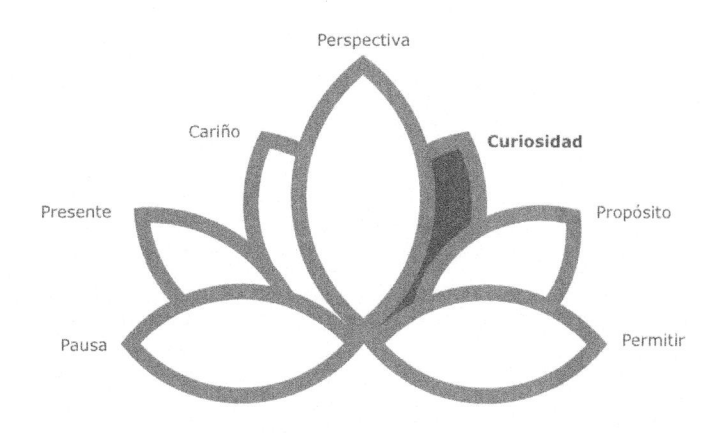

> *La sabiduría viene cuando uno es capaz de aquietarse. Solo mira, solo escucha. No hace falta nada más. Aquietarse, mirar y escuchar activa la inteligencia no conceptual que anida dentro de ti.*
> **Eckhart Tolle**

Aterricé en el aeropuerto de Trivandrum en el estado de Kerala, India, cerca de las tres de la mañana. Mientras recorría el trayecto de tres horas del aeropuerto hasta el *ashram* al que me dirigía, recordé lo que me había sucedido hacía varios años en ese mismo centro espiritual, un episodio inexplicable que jamás dejó de generarme curiosidad.

Cuando aún vivía en Nueva York, y estaba próxima a terminar mi maestría, decidí acompañar a mi tía Mariela a la India, para visitar templos en distintos lugares del país. Mi tía, una persona que decidió dedicar su vida a temas espirituales desde muy joven, fue la primera persona en mostrarme el camino hacia la espiritualidad y sembró en mí la semilla de la curiosidad por ese tema. Ella, quien viajaba a la India al menos una vez al año, sugirió que termináramos nuestro viaje en un *ashram* llamado Amritapuri, para conocer a Mata Amritanandamayi, una líder espiritual conocida como 'Amma', que quiere decir madre.

Amma tiene fundaciones y proyectos humanitarios, que incluyen centros espirituales, orfanatos, hospitales e instituciones educativas, en diferentes lugares del mundo. Además, lidera programas en India que apoyan a las mujeres, ya sean niñas, estudiantes, viudas y demás. Su apodo, 'la santa de los abrazos', nació de sus visitas a decenas de ciudades del mundo, en donde les ofrecía abrazos a miles de personas. Sentí inmenso interés por tener a esa famosa gurú cerca de mí y conocer más sobre su trabajo.

La primera noche en el *ashram* de Amma mi tía y yo fuimos a verla y a recibir uno de los abrazos de los que tanto se hablaba. Fue algo tan indescriptible que prefiero compartir contigo lo que escribí en una de mis libretas de viaje al día siguiente, aquel fin de año de 2009:

> Mi tía me explicó el proceso para ver a Amma, a lo que le llaman *darshan*, mientras caminábamos hacia el gran auditorio donde se encontraba. El recinto estaba más lleno de lo que imaginaba. Me contaron que el día anterior Amma había empezado a recibir visitantes y a darles su conocido abrazo desde las diez de la mañana y había terminado a las once de la noche; aparentemente a ella no le gustaba dejar a nadie sin su abrazo, así que se quedaba hasta que pudiera recibir a cada uno de los participantes.
> Entramos en la larga fila para llegar a la tarima en donde se encontraba Amma. A pesar de la multitud, los voluntarios tenían un sistema que permitía que todo se moviera rápida y organizadamente. Me llamó la atención el alto nivel de energía del lugar: había música con volumen alto, gente entrando y saliendo, personas moviéndose al ritmo de la música desde sus sillas. A través de la pantalla, se podía ver a Amma hablando animadamente con las personas a su lado. Me

pregunté cómo una persona podía estar tantas horas sentada, casi sin detenerse, abrazando a cientos de humanos y con un altísimo nivel de energía a esas horas de la noche.

Al llegar nuestro turno, dejé que mi tía pasara primero. Sentí el corazón un poco acelerado mientras las manos de voluntarios me tocaban la espalda o los brazos para dirigirme en la fila. Cuando finalmente estuve enfrente de Amma, de rodillas, ella me abrazó con fuerza, me acercó su mejilla y le oí decirme "Querida, querida", en español, seguido por otras palabras que no pude reconocer. Después de un par de segundos, otro voluntario me apartó para que dejara pasar a la siguiente persona. En ese instante, sentí un calor súbito en la cabeza y mis mejillas se enrojecieron. Me levanté del suelo y me quedé por varios segundos de pie en el centro de la tarima, bajo la fuerte luz del escenario, dándole la espalda a Amma, viendo hacia la audiencia, completamente desorientada e inmóvil.

Sentí que alguien me tomó del brazo y me llevó a una zona con cojines sobre el suelo, cerca de Amma, y gentilmente me invitó a sentarme ahí. Sin poder ver bien quién me estaba ayudando, murmuré en una mezcla entre inglés y español, "Oh, I'm sorry, es que me desorienté un poco" y me dejé caer al suelo. Sentí que mi cabeza estaba dentro de una burbuja. La música se volvió casi inaudible, dejé de percibir a las más de treinta personas sentadas junto a mí y empecé a ver un poco borroso. La luz del lugar comenzó a molestarme los en ojos, como cuando el optómetra me dilata las pupilas, así que me cubrí con una bufanda. Al tener la cara cubierta, empecé a llorar con fuerza, sin razón alguna. Sentí algo que jamás en la vida había sentido: una mezcla entre dicha absoluta y tristeza profunda y solo quería quedarme ahí, inmóvil, experimentándola.

Sin embargo, en ese momento llegó mi tía, quien despreocupadamente me habló sobre lo que podríamos cenar y me pidió que fuéramos a una tienda dentro del *ashram* para comprar algunas cosas y a una cabina telefónica para llamar a mi casa en Colombia e informarles a mis padres que habíamos llegado bien. No registré bien sus palabras, pero logré ponerme de pie, tambaleándome un poco, y la seguí. Para hacer la llamada tuve que marcar varias veces en aquel teléfono rotativo, pues no lograba recordar bien el número (aunque lo sabía de memoria desde que era niña). Cuando me comuniqué con mi mamá, a pesar de intentar disimular estar bien, mi tía se dio cuenta de que algo había sucedido, pues yo no demostraba emoción alguna ni era capaz de formar oraciones coherentes. Al otro lado de la línea mi mamá simplemente me dijo: "Debió ser un viaje muy largo, te noto bastante cansada, mejor te dejo para que vayas a dormir".

Mi tía me explicó amorosamente su interpretación de lo sucedido, me dijo que era normal experimentar algo así al conocer a un ser tan elevado y me invitó a sentarme y descansar. Mientras ella compraba agua y algo de comer, yo me quedé en una silla llorando con la cara cubierta, porque la luz me seguía incomodando mucho, no sé si por un minuto o por quince, pero al abrir los ojos vi a un grupo de personas a mi alrededor, preocupados por saber si me encontraba bien. Al llegar, Mariela les dio alguna explicación y me llevó de inmediato a la habitación, caí como una roca sobre la cama y me quedé dormida.

Tan pronto me desperté, me dirigí a la playa para caminar a solas y tratar de encontrarle una explicación lógica a lo que me había sucedido. ¿Qué me ocurrió? ¿Por qué sentí esas sensaciones tan extrañas? ¿Por cuánto tiempo estuve así? ¿Qué me había dicho Amma en el oído? ¿Existía la posibilidad de que me volviera a ocurrir? ¡Qué episodio tan extraño y al mismo tiempo tan fascinante! Mi mente aún sigue buscando explicaciones que satisfagan su curiosidad pragmática. Quizás imaginé todo, pues seguramente leí en algún artículo que el abrazo de Amma había tenido efectos sobrenaturales en algunas personas. O tal vez era simplemente el cansancio del viaje, o algo que había comido. Pese a querer encontrar una explicación, cualquier razón para justificar mi experiencia se queda corta. Algo en mí sabe que experimenté algo místico que mi mente curiosa jamás va a poder explicar. Creo que prefiero no darle más vueltas a eso, aceptarlo como algo inexplicable y abrirle espacio en mi corazón.

Después de esa experiencia en 2009, me prometí regresar al *ashram* con más tiempo algún día. Había algo en esa maestra espiritual que me atraía como un fuerte imán y sentí un llamado a verla de nuevo. Fue por ello que elegí ese lugar como el segundo destino de mi viaje de sanación e introspección. Y ahí estaba de nuevo, en otro taxi recorriendo el camino que me llevaría hasta ese mismo centro espiritual. Me llenó de ilusión acercarme nuevamente a ese lugar tan especial.

Un principiante maravillado

Al encontrarme en el *ashram*, un lugar tan distante y diferente al lugar del que venía yo, todo me generaba interés: los aromas, la gente, la comida, el idioma, los voluntarios que dirigían todas las actividades, los extranjeros que pasaban largas temporadas viviendo allí, las ceremonias, la naturaleza, la economía, la religión... ¡todo! Cada aspecto de ese destino me llenaba de intriga y curiosidad.

Quizás también te ha pasado que en el lugar donde vives es poco lo que te genera curiosidad, pero al llegar a un sitio distinto se despierta en ti una ilusión diferente y una gran admiración por todo. Cosas tan sencillas como el color de los techos de las casas, el aroma de una planta, el sabor de una fruta que nunca habías probado, la pronunciación de una palabra o la decoración de un plato te llenan de fascinación. ¿Qué pasaría si tuvieras ese mismo interés y curiosidad en el lugar donde vives, todos los días?

Mi buen amigo Mario Chamorro, quien se ha convertido en un embajador de la felicidad, creó un movimiento conocido como 'la mentalidad de turista', que precisamente postula esa pregunta. Según él, este estado mental se puede activar en cualquier momento de la vida, sin necesidad de viajar, y no solamente abre la mente para ver la vida con un nuevo filtro, sino que también ayuda a atreverse a realizar nuevas actividades y a alcanzar metas. Es como ser turista en un viaje hacia el aquí y el ahora.

Y este no es un concepto nuevo. En el budismo zen, la palabra *shoshin* significa 'mentalidad de principiante' y se refiere a la idea de tener una actitud abierta al aprendizaje y frente a la vida. Cuando alguien es principiante o novato en una actividad, su mente está abierta, vacía de preconceptos y lista para aprender; por su parte, alguien con una mentalidad de "experto" se cierra a nueva información, piensa que ya conoce el tema y prefiere buscar validación. La mente de principiante deja de lado la necesidad de ser correcto, de tener certeza; en lugar de ello, se abre a nuevas posibilidades con humildad e inocencia.

Esta actitud frente a la vida también se conoce como mente de niño, pues los niños tienen un constante deseo de descubrir el mundo, de explorar y de aprender, libres de creencias o ataduras mentales en comparación con los adultos.

> *A los ojos de un niño, no hay siete maravillas en el mundo. Hay siete millones.*
> **Walt Streightiff**

Una habilidad que va de la mano de la mentalidad de principiante es la capacidad de asombro: maravillarse por lo grandioso del momento presente. El asombro te hace sentir humildad y, a la vez, grandeza por ser parte de algo imponente y casi mágico. Es aquello que se siente en la primera visita a la ciudad que soñabas conocer, al estar frente a una hermosa obra de arte, al ver nevar por primera vez, al reconocer la magnitud de la Vía Láctea o al ver la primera ecografía de tu bebé. El asombro es algo tan sublime que te conecta con el resto de la humanidad y con algo superior a tu ser individual.

Tamara Levitt, instructora de *mindfulness* y narradora de la plataforma Calm, enseña en una de sus meditaciones:

> Cuando éramos niños percibíamos el mundo con admiración. Nos asombrábamos por las experiencias de nuestros sentidos, fascinados por grandes ideas y preguntas no resueltas. La atención plena nos puede ayudar a reconectarnos con ese sentido del asombro de la infancia. Esa práctica nos enseña que cada momento es una oportunidad de comenzar de nuevo. Nos invita a experimentar el mundo y todo lo que contiene, con mente de principiante. Cuando hacemos eso, comenzamos a llevar nuestra consciencia al momento presente y a abrir nuestros ojos, como si fuera la primera vez. Nos permite dejarnos conmover por el misterio y la belleza de cada momento que pasa[30].

A pesar de que la mentalidad de turista, principiante o niño es muy sencilla de poner en práctica, existe algo que la limita en los adultos. En muchos ambientes, especialmente laborales, tener certeza y ser visto como experto es altamente valorado. Aceptar que se desconoce un tema puede ser una razón de vergüenza y el silencio en una conversación se puede interpretar como ignorancia. Una amiga me contó que estaba participando en una videoconferencia en la que se hablaba de un tema sobre el que ella no tenía conocimiento. En lugar de aceptar que, por ser nueva en la empresa, desconocía el tema, ella se sintió tan incómoda que decidió desconectarse de la llamada súbitamente y dijo que todo su vecindario se había quedado sin electricidad y no tenía manera de seguir en la reunión. Prefirió mentir a aceptar su falta de conocimiento y explorar con curiosidad un tema nuevo.

Sin embargo, al observar a las personas más sabias que he tenido la oportunidad de conocer, he notadouna actitud opuesta a la certeza: excelente habilidad de escucha, silencio curioso por el momento presente y por quienes les rodean, gran interés frente a todas las situaciones de la vida y una incesante capacidad de asombro hasta con cosas muy sencillas. Estas personas son conscientes de que todo puede ser cuestionado, pues en el universo es más lo que no se sabe con certeza que aquello que sí se puede probar. La sabiduría está más relacionada a tener la mente abierta a nuevas posibilidades que a ser experto en algún tema, y nace a partir de la curiosidad genuina y la capacidad de asombro que vienen del corazón.

> *El asombro ese el comienzo de la sabiduría.*
> **Atribuido a Sócrates**

Curiosa presencia

Quizás te haya sorprendido encontrar a la curiosidad como uno de los principios de la plenitud. Tal vez sea porque en el lenguaje coloquial la curiosidad se puede interpretar como el deseo de saber más de manera negativa, porque alguien curioso puede parecer interesado por lo que no le incumbe, o por aquel viejo adagio "la curiosidad mató al gato". Sin embargo, la curiosidad es una práctica muy importante para la plenitud, pues te permite cultivar la presencia, el autoconocimiento, la habilidad del asombro y la claridad al conectarte con tu ser interior.

Como principio de la plenitud, **la curiosidad es el deseo de explorar algo del interior o del entorno con mayor profundidad. Es abrirse a un entendimiento superior, más desde el corazón que desde la mente.**

La curiosidad es una parte central de la habilidad de la presencia (estar en el aquí y el ahora), pues permite tener interés genuino por la realidad presente. Como recordarás, la definición del *mindfulness* o atención plena incluye "poner atención a las experiencias del momento presente con aceptación, curiosidad, cariño y sin juzgar." Así que la curiosidad es clave para el desarrollo del *mindfulness*, pues reemplaza la necesidad de juzgar por el interés auténtico sobre lo que esté sucediendo.

Por ejemplo, imagina que te regalan un cachorrito para tu cumpleaños, algo que habías anhelado por mucho tiempo. Tan pronto lo recibes, tu curiosidad te lleva a explorar su textura al acariciarlo, su olor al abrazarlo, la expresión de sus ojos y lo que se siente cuando pasa su lengua por tus manos. Podrías perderte durante horas jugando e interactuando con él, con mucha curiosidad por su comportamiento y reacciones. Esa curiosidad te lleva a estar absorto, con toda tu atención en lo que hace el perro en el momento presente. Sería muy difícil que en los primeros minutos con tu mascota logres llevar tu atención a otro tema; tu curiosidad genuina y amorosa por algo que te gusta tanto te adentra al presente, a lo que estás viviendo, sin campo para que tu mente divague.

Por otro lado, la curiosidad también te permite lidiar mejor con algo que no te guste tanto en tu presente. En la vida actual es muy fácil encontrar una distracción en el momento en el que se percibe una situación o emoción negativa, prefiriendo esconderla, negarla o evitarla, pero la atención plena con curiosidad te permite darle cabida a todo tipo de situaciones. Por ejemplo, imagina que estás en una reunión familiar y surge un conflicto. Quizás prefieras alejarte o entretenerte viendo un programa de televisión en lugar de presenciar un enfrentamiento entre las personas que quieres. Con la práctica de la curiosidad, puedes aceptar la situación que estás viviendo, así no te guste, y explorarla con mayor compasión. La curiosidad te ayuda a formular preguntas con las que puedes entender a los demás y a cuestionar lo que sucede, sin negarlo o evadirlo, mientras encuentras soluciones creativas.

Los espacios de introspección profundos van de la mano del principio del cariño, por lo que me gusta usar el término 'curiosidad afectuosa'. Para que este tipo de curiosidad emerja, debes realizar tu proceso de indagación a través de la compasión por ti o por los demás. La curiosidad afectuosa es amorosa, gentil, bondadosa, auténtica y profunda. Es una curiosidad de corazón a corazón.

El tipo de curiosidad al que me refiero no es una incumbencia que busca juzgar o satisfacer su ansia intelectual de conocimiento, no es deseo de información a nivel superficial, no es chisme o cotilleo, pues todos ellos provienen del ego. La curiosidad afectuosa, auténtica y profunda es un proceso amoroso de introspección, de indagación amable, de conexión con tu interior y tu entorno y de búsqueda de respuestas sin gran participación de la mente. Al practicar la curiosidad afectuosa se usa la mente como uno de los objetos a explorar, en lugar de que la mente sea el vehículo de exploración. La mente es uno de los aspectos sobre los que se indaga, no es *quien* indaga.

> *La investigación no es un proceso de escarbar de manera analítica. El propósito de indagar es despertarnos a nuestra experiencia, tal y como es, en este momento presente.*
> **Tara Brach**

Patricia Rockman, directora del Centro para Estudios de Mindfulness en Toronto, Canadá, afirma que "la curiosidad nos lleva a la consciente investigación y exploración para conocer con totalidad nuestra experiencia, tal y como es. Quedarnos con lo que esté ocurriendo, ya sea deseado o indeseado, nos puede ayudar a aceptar lo que está presente y a aumentar nuestra capacidad de sentir compasión"[31]. También explica que con la curiosidad aumenta el interés en la totalidad de lo que ocurre, en lugar de rumiar sobre lo negativo que sucede, sobre cómo deberían ser las cosas, o ensayar cómo responderles a otros. A partir de las respuestas que nacen de la curiosidad se puede considerar el tipo de reacción que se desea tener, en lugar de responder de una manera que se lamente después. Según ella, "en realidad, es la curiosidad lo que puede detenernos de matar al gato", refiriéndose al viejo adagio.

> *Lo importante es nunca dejar de cuestionar. La curiosidad tiene su razón de existir. Uno no puede dejar de asombrarse cuando contempla los misterios de la eternidad, de la vida, de la maravillosa estructura de la realidad. Es suficiente tratar de comprender un poquito de este misterio cada día.*
> **Albert Einstein**

Espacio para indagar

El *ashram* Amritapuri funcionaba gracias al trabajo organizado de cientos de voluntarios. Parecía una colmena en donde todo estaba estructurado a la perfección. Todos teníamos que aportar, dedicar al menos dos horas diarias a algún trabajo asignado, lo que se denominaba *seva*, o trabajo desinteresado. Tan pronto comencé a explorar las opciones que había, me di cuenta de que yo quería que me dejaran ser la barista de la cafetería. Me imaginaba atendiendo a mis comensales, preparando deliciosos cafés *espresso*, cortados, cafés estilo *latte o macchiato* y conociendo sobre la vida de todos los que venían a comprar su café. Quería saber la historia de cada persona, su razón para viajar a la India, si alguien había tenido una experiencia similar a la mía y qué le había ayudado a tratarla.

Les expliqué a los organizadores que yo era una candidata ideal para el trabajo de barista, pues mi padre tenía una finca en Colombia donde cultivaba café orgánico de manera artesanal y de él había aprendido mucho sobre el proceso de producción del café. Además, acababa de llegar de Italia, donde había conocido sobre diferentes preparaciones de café. Les prometí que trabajaría duro para ser una excelente integrante del equipo y generar buenos resultados (el deseo de superar expectativas seguía presente en mi personalidad, ¡hasta para preparar el café en un monasterio!). La voluntaria alemana me dijo de manera muy directa que ese cupo no estaba disponible y que mi trabajo sería lavar platos después del desayuno.

Así que tuve que pasar dos horas diarias en la parte trasera de la cafetería, junto a dos tímidas personas que estaban haciendo un voto de silencio, lavando platos y ollas, lo cual dejaba a mis dedos arrugados, como pasas, al final de cada jornada. Al principio no me gustó la idea, pero poco a poco ese tiempo en silencio se convirtió en un lindo espacio de introspección. No tenía que entrar en conversaciones por 'matar el silencio', como se hace con frecuencia en la vida cotidiana, no tenía que fingir estar bien o mal, solamente tenía que llegar puntualmente y perderme en la actividad de mi momento presente.

Fuera de mi trabajo en la cafetería, le dediqué muchas horas diarias a la meditación, a las animadas sesiones de cantos *bhajans* y a clases de yoga, lideradas por residentes y voluntarios. Cada una de esas actividades empezó a abrir un espacio diferente y de mucha conexión en mi interior.

Todas las mañanas asistía a mi tratamiento de ayurveda, otra de las razones por las cuales había decidido viajar a ese *ashram* en el estado de Kerala. Había leído mucho sobre este tipo de medicina y tenía esperanza de que me pudiera ayudar. Deseaba dejar de tomar los medicamentos que me habían recetado en California, pues tenía miedo de depender de ellos para siempre, y sentí un llamado a intentar este tipo de terapia. Mi tratamiento de varias semanas, llamado *panchakarma*, era un procedimiento de eliminación con cinco métodos para desintoxicar el cuerpo y restablecer su balance.

Cada día me dirigía al centro de salud en donde dos mujeres me hacían un masaje con un aceite especial mientras cantaban mantras en sánscrito por cerca de una hora. No era un masaje como los que ya conocía, pero había algo en la combinación del aceite, los movimientos sobre mi cuerpo y los cantos que me dejaba con un estado de ánimo diferente. Sentía que los mantras "absorbían" mi actividad mental, pues al no entender su significado de manera literal, me permitían centrarme solamente en su sonido y vibración. El tratamiento también incluía purgantes, una dieta rígida, algunos medicamentos y ciertas restricciones, tales como impedir que me diera el viento frío en la cabeza o no tomar café.

Luego, me duchaba con agua tibia y pasaba a otra sala donde vertían gotas de otro aceite sobre mi entrecejo. Esta era una sensación que jamás había sentido y la disfruté desde la primera vez que la experimenté. Apreciaba lo que sentía en la frente mientras el aceite caliente con aroma a nuez caía sobre mi cabeza y bajaba a mis mejillas, cuello, manos y pies. Me gustaba cómo esa sensación cálida me relajaba de arriba a abajo y me hacía sentir como si el tiempo fuera más despacio. Salía de las sesiones con un alto nivel de serenidad, calma y paz. Empecé a notar que la rápida velocidad de mis pasos y de mis palabras, algo que le heredé a mi estancia en Nueva York, empezaba a disminuir. Todos mis movimientos se hacían más lentos y serenos.

Después de mi terapia y actividades matutinas me quedaba toda la tarde en mi habitación, a solas, en silencio, pensando, escribiendo, dibujando, leyendo y haciendo introspección. Al tener pocos datos en el plan de celular que había comprado, casi no interactuaba con mi familia ni con Vincenzo, ni navegaba en internet, como solía hacer semanas antes. En lugar de eso, empecé a leer con curiosidad profunda la gran cantidad de libros sobre crecimiento personal que llevaba en mi lector digital y que antes no había tenido tiempo de leer. Empecé a investigar sobre métodos de sanación, inteligencia emocional, atención plena, espiritualidad, meditación, abundancia, propósito y muchos temas de psicología. Además, había descargado varios cursos virtuales y videos en mi computador en los que también me perdía por largas horas.

Finalmente tenía el espacio para hacer la introspección que tanta falta me hacía y podía dedicar tiempo a pensar y entender lo que me sucedía. Poco a poco fui encontrando respuestas, conectando puntos y generando nuevas preguntas sobre mí, sobre la vida, sobre el propósito de existir y sobre mi espiritualidad.

El autoconocimiento

Has de poner los ojos en quien eres, procurando conocerte a ti mismo, que es el más difícil conocimiento que puede imaginarse.
Miguel de Cervantes Saavedra

Después de varias semanas de tratamiento ayurveda, tenía mucho interés por saber qué cambios me generaría tanto a nivel físico como emocional, así que comencé a escribir en un cuaderno lo que observaba en mi cuerpo y las emociones que sentía, día a día.

Poco a poco, ese espacio de introspección a través de la escritura también me llevó a ver los aspectos que valoraba en mí: mis destrezas, mis talentos, mis habilidades y aquello que me gustaba sobre mi personalidad, mi cuerpo y mis actitudes. Me permitió conocer aspectos procedentes de mi ego y mis miedos. Indagué y plasmé sobre el papel todo lo que iba encontrando sobre mí y mis experiencias, sin prisa, sin necesidad de encontrar una respuesta definitiva, simplemente exploré y observé.

Tiempo después me enteré de que escribir un diario o *journaling*, como se le conoce en inglés, trae muchos beneficios en el proceso de autoconocimiento y sanación emocional. En el libro *Writing to Heal* (Escribir para sanar), James Pennebaker explica que escribir sobre experiencias difíciles puede mejorar la respuesta inmunológica, reducir tiempo de recuperación y promover bienestar físico, psicológico y social en una persona[32].

En mi caso, la curiosidad profunda que sentía, junto con el espacio de silencio, meditación, escritura y dibujo que me permití tener, fue como entrar en un recinto oscuro y empezar a iluminar diferentes áreas de mi vida con una linterna, una a una. Eventualmente, sentí como si en lugar de una linterna existiera una lámpara gigante, cuya luz se fue volviendo menos tenue, hasta que iluminó todo el recinto y logré ver una gran cantidad de aspectos de mi vida con mayor nitidez y claridad. De eso se trata el autoconocimiento, de conocer mejor a la única persona en el mundo con quien se está las veinticuatro horas del día, todos los días del año: uno mismo.

El autoconocimiento es la habilidad de conocerse mejor a sí mismo y desarrollar mayor consciencia sobre las destrezas, debilidades, talentos, preferencias, valores y comportamientos que hacen de cada quien alguien único. Es la forma de monitorear el mundo interno de cada persona.

La aventura de conocerse mejor a sí mismo no solamente es la base fundamental del proceso de crecimiento, sino que además trae regalos y oportunidades irremplazables. La curiosidad sobre tu ser interior te permitirá tener la claridad necesaria para manejar las situaciones que te presente la vida, de mejor manera. Algo como cuando compras unas gafas de aumento nuevas y de repente empiezas a ver todo con gran claridad. O como cuando ves un partido de fútbol en un televisor de alta definición último modelo, en lugar de verlo en el que compraste para el mundial de la FIFA de hace dos décadas.

Para hacer más concreto el tema del autoconocimiento, a continuación, te comparto algunos aspectos sobre mí que he descubierto a través de esta habilidad. Es una corta, variada y simplificada lista que te puede servir como ejemplo inicial; luego, en la sección de reflexión y práctica, podrás explorar algo similar para tu propia vida.

- Mi creatividad fluye mejor entre las ocho y las once de la mañana. Mi peor hora creativa es a las cinco de la tarde, cuando me siento letárgica y baja de energía.
- Comer chocolate a base de leche le sienta muy mal a mi estómago, pero los trocitos de semilla de cacao le sientan muy bien, ¡y a mi paladar también!
- Cuando empiezo a sentir ansiedad, mi ritmo cardíaco se acelera, siento palpitaciones (como el aleteo de una mariposa) en el estómago y frunzo

el ceño. La mayoría de mis pensamientos se relacionan con el futuro, usualmente sobre el volumen de cosas que tengo que hacer o sobre mi reputación frente a un grupo de personas.

- Sintetizar información compleja es uno de mis talentos.
- Cuando me maravillo con algo, noto que mis ojos se abren, mis cejas se arquean y sonrío inmediatamente. Siento regocijo, alegría, sorpresa y deseo quedarme absorta en ese momento.
- Tengo la creencia de que la abundancia llega a mi vida con trabajo y dedicación.
- Cuando siento rabia, la cara se me pone muy roja, me salen lágrimas y quiero estar sola.
- Algunas cosas que me hacen sentir alegría en el corazón son: bailar, pintar, reunirme con mis amigos cercanos, caminar en la naturaleza, irme de viaje con mi familia y hacer retiros de crecimiento personal.

Si te das cuenta, las descripciones de la lista anterior tienen un tono neutro. Simplemente observé algunos comportamientos, preferencias, talentos y creencias como fenómenos en mí, sin añadirles historias adicionales. Solamente se trata de observar lo que se percibe. ¿Puedes identificar aspectos similares sobre ti mismo? Quizás sí. Tal vez, a pesar de que has pasado más tiempo "a tu lado" que junto a cualquier otra persona en el mundo, conozcas a otros mejor que a ti mismo. Infortunadamente, no es común que se enseñe sobre el autoconocimiento en los colegios o universidades, y al crecer no se le dedica el tiempo y la atención necesaria a este importante proceso.

A través del autoconocimiento podrás descubrir muchos aspectos valiosos de tu personalidad, cuerpo, emociones, creencias y comportamientos, que tal vez no sepas con consciencia o ignores completamente. Algunos pueden ser muy sencillos y otros muy profundos, algunos te sorprenderán, otros te causarán satisfacción o te podrán conmover y otros serán neutros. Todo el conocimiento es válido, pues es la suma de todo tu ser lo que te hace tan único y lo que afecta tus decisiones, tus comportamientos y tus respuestas frente a las diferentes situaciones de la vida.

> *La curiosidad es nuestra amiga que nos enseña cómo ser nosotros mismos.*
> **Elizabeth Gilbert**

Exploración sanadora

Muchas personas tienen en su interior temas, eventos o aspectos que prefieren dejar en la oscuridad por temor a lo que puedan sentir al investigarlos o por miedo sobre lo que puedan encontrar. Durante el proceso de autoconocimiento e introspección que viví en mi viaje tuve que enfrentarme con mi ansiedad y ataques de pánico. Mi ansiedad llegó a ser tan intensa que terminé teniéndole miedo al miedo. Tenía temor de que surgiera otro episodio de ansiedad. Era algo que me incomodaba, atemorizaba, avergonzaba y frustraba mucho; hubiera preferido 'meterlo debajo de la alfombra' y olvidarme de su existencia, pero sabía que mi estadía en India era el momento indicado para investigarlo a profundidad.

Como era algo tan intenso, que no lograba entender ni manejar por mi cuenta, decidí buscar ayuda profesional y encontré a Mica Akullian, un psicólogo holístico y uno de los seres humanos más compasivos y sabios que he conocido, quien me ayudó a través de terapias telefónicas y de su libro *Healing Through Awakening* (Sanando a través del despertar). Con su apoyo, con mi tratamiento ayurveda y con mi dedicación diaria, logré dejar de tomar los medicamentos para la ansiedad que me habían recetado, uno de mis principales objetivos. En ese momento sentía que al tomar la medicina estaba "cubriendo" lo que realmente me sucedía, y durante mi estadía en India me sentí cómoda y segura "des-cubriéndolo", observándolo, monitoreándolo y hasta haciéndome amiga de ese miedo. Mica me ayudó a aceptar lo que me sucedía y me mostró la importancia de la curiosidad afectuosa como parte del proceso.

Si has tenido eventos traumáticos en tu vida o si existen áreas que temes explorar, cualquiera que sea el motivo, no te juzgues por ello. Considera hacer tu proceso de la mano de un experto que te pueda guiar y con quien explorar lo que te ha sucedido, lo que sientes y lo que pueda surgir en tu camino hacia el autoconocimiento.

> *Primero debemos ver lo que hay, para poder limpiarlo. Si quieres limpiar una habitación a fondo, tendrás que levantar y examinar todo en ella. Verás algunas cosas con amor, y les quitarás el polvo o las limpiarás para darles una nueva belleza. Algunas cosas necesitarán ser reparadas o pintadas y tomarás nota de ello. Algunas cosas no te servirán nunca más, llegará el momento de dejarlas ir. Lo mismo sucede cuando estamos limpiando nuestra casa mental.*
> **Louise Hay**

Es innegable que se necesita valentía y mucha vulnerabilidad en el proceso de autoconocimiento profundo, especialmente cuando se enfrenta una enfermedad, dolor, miedo, depresión, duelo o ansiedad, pues, además de ser dolorosas, incómodas y difíciles de explorar, esas condiciones se perciben como negativas socialmente (algo que no se "debería" tener). Con frecuencia, es más fácil ignorar lo que sucede, distraerse con algo de comer o con un programa de televisión, llenar la agenda de reuniones, entrar a redes sociales o esconderse en el trabajo que enfrentar una situación adversa. Pero, como le escuché decir a alguien un día, "debemos ser como el agua, jamás le podemos temer a nuestra propia profundidad".

Todas las emociones que sientas, incluyendo aquellas que se etiquetan como negativas, tienen información importante para darte. Las emociones son portadoras de algún mensaje; si las exploras con atención plena, curiosidad y cariño, podrás recibir señales importantes para tu vida. En su libro *Aceptación radical*, Tara Brach cita al conocido experto en *mindfulness* Jon Kabat-Zinn:

> Los síntomas de enfermedad o angustia, y tus sentimientos hacia ellos, pueden ser vistos como mensajeros que vienen a decirte algo importante sobre tu cuerpo o sobre tu mente (...) Negar el mensaje o enfurecerte con este no son maneras inteligentes de abordar la sanación. Lo que no debemos hacer es ignorar o romper las conexiones esenciales que completan los ciclos de retroalimentación y restauran la autorregulación y el balance. Nuestro verdadero desafío cuando tenemos síntomas es ver si podemos oír sus mensajes y realmente escucharlos[33].

> *La curiosidad es un acto de vulnerabilidad y valentía.*
> **Brené Brown**

Si eres el tipo de persona que prefiere no prestar atención a sus emociones, recuerda que estas juegan un papel muy importante en el proceso de toma de decisiones, según evidencia científica. Así que la próxima vez que notes una emoción que se te dificulta manejar, recuerda que está en tu vida para darte un mensaje y para ayudarte a tomar alguna decisión, ahora o en el futuro cercano. Explórala con curiosidad afectuosa y recuerda también que es muy difícil cambiar sin la información que brinda el autoconocimiento: si no se conoce el punto de partida, o si no se han explorado los aspectos que requieren atención, no se podrán mejorar. Y no olvides la importancia del autocuidado y de la autocompasión durante todo este proceso, serán tus mejores aliados.

Permítete asombrarte con tu mundo interior. La aventura del autoconocimiento te acercará a tu camino de la autenticidad y podrá revelar el tú verdadero y único que eres. También te ayudará a establecer límites, a saber lo que significa un 'sí' y un 'no', con el fin de siempre honrarte y priorizar tu bienestar.

No puedes regular tus reacciones automáticas si no conoces tus instintos naturales. No puedes trazarte metas realistas si no tienes una idea clara de tus capacidades. No puedes fortalecer las destrezas sobre las que no eres consciente. No puedes luchar en contra de injusticias si desconoces cuáles son tus principios morales. No puedes tomar decisiones con facilidad si no logras leer con claridad los mensajes de tus emociones. No puedes cambiar lo que te niegas a explorar. No puedes sanar lo que desconoces. No puedes crecer conscientemente sin saber cuál es tu punto de partida.

No tengas la menor duda de que este proceso de autoconocimiento vale la pena. No creo que exista una travesía más satisfactoria que el viaje hacia el conocimiento del interior del ser. No hay tarea que pueda tener mayor impacto en la manera en la que enfrentas tu vida que conocerte mejor. Todo lo que estás viviendo tiene un propósito. A través de la curiosidad, puedes explorar qué mensaje trae cada situación de tu vida: el 'para qué' de tu situación. A través del descubrimiento y la exploración de tu interior y de tu entorno tendrás la claridad para entender e integrar las lecciones detrás de cada situación.

> *Deja que tu curiosidad sea mayor que tu miedo.*
> **Pema Chödrön**

Conexión con curiosidad

Durante mi estadía en el *ashram* conocí a muchísimas personas con vidas muy interesantes, pero al final me acerqué de manera especial a dos mujeres maravillosas: Lola, de España, y Verónica, de Chile. Una de ellas se enteró de que había un grupo de delfines que se acercaba a una playa cercana todos los días a cierta hora de la tarde. Inicialmente, no me llamó la atención ir, pues prefería estar a solas, leyendo y escribiendo en las tardes, pero me decidí a acompañarlas y a salir del *ashram* por primera vez después de varias semanas. Esta sencilla actividad se convirtió en uno de nuestros pasatiempos favoritos y en una oportunidad hermosa de conectarnos con la naturaleza y de conocernos mejor.

Durante nuestras visitas a la playa para ver a los delfines y muchas otras actividades y aventuras, fuimos creando un vínculo muy cercano que nos ayudó a explorar más sobre el proceso que cada una estaba viviendo. La vida en el *ashram* nos permitía tomarnos el tiempo necesario para escuchar abiertamente, sin prisa, sin agendas personales, sin ningún otro interés más que apoyarnos mutuamente.

Conversar con alguien en quien confías puede ser parte del proceso de autoconocimiento y curiosidad afectuosa. Otras personas te pueden ayudar a identificar áreas que no son tan claras para ti o a resaltar aspectos que no son obvios desde tu punto de vista. A veces, a través de alguien que te escucha, puedes encontrar respuestas o mensajes sobre tu propia vida.

Una mañana, mi amiga Verónica me pidió que habláramos, se encontraba confundida y triste. Ella estaba en su segundo trimestre de embarazo y me dijo que tenía mucha curiosidad de saber el sexo de su bebé, pero se acababa de enterar de que el examen para determinarlo era ilegal en India (es así desde 1994, con el propósito de evitar feticidios femeninos, algo que tristemente fue común en la historia de ese país). Al escucharla, compartí su curiosidad (¡yo también quería saber si era niño o niña!) y quise entender más sobre cómo se sentía. Mientras estábamos sentadas en un lindo jardín presté atención a lo que Verónica me decía, lo que me comunicaba con sus manos, lo que me indicaba su mirada y las emociones que podía percibir a través de sus expresiones. No le ayudé en nada concreto en cuanto a soluciones, pero estuve allí con ella, escuchándola con mi mente, corazón y alma abiertas y dirigidas hacia su situación. No recuerdo bien qué más hicimos ese día, pero se quedó grabada en mí la manera en la que conectamos y cómo nuestro vínculo se hizo más fuerte gracias a esa conversación.

La curiosidad de manera bondadosa y compasiva es muy valiosa para crear o estrechar relaciones con los demás. Quiero reiterar que la curiosidad auténtica con otras personas no viene del deseo mental de saber sus secretos o intimidades, sino de un anhelo profundo de querer estar ahí para ellos, con la mente y el corazón abiertos para lo que sea que puedan necesitar y con compasión por lo que estén viviendo.

En una conversación, el regalo más bonito que le puedes ofrecer a la otra persona es el de tu presencia. Esto significa dirigir completamente tu atención a la persona que está hablando para comprender lo que te está contando, para captar su comunicación no verbal y para sentir empatía por ella. La combinación de inocencia y curiosidad afectuosa te ayudan a relacionarte de una manera diferente con otras personas, desde la compasión, y no desde el juicio; desde la humildad, y no desde la arrogancia, y desde la empatía, no desde el deseo de controlar. Te ayuda a ver que la otra persona también está en un proceso de aprendizaje, como tú. Y que independientemente de los hechos, también merece tu curiosidad afectuosa, tu empatía y tu compasión.

> *La inocencia te ayuda a no juzgar y te abre a entender que hay muchas formas de ver el mundo. Te recuerda que todas las personas son almas que vinieron a aprender sus lecciones. La inocencia te ayuda a relacionarte desde el corazón con otros. También te ayuda a abrirte a la vulnerabilidad y al verdadero amor.*
> **María José Flaqué**

La claridad viene de la acción

Todos los días que estuve en la India me desperté a las 4:45 de la mañana para asistir a las ceremonias de fuego que empezaban a las cinco. Me explicaron que asistir a las ceremonias podía ser muy beneficioso, pero yo no sabía bien de qué manera. Aun así, algo en esos rituales me generó gran interés y no quise perderme la oportunidad de presenciarlos.

Los maestros tenían sus rostros pintados con rayas blancas y rojas y cantaban mantras mientras arrojaban diferentes objetos al fuego. Al estar ahí, mi mente no lograba comprender nada de lo que sucedía ni por qué se usaba cada elemento, ni su orden, ni su significado, ni lo que estaban diciendo al cantar. Pero mi cuerpo se sentía bien. Me generaba calidez y alegría estar allí y formar parte del pequeño círculo de asistentes. Así mi mente no lo entendiera bien, esa experiencia me hacía sentir un 'sí' en mi cuerpo. Yo quería estar ahí.

Si antes de llegar a la India alguien me hubiera dicho que iba a levantarme a esas horas de la mañana y me hubiera descrito las ceremonias, lo más probable es que yo hubiera dicho que no iba a participar. Sin embargo, asistir a las ceremonias de fuego resultó siendo algo que no me quería perder y que terminé haciendo todos los días, semana tras semana, sin falta.

También decidí tomar las clases de canto que una voluntaria y cantante profesional que vivía en el *ashram* ofrecía un par de veces a la semana. Me despojé de la vergüenza que siempre me había acompañado al cantar, pero pronto descubrí que la música no era mi fuerte. Disfrutaba más bailar cuando otros cantaban; al cantar, oía un 'no' en mi cuerpo, pues no lo disfrutaba. Ese también fue un conocimiento valioso: el canto no era lo mío, ¡bailar, sí! Así que decidí no dedicarles más tiempo a las clases de canto y, en su lugar, bailar a solas en mi habitación, de vez en cuando.

Yo no habría descubierto que me gustan las ceremonias de fuego y que no disfruto las clases de canto si no hubiera intentado ambas. Nunca sabrás si algo va a resonar contigo hasta que lo haces. Dado que el conocimiento interior que se busca a través de la curiosidad profunda proviene más del cuerpo (y sus emociones) que de la actividad mental, solo se puede conocer a través de lo vivido en carne propia. Es por esto que es tan importante buscar proactivamente la manera de vivir diferentes experiencias, con curiosidad y mente abierta.

Cultivando la curiosidad

A continuación, te comparto algunos ejemplos sobre la manera en la que puedes desarrollar la práctica de la curiosidad:

Conéctate con tu cuerpo: como te mencioné, muchos de los mensajes más profundos e importantes pueden manifestarse a través del cuerpo. El sabio cuerpo te ofrece señales a través de las emociones o a través del dolor físico. Convierte a tu cuerpo en un amigo a quien cuidas y escuchas con atención y curiosidad afectuosa. Practica algún ejercicio como el yoga, la natación o cualquier otro tipo de actividad física para conectarte de manera más cercana con tu cuerpo y escuchar sus mensajes.

Etiqueta tu actividad mental: explora cuáles son los temas o patrones más comunes de tus pensamientos y etiquétalos por categoría. Durante espacios de meditación, introspección o silencio, dedica unos minutos a explorar tu mente con curiosidad afectuosa y sin juzgar. Luego, al notar un pensamiento sobre algún tema, mentalmente identifica de qué se trata, con una palabra. Por ejemplo, si observas que empiezas a pensar en el proyecto que debes terminar para el trabajo, puedes etiquetarlo como 'futuro' o 'trabajo'. O si tu pensamiento está relacionado con algo que debiste haber hecho y no hiciste, puedes etiquetarlo con 'pasado' o 'arrepentimiento'. Así podrás ir haciendo una tabulación mental que te muestre los temas más comunes de tu mente.

Más allá de analizar o juzgar tus pensamientos, el ejercicio de etiquetarlos le quita peso emocional a la actividad mental, dado que el uso de lenguaje activa la corteza prefrontal, o el centro ejecutivo del cerebro, regulando la actividad emocional. Con el tiempo, esta actividad te puede dar gran información sobre tus patrones mentales y, con esto, ayudar a que los regules.

Investiga como científico: explora tu vida como un científico que realiza una investigación en un laboratorio. Busca proactivamente cosas nuevas, observa los resultados con curiosidad y de manera neutra. Utiliza tus emociones como herramientas para medir lo que sientes con cada 'experimento', analiza patrones, observa qué te gusta y qué te disgusta. Observa lo que percibes en tu interior, en tu cuerpo y en tus procesos mentales. Y, sobre todo, honra todo lo que encuentres con todo el respeto y cariño que te mereces.

Un minuto de actitud de turista: elige la mentalidad de niño o de turista en tus rutinas diarias. Puedes intentar tener un minuto diario en el que te imaginas que eres un turista o un extraterrestre que está viendo tu situación por primera vez. O trata de recordarte a ti mismo cuando tenías diez años y observa tu momento presente con esos ojos. Lo más probable es que notes un aumento de curiosidad afectuosa, gratitud y hasta alegría. Quizás una pequeña sonrisa llegue a tu rostro y logres ver tu situación con un nuevo filtro más amable, o tal vez logres encontrar soluciones creativas que antes no veías. ¡Disfruta el proceso!

Practica la curiosidad afectuosa en tus conversaciones: pon en práctica la curiosidad en una conversación que mantengas con una persona esta semana. Mientras te habla, dale toda tu atención con interés genuino y abre tu mente y corazón. Puedes indagar, por ejemplo, ¿por qué este tema es importante para esta persona? ¿Qué está sintiendo en este momento? ¿Cómo se siente frente a la situación por la que está pasando? ¿Qué me quiere comunicar con sus gestos? Y también observa lo que tú experimentas durante la conversación, sin quitarle tu atención: ¿estoy dándole toda mi atención a esta persona? ¿Estoy ensayando lo que le voy a contestar? ¿Hice esa pregunta para sonar inteligente o con genuino interés por lo que me va a contestar?

Cambio de perspectiva, usando la curiosidad: cuando estés en medio de un problema, de un conflicto o en una situación que te genere preocupación, resentimiento, culpa o miedo, lleva tu atención a la curiosidad. Visualízala como un consultor independiente que viene a ayudarte en tu situación. ¿Qué preguntas te haría ese consultor? ¿Qué hay detrás de lo que está sucediendo? ¿Por qué te afecta tanto? ¿Qué emociones observas? ¿Dónde las sientes? Y no olvides preguntar: ¿qué mensaje me está enviando esta situación? Cierra los ojos y pide claridad y entendimiento para resolverla.

La claridad de la voz interior

Al finalizar mi estadía en la India noté que paulatinamente el dolor y el sufrimiento con el que había llegado perdían magnitud. Mi visita a ese lugar, que me había permitido un espacio único para indagar, rodeada de extraños y nuevos amigos, había sido perfecta. Sabía que ese viaje tenía una razón y que había cumplido mi misión, justo antes de que llegara el momento de partir a un nuevo continente: África.

Antes de marcharme de la India quise recibir otro abrazo de Amma. Recordé en detalle lo que había vivido hacía casi una década y me pregunté si experimentaría algo similar. Sin embargo, al ver a Amma todo eso se esfumó y recibí su abrazo con gran devoción, gratitud y con el corazón abierto. No sentí nada 'sobrenatural' de manera consciente, más bien fue una sensación de paz y bienestar muy placentera, pero en el fondo tuve curiosidad sobre si algo que no podía presenciar con mis sentidos había ocurrido.

Hay mensajes que no son fáciles de escuchar con los cinco sentidos. Esos mensajes profundos e intuitivos que vienen de tu ser interior son la mejor guía que puedes tener en cualquier situación. **A través de la quietud y la curiosidad afectuosa lograrás entrar en mayor comunicación con tu ser interior. En el silencio de una pausa, fluyendo con el momento presente, con curiosidad y cariño, se abre la puerta para recibir los mensajes del alma. Esa es la mejor guía que puedes tener para alinearte con tu propósito de vida y plenitud.**

Con la práctica, los mensajes de tu interior serán cada vez más claros y fáciles de reconocer. Podrás saber lo que realmente quieres para tu vida y podrás tomar decisiones con mayor facilidad. En la siguiente sección te contaré en detalle lo que significa aumentar la conexión con tu ser interior.

El hecho de que estés leyendo este libro significa que estás buscando respuestas para tu vida. Es una señal de curiosidad, indica que estás abierto a nuevos aprendizajes, que sabes que tu vida puede ser aún mejor, que tienes fe en que algo mayor puede llegar a tu realidad y que reconoces la importancia del amor propio para tomar decisiones encaminadas hacia tu propia plenitud. Aquí estás, abriéndote a la curiosidad y experimentándola de primera mano. Te invito a que continúes con esa misma curiosidad afectuosa y profunda en las próximas páginas.

> *Cuando sabes verdaderamente quién eres, vives en una vibrante y permanente sensación de paz. Puedes llamarla alegría, porque la alegría es eso: una paz vibrante de vida. Es la alegría de conocerte a ti mismo como la esencia de vida antes de tomar forma. Eso es la alegría de Ser, de ser quien realmente eres.*
> **Eckhart Tolle**

Para recordar

La curiosidad te permite cultivar la presencia, el autoconocimiento, la habilidad del asombro y la claridad para entender e integrar las lecciones detrás de cada situación en tu vida. A través de la quietud y la curiosidad afectuosa, en momentos de introspección, lograrás mayor comunicación con tu ser interior. Con la práctica, sus mensajes serán cada vez más claros y fáciles de reconocer.

Reflexión y práctica

Autoentrevista. Escribe lo primero que llegue a tu mente al leer cada una de estas preguntas.

- ¿Cuál es tu lugar favorito en el mundo?
- ¿En qué parte de tu cuerpo sientes la alegría?
- ¿Cuál es el tema sobre el que más te gusta leer?
- ¿Cuál es el recuerdo más lindo que tienes de tu infancia?
- ¿Cuándo fue la última vez que sentiste estrés o ansiedad? ¿Cómo se siente el estrés en tu cuerpo? ¿Qué sensaciones percibes en momentos estresantes?

- Cuando tienes un día con altos niveles de estrés, ¿qué actividad te ayuda a retomar la calma?
- ¿Cuál es tu hora más productiva del día?
- ¿Cuál es la primera persona que contactas cuando tienes algo emocionante o gratificante por compartir?

Investigación afectuosa. Si en este momento notas alguna emoción con mayor intensidad que otras (miedo, alegría, ira, tristeza, etc.), te invito a que la investigues con curiosidad afectuosa y profunda, siguiendo la herramienta PARAAA que te compartí en el capítulo de la pausa. Esta es una versión más corta, con mayor énfasis en el segundo y el tercer paso: atiende y reflexiona.

- Para. Respira profundo tres veces y empieza a conectarte con tu cuerpo.

- Atiende. Toma nota, mentalmente, de la reacción que tienes en este momento. ¿Qué sensaciones percibes? ¿Qué emociones estás experimentando? ¿Qué sientes en tu cuerpo? ¿Qué está sucediendo y cómo te hace sentir?

- Reflexiona. Con la mayor transparencia posible contigo mismo, con curiosidad afectuosa, con el deseo profundo de conocerte mejor y con la intención de responder a esta situación de una manera que beneficie tu bienestar y el de quienes están involucrados, pregúntate: ¿qué puede estar generando esta reacción en mí? ¿Qué aspectos de mi historia o de mi relación con las otras personas pueden afectar la manera en la que me siento? ¿Qué me puede enseñar esta situación? ¿Existe algún mensaje o lección que podría tener en cuenta?

- Acepta los mensajes que surjan, utiliza esa información para escoger cómo actuar a partir de este nuevo conocimiento y ábrete a nuevas posibilidades.

Journaling. Escribe libremente sobre cada uno de los siguientes temas, preferiblemente a mano. Para empezar cada tema, escribe las frases que se señalan a continuación y termínalas libremente, sin parar de escribir durante dos minutos. Puedes descargar el documento en PDF con estas y otras ideas de escritura libre en **plenitud.net/recursos**.

1. Lo que más admiro de mi personalidad es…
2. Algo que me atemoriza sobre mi futuro es…
3. Tengo un deseo muy profundo de lograr…
4. Los aspectos de mi personalidad que me ayudaron a salir adelante en el pasado son…

Escucha las meditaciones y revisa los recursos adicionales sobre la curiosidad en **plenitud.net/recursos.**

A PROFUNDIDAD: SOBRE EL SER INTERIOR

> *La misma inteligencia que creó este universo infinito eres tú.*
> **Wayne Dyer**

En las primeras páginas de este libro resumí la plenitud como el estado de bienestar, satisfacción y dicha profunda que se alcanza al conectarse con el ser interior y trascender al ego. Ya leíste la sección sobre el ego, así que llegó la hora de ver la segunda parte de la 'ecuación' y profundizar en el tema del ser interior, al que también llamo ser superior, parte divina o esencia real.

Si puedes, te recomiendo que revises rápidamente la sección del ego una vez más, pues haré referencias a la diferencia entre el ego y el ser interior. Esta es quizás la sección más sublime de este libro, así que te invito a que abras tu mente, tu corazón y tu intuición a este contenido, con curiosidad afectuosa y mentalidad de niño. Te prometo que será valioso en tu camino hacia la plenitud.

¿Qué es el ser interior?

Voy a empezar por decir que es muy difícil (probablemente imposible) poner en palabras una explicación que describa al ser interior. Dado que es tan difícil de describir, y teniendo en cuenta que cada persona aprende de una manera distinta, en esta sección voy a incluir explicaciones un poco diferentes, con visualizaciones, algunas analogías, poesía y otras formas de expresión. Espero que eso te ayude a entender y conocer mejor a tu esencia real.

El ser interior es la parte inmutable, verdadera, pura, sagrada e incondicional que existe en todos los seres humanos.

Muchas personas lo conocen como el alma o el espíritu, o la parte que los conecta con el Todo. Otras personas lo identifican como una extensión de la divinidad o del Amor Supremo.

Tu ser interior es la voz interna que te guía hacia la compasión, la bondad, la serenidad, el crecimiento y la plenitud. Es tu llamado interno, los anhelos profundos de tu corazón y aquello que te impulsa a ser una mejor persona. Es aquello que te une a todos los seres vivientes, lo que te habla a través de la intuición y la voz que escuchas en un espacio de quietud interna. Es mucho más que todo esto reunido.

> *La naturaleza básica o fundamental de los seres humanos es el amor mismo.*
> **Jorge Bucay**

¿Cómo puedo diferenciar los mensajes de mi ser interior de los de mi ego?

Como viste anteriormente, definí el ego como el concepto que cada uno fabrica sobre sí mismo y la voz interna que busca protegerlo de lo que percibe como una amenaza. Quizás ya veas con mayor claridad lo que diferencia al ego del ser interior, pero te quiero compartir el resumen que hice para identificar las diferencias entre los dos, de manera más concreta:

El ego se manifiesta a través de...	El ser interior se manifiesta a través de...
El miedo	El amor
Los pensamientos	La intuición
El hacer	El ser
La mente	El corazón
La separación	La unidad
El pasado o el futuro	El presente
El conocimiento	La sabiduría
El control	El fluir
La resistencia	La aceptación
La búsqueda de la recompensa	Disfrute del camino
Una voz interna que empuja, obliga, exige o regaña	Una voz interna que invita, atrae y cautiva
Mirar hacia afuera	Mirar hacia adentro
La culpa	La compasión
Los 'debería'	La satisfacción
Ser importante	La plenitud
Lo limitado	La expansión
La exigencia y el juicio	La auto-compasión
El deseo de tener más y más	Los anhelos del corazón
El no creerse suficiente	Sentirse completo
La baja o alta autoestima	El amor propio
Algo pesado y denso	Algo liviano y en bienestar
La búsqueda de validación	La confianza
La baja vibración energética	La alta vibración energética
El actuar por presión	El actuar por inspiración
El pensamiento de insuficiencia o competencia	Una mentalidad abundante para todos
El deseo de probarle algo a otros	La dicha, placer y gozo profundo
La comparación	La conexión
La lucha constante	La rendición frente al plan divino
El raciocinio y la actividad mental	Los mensajes no mentales (arte, coincidencias, sensaciones, etc.)

> *El ego dice "una vez todo esté en su sitio, sentiré paz". El espíritu dice "una vez encuentres paz, todo estará en su sitio".*
> **Marianne Williamson**

Tu ser interior es tu mejor guía y maestro. Es por ello que es tan importante que logres alienarte con él. A medida que empieces a escuchar a tu ser interior y a alinear tu vida con sus mensajes, empezarás a ver todo con un filtro nuevo y encontrarás mayor plenitud.

¿Qué significa el despertar de consciencia?

Desde mi interpretación más sencilla, el despertar de consciencia sucede cuando reconoces la existencia de algo superior que lo permea todo, te das cuenta de que eso mismo es tu propia esencia y empiezas a actuar de manera alineada con ello. Es el reconocimiento profundo de tu ser interior.

Entenderlo como un despertar es muy valioso, pues es similar a despertarse en la mañana después de dormir durante varias horas y presenciar el cambio de consciencia al pasar de la etapa de sueño a la de la realidad física. De igual manera, cuando se experimenta un despertar en términos espirituales, existe un cambio de consciencia a un nivel más elevado.

Algo que me ayudó a visualizar esta idea fue compararla con el cielo: el vasto firmamento siempre está ahí, constante, eterno, inmutable, incluso en días nublados en los que no se pueda ver con los ojos. De igual forma, la parte divina de todos los seres humanos siempre ha estado y estará ahí, en la profundidad del ser, aun cuando no siempre se pueda percibir con los sentidos. Únicamente hace falta 'des-cubrirlo', remover lo que cubre al ser interior, disolver aquello que lo obstruye, principalmente el ego, para lograr presenciarlo y alinearse con él. Como cuando las nubes se desvanecen y permiten ver el vasto cielo que siempre ha estado ahí.

En el documental *The Science of Compassion* (La ciencia de la compasión) Amma utilizó una analogía para explicar el obstáculo que representa el ego para el despertar:

> Un renacuajo se puede mover en el agua por su cola, pero no puede sobrevivir en la tierra. Tan pronto como su cola desaparece, él puede ir a donde quiera. Nosotros somos como renacuajos, estamos limitados si solamente pensamos en nosotros mismos. La cola del renacuajo es como nuestro ego: en el momento en el que desaparece, estamos libres. Cuando llegamos a ese estado, nos vemos a nosotros mismos en los demás y sentimos compasión por todos. No existe diferencia entre el Creador y la creación. Ese entendimiento se llama autorrealización[34].

Muchas personas ven el despertar espiritual como algo 'extraordinario', es decir, fuera de lo común, algo que solo les sucede a algunos con suerte o a las personas que se aíslan para dedicarse a temas espirituales por muchos años. Mi opinión es diferente: creo que todos los seres humanos tenemos la posibilidad de despertar espiritualmente a niveles muy altos, sin necesidad de ningún tipo de evento sobrenatural. Para tener un despertar a nuestra naturaleza espiritual solamente debemos reconocernos como la extensión de la Divinidad que ya somos y actuar de manera alineada con esta. En *El poder del ahora*, Eckhart Tolle explica:

> La palabra 'iluminación' evoca la idea de algún logro sobrehumano, y al ego le gusta verlo así; sin embargo, se trata simplemente de tu estado natural de unión con el Ser. Es un estado de conexión con algo inconmensurable e indestructible,

algo que, casi paradójicamente, eres tú en esencia y que, sin embargo, es mucho más grande que tú. Es el encuentro de tu verdadera naturaleza, más allá de nombres y formas[35].

Mientras estuve en Italia e India tomé un curso virtual de varios meses con Craig Hamilton, un reconocido líder de meditación, espiritualidad y evolución consciente, y uno de los maestros de los que más he aprendido en mi propio camino espiritual. En una de las clases, Craig explicó:

> El despertar de consciencia realinea todo. Nuestra relación completa con la vida se transforma de manera inimaginable al tener conocimiento de nuestra verdadera naturaleza. Repentinamente, porque ya no tenemos miedo de la vida, ya no creemos nuestras historias limitantes y no tenemos esa noción de que algo falta, nos convertimos en seres abiertos, inocentes, llenos de amor y compasión, desbordando un tipo de sabiduría espontánea que viene de un lugar que ni conocemos (...) Estamos naturalmente a gusto y serenos con todo lo que surja. Estamos completamente presentes en este momento, en lugar de estar esperando un futuro mejor. Simplemente, vivimos despiertos[36].

Tú, como todos los demás seres humanos, eres extensión del Todo, del Amor Supremo, por ello, eres divino, eres luz, eres parte de Eso que lo permea todo. Esa es tu verdadera esencia y solamente debes recordarlo, pero no basta con entenderlo intelectualmente, el reconocimiento de tu divinidad debe provenir de todo tu ser. Y cuando lo reconoces con cada una de tus células y en la profundidad de tu corazón, es imposible dejar de presenciarlo.

¿Qué sientes al leer estas líneas? ¿Satisfacción y alegría por reafirmar algo que ya sabías y en lo cual también crees? ¿Interés y curiosidad por la posibilidad que representa en tu vida? ¿Temor de saber que también es posible para ti? ¿Escepticismo y rechazo por una idea que no tiene sentido en tu mente? Cualquier duda, pensamiento o emoción que percibas al leer esto, está bien. Te invito a que sigas leyendo con curiosidad sobre tu experiencia y no desde la narrativa de tu mente.

> *Mientras te disuelves en el amor, tu ego se desvanece. No estás pensando en amar; estás simplemente siendo amor, radiante como el sol.*
> **Ram Dass**

¿Por qué se dice que todo es parte de una misma unidad?

Escuché un día un relato sobre un antropólogo que estudiaba las costumbres de una tribu en África del Sur y les propuso un juego a los niños del lugar: colocó bastantes frutas en una cesta bajo un árbol y les dijo que aquel que llegara primero recibiría todas las frutas como premio. Cuando el antropólogo dio la señal para que los niños salieran a correr, inmediatamente ellos se tomaron de las manos y se dirigieron juntos hacia la cesta. Luego, todos se sentaron juntos a comer las frutas. Cuando él les pregunto por qué fueron todos a la vez, si uno solo podía haber ganado toda la cesta, ellos respondieron: "¡ubuntu! ¿Cómo uno de nosotros puede estar feliz si todos los demás están tristes?".

En las culturas zulú y xhosa, *ubuntu* significa "existo porque tú existes". Es una filosofía de vida sobre la humanidad compartida. Se basa en la creencia de un vínculo humano universal y en la importancia del respeto y la atención hacia los demás, porque todos estamos conectados. Mungi Ngomane, nieta del premio nobel de la paz, Desmond Tutu, dice: "Si somos capaces de vernos a nosotros mismos en los otros, nuestra existencia será más plena, más amable y más consciente. Eso es *ubuntu*"[37].

Dado que la esencia real de cada ser es una extensión de la misma fuente de creación, todo es parte de una misma unidad. Aunque tus sentidos físicos te indiquen que todo está separado, la verdad es que no es así. Nada está separado, incluyéndote. El Todo es indivisible, por ello, nada que sea parte de él puede estar separado.

En inglés, las palabras *whole* (completo) y *holy* (sagrado) tienen el mismo origen, pues lo sagrado era aquello que estaba completo, entero, íntegro. Algo que esté entero no tiene cabida para la dualidad o la separación. En el Todo no existe dualidad, pues es una unidad completa y sagrada.

En otro taller que tomé con Craig Hamilton, él explicó de manera muy clara que:

> No solamente no estamos separados, sino que además todo está hecho de la misma esencia sagrada. Metafóricamente, se podría decir que todo está hecho de la misma sustancia y esa sustancia es la divinidad misma. Es algo más sagrado de lo que podríamos comprender. Cuando lo entiendes de un modo más profundo, te das cuenta de que eso también eres tú. Tú eres eso. Aquello que buscabas en libros y talleres es en realidad tu naturaleza propia y a la vez la naturaleza de todo. Todo es una manifestación y una expresión de esa divinidad[38].

El hecho de percibir a todos los seres humanos como extensión de una misma fuente no limita la expresión de la individualidad ni reduce lo que hace única a cada persona; por el contrario, la exalta. Cada ser humano tiene experiencias y personalidades distintas que lo hacen quien es. Cada uno tiene un propósito particular y es una expresión única de la divinidad. Ahora, aunque todo en el universo esté intrínsecamente conectado, no todas las personas expresan su esencia de la misma manera. Según Craig:

> Que estemos todos hechos de la misma esencia divina no quiere decir que la expresemos de la misma manera. En tu vida cotidiana vas a encontrar y a experimentar ignorancia acerca de esa divinidad. Al no conocer sobre la naturaleza real interior, las personas pueden terminar actuando de formas que no están alineadas con esta. Cuando alguien se despierta a la realidad de su divinidad, comienza a inspirar a otros, a reflejar y proyectar esa misma belleza, sabiduría y profundidad de lo sagrado. La ausencia de ese conocimiento es lo que genera que las personas se comporten de tantas maneras que no están alineadas con esa verdad[39].

Estamos aquí para despertar de nuestra ilusión de separación.
Thich Nhat Hanh

Te invito a que visualices los siguientes ejemplos y analogías que me han ayudado a mí a llevar el concepto de la unidad a un nivel más profundo y experiencial, y no simplemente intelectual. Quizás te puedan ayudar a percibir mejor la interconexión universal:

- **Como lámparas de luz.** Imagina que los seres humanos son como bombillas de luz que comparten la misma fuente de electricidad. Visualiza por unos segundos un cable que conecta a cientos de pequeñas luces, como las que se usan en época navideña o en los patios de ciertos restaurantes. Cuando están encendidas en la oscuridad, parecen ser bombillas independientes que brillan por su cuenta, pero cuando te acercas, puedes ver que están todas conectadas a un mismo cable y que la electricidad que les permite encenderse y brillar es la misma.

- **Como los dedos de una misma mano.** Mira una de tus manos. Observa que cada uno de tus dedos se puede mover de forma independiente y tiene una uña que crece separada de las demás. Cada dedo podría parecer separado, pero sabes que está pegado a tu mano a través de diferentes tejidos. Tu mano es una unidad que, a su vez, hace parte de tu brazo y a tu tronco. La idea de tener dedos separados no es verdad desde ese punto de vista. Eso, sin embargo, no impide su movilidad independiente.

- **Como gotas del mar.** Imagina a cada persona como una gota de agua del mar. Cada una, por pequeña que sea, contiene todos los compuestos del agua del mar en su totalidad, y, a la vez, es una parte independiente. Como bien lo dijo el poeta Rumi: "No eres una gota en el océano. Eres el océano entero en una gota".

- **Como las raíces de grandes árboles.** Otra forma de visualizar la manera en la que todo está interrelacionado es imaginando un bosque con muchos árboles. A simple vista, cada árbol es independiente y crece de manera individual. Sin embargo, si lograras ver bajo la tierra en la que están sembrados, verías la manera en la que todas sus raíces se entrelazan y sería casi irreconocible la individualidad de cada árbol. Bajo la tierra, la red de raíces convierte al bosque en un solo ser vivo que comparte los mismos nutrientes.

> *Lo Divino lo impregna todo; la mínima brizna de hierba, el mínimo grano de arena están llenos de energía divina. Los seres despiertos tienen, pues, una actitud de profundo respeto y humildad por el conjunto de la creación. Una vez que trascendéis el ego, no sois nada; sois una nada infinita llena de Consciencia divina. Cuando os inclináis sin cesar con un sentimiento de humildad ante la totalidad de la existencia, esta fluye en vosotros. Todo forma parte, pues, de vosotros; nada está separado.*
> **Amma**

Algunas personas que han tenido experiencias cercanas a la muerte (ECM) han reportado, a través de su experiencia propia, la existencia del ser interior y de la inteligencia suprema. Anita Moorjani, en *Morir para ser yo*, relató su historia tras experimentar una ECM y explicó:

> Fui consciente de que todos estamos conectados. Esto no era solamente respecto a cada persona y criatura viviente; la unificación entretejida parecía como si fuera expandida hacia afuera para incluir a todo en el universo, cada ser humano, animal, planta, insecto, montaña, mar, objetos inanimados y hasta el cosmos mismo. Entendí que el universo entero está vivo e infundido con consciencia que abarca toda la vida y la naturaleza. Cada cosa pertenece a un TODO infinito. Yo estaba intrincada e inseparablemente ligada a toda la vida. Somos todos facetas de esa unidad; somos todos UNO y cada uno de nosotros afecta el TODO colectivo[40].

Las experiencias cercanas a la muerte usualmente están acompañadas de sentimientos de paz, bienestar y liberación de pensamientos limitantes y miedos. Al reconocer la verdadera esencia interior y la conexión con el todo, se pierden las preocupaciones, los temores fabricados y la necesidad de competir.

A nivel científico también se puede ver cómo todo está interconectado. Un ejemplo sencillo y fácil de visualizar es la manera en la que los humanos respiramos el oxígeno producido por las plantas, y estas, a su vez, consumen el dióxido de carbono que nosotros producimos. A nivel más profundo, se sabe que todo es energía en movimiento y que los átomos, compuestos de partículas subatómicas y de espacio vacío en un 99,99 %, están constantemente interconectados con otros átomos.

En *La física de Dios*, Joseph Selbie describe diversas intersecciones entre la espiritualidad y la ciencia y cita el trabajo de David Bohm, un reconocido físico cuántico, quien presentó evidencia sobre la interconexión de la realidad: "Bohm llegó a la conclusión, desconcertante pero matemáticamente irrefutable, de que el cosmos es un todo continuo interconectado. Apariencias aparte, descubrió que nada puede ser independiente de nada porque el universo y todo lo que contiene está conectado invisiblemente"[41].

Otros estudios fascinantes de la física cuántica, que quizás ya conozcas, han demostrado que alguien puede llegar a afectar el estado de las infinitesimales partículas subatómicas solo observándolas. El simple hecho de observar un resultado puede modificarlo a nivel subatómico. Cada ser afecta el ambiente en el que se encuentra, pues todo está más interrelacionado de lo que parece a simple vista.

> *Cualquier persona que esté seriamente involucrada en la búsqueda de la ciencia, acaba convenciéndose de que algún tipo de espíritu se hace manifiesto en las leyes del Universo, uno que es enormemente superior al espíritu del hombre.*
> **Albert Einstein**

Entender que todo hace parte de una misma Unidad es un paso importante en el reconocimiento de tu ser interior. Además, puede tener un gran impacto a nivel personal y colectivo para la humanidad. Imagina cómo sería la vida actual en la Tierra si más personas tomaran consciencia de su verdadera esencia y de lo interrelacionadas que están con otras y con la naturaleza. Creo que es exactamente lo que el mundo necesita.

¿Cómo puedo conectarme más con mi ser interior?

Al realizar mi trabajo de crecimiento personal con profesores, terapeutas y demás maestros, me di cuenta de la importancia de escuchar a mi ser interior, de diferenciarlo de mi ego y de actuar de manera alineada con mi verdadera esencia. Una vez lo percibí, ya no pude dejar de verlo. Ya no pude ignorarlo, pues empezó a permear todo en mi vida. Eso no significaba que todas mis acciones fueran perfectas, sino que tenía en mí una nueva intención de reflejar y proyectar mi ser interior en mi día a día.

Con el tiempo me di cuenta de que a través de los siete principios de la plenitud logré una mayor conexión con mi ser interior, pues solo me fue posible ponerlos en práctica desde ese centro. Es decir, mi ego no podía practicar la pausa, la presencia, el cariño, la perspectiva, la curiosidad afectuosa, el propósito superior ni el permitir. Solamente desde la profundidad de mi ser interior logré integrar cada principio, lo que representó una mayor conexión con mi parte divina.

Además de los siete principios, puedes realizar algunas prácticas que te ayuden a conectarte con mayor profundidad con tu ser interior. Recuerda que se trata más de "ser" que de "hacer". A continuación, te comparto algunas sugerencias:

Pausas de silencio: haz pausas de silencio e introspección. No puedes escuchar a tu esencia real en medio del ruido externo o interno. Busca momentos para desconectarte de lo exterior, y así lograrás conectarte con tu interior. Identifica cuáles son los espacios, horas del día y lugares que te permite profundizar más; una vez los encuentres, continúa abriendo esos espacio para ti.

Meditación: como seguramente ya sabes, la práctica de meditación constante te permite el espacio, silencio y enfoque en el presente que necesitas para lograr conectarte con tu divinidad. Durante tu meditación, ten la intención de aumentar tu conexión interna y notarás la manera en la que se fortalece.

Poesía, música y arte: existe algo muy especial cuando presencias o practicas el arte. Escuchar mantras o música suave, pintar libremente, trabajar en cerámica, leer poesía, etc. pueden ayudarte a entrar en un momento de placer y maravilla, el cual te permitirá conectarte más con tu ser interior. Busca la actividad artística que más placer y dicha te genera.

Conexión con la naturaleza: dado que todo es parte de la misma Unidad, a muchas personas les resulta más fácil encontrar la divinidad en otros seres vivos. Una caminata en la naturaleza, la textura del tronco de un árbol, maravillarse por la profundidad del océano, apreciar un atardecer y acariciar a un animal te pueden acercar a tu propia divinidad.

La curiosidad: la curiosidad afectuosa y profunda puede abrir un lindo portal hacia tu esencia real. A través de la exploración de actividades que te hagan sentir bien, del autoconocimiento y de la habilidad de asombro podrás empezar a reconocer los aspectos de tu vida en los que tu ser interior se manifiesta. Intenta diferentes actividades, explora, descubre, busca y escucha con inocencia y mente de niño y empezarás a notar con más y más fuerza los mensajes de tu gran guía interna.

La gratitud: el sentimiento de gratitud, como viste anteriormente, tiene un gran poder y puede cambiar la manera de ver la vida. Al llevar la gratitud a un nivel aún más alto y expresarla al Universo (Consciencia Suprema, Inteligencia Superior, Dios, Amor Supremo, Fuente de Vida, el Todo, o como tú prefieras llamarlo) puedes estrechar tu relación con tu parte divina.

La conexión con tu ser interior te permitirá cambiar muchas creencias que limitan tu vida, con lo que podrás abrirte a tu abundancia, a tu poder personal, a tu propósito superior y a vivir una vida realmente plena. Te contaré mucho más sobre todo esto en los próximos capítulos. No olvides que:

> Eres la esencia pura del amor mismo.
> La compasión y la dulce devoción.
> Eres la creación y a la vez el cocreador.
> El norte, el estudiante y el guía.
> La luz y su sabiduría.
> Eres único y también indivisible.
> Eres potencial sin límite.
> El presente y lo infinito.
> Eres divinidad envuelta en piel.
> El cuerpo y el espíritu en un solo ser.

Para recordar

El ser interior o esencia real es tu parte verdadera, profunda, sagrada e incondicional. Es la extensión del Todo. A medida que empieces a conectarte con tu ser interior y a alinearlo con tu vida, comportamientos y decisiones, empezarás a ver todo con un filtro nuevo y encontrarás mayor plenitud. Recuerda que todo en el universo está intrínsecamente conectado al ser una extensión de la misma fuente de vida y tú ya eres parte de ello.

Reflexión y práctica

Detective del ser interior. Tal y como hiciste con el ego, te invito a que te conviertas en el detective de tu ser interior durante un lapso de veinticuatro horas. Durante ese tiempo, observa tus acciones, comportamientos, pensamientos o respuestas y determina si vinieron de tu ser interior o de tu ego. Por ejemplo, si notas que tuviste una respuesta compasiva y amorosa con un extraño en la calle, puedes escribir al respecto. Anota lo que te sucedió, cómo te hizo sentir y cuál fue la parte de ti que dio origen a esa reacción.

Conexión. ¿Cuál es la actividad que te permite conectar con tu ser interior de manera más fácil y directa? Por ejemplo, la meditación, una caminata, escuchar una canción en particular, etc. Identifícala y busca la manera de realizarla con mayor frecuencia.

Decisiones. Reflexiona sobre la última decisión importante que tomaste. ¿Cuál fue esa decisión? Revisando la tabla que compara el ego y el ser interior en este capítulo, ¿puedes identificar cuál de los dos aspectos fue el que motivó tu decisión? ¿Qué camino habrías tomado si tu decisión hubiera sido motivada por el otro? En general, ¿qué valores o aspectos tienen gran peso en tus decisiones? Por ejemplo: tu reputación, el retorno económico, tu integridad, la opinión de tu familia, tu compromiso con una causa social, etc. ¿De qué manera podrías alinear más tus decisiones y acciones con los mensajes de tu ser interior?

Observando símbolos e impulsos. Agenda quince minutos el próximo fin de semana (o tan pronto puedas) para identificar los impulsos de tu ser interior. Lo único que tienes que hacer es abrir un espacio para ver lo que surge. No tienes que tomar acción, solamente observarlo.

Empieza meditando o haciendo introspección por tres o cinco minutos, con la intención de conectarte con tu ser interior. Si quieres, escucha una canción relajante que te guste mientras lo haces.

- Ábrete a recibir sabiduría de tu ser interior sobre algún tema en particular.
- Préstale atención a cualquier símbolo o patrón que percibas (por ejemplo, si te llega constantemente a la mente el logo de alguna organización, o la imagen de un libro, o la voz de un experto, o un animal) y escríbelo o dibújalo.
- Mantén la mente y el corazón abiertos a recibir. Observa los impulsos que llegan a ti. Por ejemplo: enviarle un mensaje a un ser querido, leer un capítulo en particular de un libro, escuchar un *podcast*, buscar en Google sobre un tema que te apasiona o registrarte para alguna clase. De nuevo, no es necesario que tomes acción, pues te puede distraer de este ejercicio. Simplemente presta atención a tus impulsos y escríbelos.
- Lee lo que escribiste u observa lo que dibujaste y trata de ver si existe algún patrón o mensaje. ¿Hay algo que te quiere 'decir' tu ser interior sobre ese aspecto de tu vida?

- Presta atención a tus sueños de esta noche, por si recibes algún mensaje.

Journaling. Respira profundo tres veces y lleva tu atención al área de tu corazón. Ahora, con lapicero y papel en mano, escribe libremente, sin parar y dejando que las palabras fluyan, sobre los puntos descritos a continuación. Recuerda que no tienes que mostrarle lo que escribes a nadie, puedes guardarlo o deshacerte de tu hoja de papel si lo prefieres. Lo que escribas es para ti, así que siéntete libre de hacerlo con autenticidad, con transparencia, con vulnerabilidad y en conexión con tu ser interior. Empieza con las siguientes frases y continúa con tu escritura por dos minutos:

1. Algo que me genera gran ilusión es...
2. Mi ego se manifiesta con mayor fuerza en mi vida cuando...
3. Siento dicha y bienestar cuando...
4. Me doy cuenta de mi divinidad cuando...
5. La actividad que me acerca con mayor intensidad a mi ser interior es...

Afirmaciones. Lee las siguientes frases, de ser posible en voz alta:

- Mi verdadera esencia es más de lo que mis sentidos pueden percibir.
- Soy una extensión del Amor Supremo.
- Soy parte del Todo, indivisible y en unidad.
- Ya estoy completo/a y no me falta nada.

- Tengo acceso al potencial infinito de creación en mi interior.
- Mi ser interior se expresa a través del amor y de la compasión por mí y por todos los seres vivientes.
- No tengo necesidad de buscar nada fuera de mí. En mi interior tengo toda la grandeza, la fuerza y el poder del Universo entero.
- Merezco dicha, gozo, abundancia y total plenitud, simplemente por existir.
- Soy divinidad perfecta, sin hacer ningún esfuerzo. Es mi esencia real.
- Confío. Amo. Soy.

Escucha el audio "Los mensajes del ego vs. los mensajes del ser interior" y la meditación guiada "Conexión con tu esencia real" en **plenitud.net/recursos.**

CAPÍTULO 7
PROPÓSITO

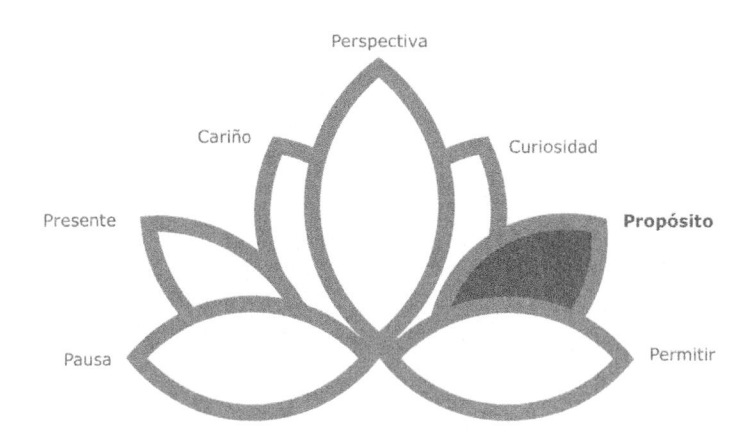

Perspectiva
Cariño *Curiosidad*
Presente **Propósito**
Pausa *Permitir*

> *El significado de la vida es descubrir tu don. El trabajo de la vida es desarrollarlo. El propósito de la vida es entregarlo.*
> **David Viscott**

Llegué en taxi al hotel donde me hospedaría por las siguientes semanas en el centro de Zanzíbar. A pesar de no tener una razón en particular para ir a ese territorio de Tanzania, desde hacía muchos años quería conocer la zona del este de África, en especial esa isla, que en fotos parecía paradisíaca.

Al llegar, me encontré con un ambiente muy diferente al de los lugares que había visitado en India e Italia, lo que me llenó de fascinación. Estaba en un destino nuevo y quería descubrirlo y absorberlo todo. Para empezar, y dado que no conocía mucho sobre su gastronomía, decidí inscribirme en un curso de cocina que me recomendó el conductor del taxi.

Al día siguiente, un hombre me recogió en el hotel y me llevó al restaurante donde se llevaría a cabo la clase. Durante la larga caminata, no me habló ni una sola palabra, a pesar de mis muchos intentos de entablar una conversación. Así que decidí observar las casas de las calles laberínticas de la isla, me dejé llevar por sus colores, olores y sonidos, como el llamado a la oración, algo tradicional en un lugar mayormente musulmán, y por las risas de los niños que se veían en la calle.

Después de una larga caminata, mi guía y yo llegamos a una zona residencial, un poco oscura y completamente vacía. Él me dijo algo en suajili, el idioma oficial de Tanzania, que no entendí en absoluto, y se marchó. Quedé confundida, pues no veía ningún restaurante ni señales sobre la clase de cocina. Busqué mi celular para ver si podía llamar a los organizadores de la clase, pero no tenía señal. Al encontrarme sola, perdida, en ese callejón desolado, en un país desconocido, me preocupé. Sentí miedo de que oscureciera y no pudiera encontrar el hotel. Después de haber pasado tanto tiempo en un monasterio en India, había olvidado los peligros del mundo 'real' y me sentí tonta por haber confiado en la recomendación de un extraño.

Mientras trataba de averiguar dónde me encontraba vi que una anciana abrió la puerta de una de las casas y me hizo una señal para que entrara. Le hice preguntas en inglés, le hice señas y le dije un par de palabras en suajili, pero no fui capaz de hacerme entender. Sin saber qué hacer, seguí mi instinto de confiar en esa señora y entré a su casa, aun con el corazón palpitando a gran velocidad.

Al subir las largas escaleras de la casa, en cuestión de nanosegundos me pregunté si todo había sido un engaño y estaba a punto de ser secuestrada o algo peor. ¿Sería ese el momento adecuado para salir corriendo? ¿Quién era esa señora y por qué me había invitado a entrar a su casa? ¿Dónde estaba el restaurante al que debía ir para tomar la clase? ¿Sería ese mi último día de vida? Y si lo era, ¿cuál era el legado que estaba dejando en el mundo? ¿Cómo iba a ser recordada?

En ese momento vi a una mujer sonriente que me dijo: "Debes ser Carolina. Bienvenida a la clase de cocina, querida". Con esas palabras pude volver a respirar mejor y mi corazón se calmó, pero mi mente seguía confundida.

Esa mujer, de unos cincuenta años, a quien llamaré Rosa, llevaba un vistoso vestido azul con amarillo que hacía juego con el lindo turbante que llevaba en la cabeza, hablaba inglés con acento británico y tenía una hermosa sonrisa. Rosa me explicó que yo era la única estudiante que se había registrado para la clase, así que me invitó a que saliéramos para hacer un *tour* por el mercado central para comprar los ingredientes que necesitábamos.

Al seguir a Rosa en medio del caótico, colorido y ruidoso mercado, vi que saludaba a todas las personas con gran entusiasmo. Me llamó mucho la atención el cariño que le demostraba a cada ingrediente que escogía y a cada persona que se lo vendía. Me invitaba a acercarme para percibir el aroma de distintos condimentos y hierbas y probar las frutas locales, que me mostraba con orgullo y alegría.

Mientras íbamos de regreso a su casa, con varias bolsas llenas de comida en las manos, Rosa me contó sobre su vida: estudió en la universidad, pero hacía muchos años había tenido que emigrar súbitamente a Kenia y luego a Inglaterra, porque era opositora del partido político del gobierno que ganó las elecciones y se sintió amenazada. Decidió llevar a sus hijos a diferentes países para protegerlos. Una vez hubo cambio de gobierno, Rosa regresó a Tanzania y abrió un restaurante para empezar una nueva vida, dado su gusto por la cocina. Sin embargo, un día encontró su restaurante incendiado, así que no tuvo más remedio que empezar a dar clases en la casa de una de sus amigas cercanas. También me contó que uno de sus hijos sufría de depresión, a causa de la huida de su país y de la lejanía de su familia.

Su historia me conmovió muchísimo, a pesar de que no la contó como víctima, ni buscando consuelo. La relató como un hecho histórico y manifestó ilusión por poder ofrecer clases, así fuera a solo un estudiante. Rosa encontró que su amor por la cocina, algo que fue un *hobby* en el pasado, se convirtió en su sustento, y lo hacía con cariño y dedicación.

Así que nos sentamos sobre una manta para cocinar sobre el suelo (en lugar de sobre una mesa, como yo estaba acostumbrada) y preparamos arroz con coco, pescado en salsa de coco, verduras salteadas con leche de coco y *kashata*, un dulce tradicional hecho a base de... ¡adivinaste!, coco. Nos reímos muchísimo, nos contamos historias, aprendí sobre los condimentos locales y tuve la oportunidad de compartir con una mujer encantadora, fuerte, alegre, emprendedora, resiliente y con muchos valores.

En el taxi de regreso al hotel, ya a altas horas de la noche, no pude dejar de pensar en su historia. Sentí que quería apoyarla de alguna manera. Se me ocurrió que podía darle algunas ideas de publicidad para que más personas se registraran en sus fabulosas clases de cocina.

Al día siguiente, contacté a Rosa para ofrecerle mi ayuda en la promoción de su negocio, sin costo, algo que ella agradeció y la llenó de ilusión. Durante los dos días siguientes me dediqué a diseñar un folleto sobre sus clases de cocina, para que se distribuyera en hoteles y sitios turísticos. También le ayudé con su perfil en plataformas de recomendaciones turísticas, le hice algunas sugerencias para su página web y le ofrecí otras ideas. Esas horas en las que estuve enfocada en el proyecto se pasaron volando. Me sentí feliz de poder utilizar mi conocimiento profesional una vez más.

Cuando le entregué mis ideas y diseños a Rosa y recibí su agradecimiento, me sentí muy satisfecha. Me di cuenta de que me gustaba mucho el *marketing*, porque me permitía ayudar a crecer un proyecto o negocio y generar ingresos y empleos. Algo en mí sintió tranquilidad al reconocer que con mi conocimiento en negocios podía contribuir en el mundo.

También consideré ofrecerle apoyo a su hijo, quien estaba enfrentando un episodio de depresión, dada mi experiencia personal y todo lo que había leído e investigado sobre el tema. Sin embargo, no le mencioné nada al respecto, pues me sentía insegura y temerosa de entrar en un ámbito que no estaba directamente relacionado con lo que yo había estudiado. Quizás fue un error, le habría podido dar algunas ideas o una lista de libros que le hubieran podido ayudar, y me quedó la duda de cómo compartir ese conocimiento que estaba adquiriendo sobre desarrollo personal y vida en bienestar. En ese momento, no se me cruzaba por la mente que iba a escribir el libro que ahora tienes en tus manos.

El propósito superior

El objetivo de mi viaje a África estaba relacionado con tomar acción. Después del tiempo de descanso, arte, descubrimiento, introspección y sanación que tuve en Italia e India, tenía un fuerte deseo de hacer algo más, de sentirme útil, de compartir mi talento, de tomar acción y de empezar a decidir qué quería hacer con mi vida. Encontré el territorio africano como un lugar fértil para esa tarea, pues recibí la energía, la fuerza, el empoderamiento y el "combustible" que necesitaba para retomar las riendas de mi vida.

Al escuchar la historia de Rosa, al haber presenciado diferentes maneras de vivir en tres continentes distintos, al encontrarme cerca de finalizar mi viaje y al pensar sobre mi futuro, me surgieron preguntas como:
- ¿De qué manera quiero contribuir en el mundo durante los años que me quedan?

- ¿Cómo quiero vivir mis días? ¿Cuál es el estilo de vida que quiero tener?
- ¿Cuáles son los talentos con los que podría aportar?
- ¿Qué causa me motiva? ¿Qué temas me apasionan?
- ¿Qué sigue para mí? ¿Todo será como era antes o acaso estoy empezando un nuevo capítulo en el libro de mi vida?
- ¿Cuál es mi propósito? ¿Acaso tengo un propósito específico?

Decidí inscribirme en un curso virtual liderado por Vanessa Loder, llamado *Crea el trabajo que amas*. Ya había tomado un par de talleres con ella y me gustaba mucho su estilo. Vanessa se había dedicado al exigente mundo de las finanzas de manera exitosa, hasta que se dio cuenta de que ese no era su camino. La primera vez que asistí a una de sus charlas, ella contó que un día tuvo que quedarse en la oficina toda la noche para terminar un proyecto y continuar trabajando al día siguiente, así que no pegó el ojo toda la noche. Cuando uno de los directivos de su equipo notó que ella llevaba el mismo vestido rojo del día anterior, la felicitó con aplausos por su primera noche sin dormir y porque vendrían muchas más. Ese hecho, junto con un llamado interno, le hizo entender que tenía que hacer un cambio. "Sentí como si hubiera escalado a la cúspide de la escalera, solo para darme cuenta que… ¡#$*!@, era la escalera incorrecta!", solía decir Vanessa. Así que renunció a su trabajo corporativo y se dedicó a ofrecer cursos para mujeres que buscaban algo 'más allá' de sus labores, a través de ejercicios de atención plena, autoconocimiento y espiritualidad. Era exactamente lo que yo buscaba. Gracias a ese programa pude interactuar con otras personas que también estaban en una búsqueda similar a la mía.

Así, defino **el propósito superior como el llamado para vivir una vida de satisfacción y realización, alineada con tu mayor anhelo interior.**

Rich Fernández, un ejecutivo de Google que decidió renunciar para liderar organizaciones enfocadas en temas de atención plena (y sobre quien te contaré detalles un poco más adelante), escribió en un artículo de la revista *Mindful*:

> Me gusta definir el propósito como un proceso continuo de desarrollar un entendimiento claro de lo que es más significativo para ti, y alinear tus acciones y comportamientos en el mundo para que sean coherentes con esos aspectos. Es la habilidad de estar en sintonía con tu mente, corazón y cuerpo, para que puedas reconocer cuándo estás a punto de extraviarte de tu camino y puedas encontrar la manera de regresar. Igual de importante es tener la claridad que te ayude a reconocer esos momentos en los que tu camino y tu propósito están alineados, para que puedas celebrar con gratitud. La tarea de definir tu propósito es la de estar completamente consciente de lo que amas y de aquello que tiene más vida en tu interior, para luego actuar de acuerdo con ello. Es una labor que requiere tiempo, práctica, imaginación, compasión, curiosidad y sensibilización amable. Es un proceso hermoso, a veces doloroso, que evoluciona y con el cual puedes crear una relación durante toda tu vida[42].

> *No existe un regalo más grandioso que puedas dar o recibir que honrar tu llamado. Es la razón por la cual naciste. Y la manera en la que puedes estar verdaderamente vivo.*
> **Oprah Winfrey**

Para algunas personas el propósito está relacionado con un trabajo satisfactorio en el que puedan generar impacto. Otras personas encuentran su propósito en sus responsabilidades familiares. Otros hallan significado en las actividades religiosas, comunitarias o sociales. Algunos encuentran su propósito en la unión de todos estos aspectos.

El propósito es algo único para cada quien. De hecho, es muy probable que cambie con el paso del tiempo, incluso para una misma persona. Las experiencias de la vida, los nuevos aprendizajes, las dificultades, los cambios de prioridades de cada cual y las diferentes etapas de la vida hacen que el propósito sea dinámico y esté en constante evolución. Encontrar tu propósito es un principio de la plenitud, pues te puede ayudar a tomar decisiones importantes, a motivarte para alcanzar tus metas, a direccionarte y a darle a tu vida mayor significado y dicha. Además, es la manera en la que puedes contribuir en el mundo de forma más directa.

> *Usa tus talentos y virtudes característicos en servicio de algo mucho más grande que tú.*
> **Martin Seligman**

En el curso con Vanessa Loder conocí al escritor y psíquico Ainslie Macleod, quien se especializa en ayudar a las personas a obtener claridad sobre su propósito a través del conocimiento de su pasado. En su libro *La instrucción*, Ainslie explica:

> ¿Cuál es tu propósito? La respuesta es simple: estás aquí para vivir la vida que tu alma tiene la intención de experimentar. Al llevar una vida que esté en armonía con los deseos de tu alma, tu camino en este plano se desarrollará en maneras que son compatibles con quien eres, y el resultado será gozo verdadero[43].

Su libro me generó mucha curiosidad, así que decidí hacerle una consulta. Ainslie me explicó aspectos de mi vida y de lo que mi ser interior busca en esta experiencia humana. Me dijo: "Todas las vidas tienen un propósito, incluyendo la tuya. Tu propósito de vida no es un misterio; simplemente necesitas que se te recuerde lo que tu alma escogió para esta vida antes de que nacieras". La conversación con Ainslie fue muy poderosa y me abrió los ojos, por primera vez, a mi llamado como líder, maestra espiritual y artista creadora, aspectos que tenía relegados por darle prioridad a mi trabajo en negocios. Nuestra charla fue tan interesante y sorprendente que Ainslie decidió publicar una parte de mi historia en *The Old Soul's Guidebook* (La guía para almas viejas) y me ayudó a desarrollar mayor confianza y curiosidad sobre mi llamado.

> Si tienes vida, tienes propósito. Si tienes vida, una gota de vida. Una. Eso es suficiente. Un átomo tiene tanto propósito como nuestro planeta. Lo que está en el todo, está en uno.
> **Caroline Myss**

Usa tu entusiasmo como brújula

El día que me fui a Estados Unidos, a los diecisiete años, estaba muy feliz por la nueva experiencia que iba a comenzar, y a la vez triste por alejarme de mi familia y amigos. En el aeropuerto de Bogotá, horas antes de que saliera mi vuelo, fui con mi mamá a comprar agua, y en el camino nos encontramos con el gran escritor colombiano Gabriel García Márquez. Sentí una emoción enorme y quise hablar con él, pero mi timidez de adolescente me lo impidió. Mi mamá, por el contrario, no dudó en saludarlo, contarle todo sobre mí, informarle los detalles de mi viaje y pedirle una foto. Mientras él y yo posábamos ante las luces del flash de la cámara análoga de mi mamá, Gabo, como se le conoce cariñosamente en Colombia, me dijo: "Cuando salga de Colombia, luche por alcanzar sus sueños, mi niña, y deje el nombre de nuestro país en alto. Los sacrificios a veces son necesarios".

Sus palabras fueron como leña y oxígeno para el fuego que llevaba por dentro para alcanzar mi objetivo de entrar a la universidad y graduarme con honores en Estados Unidos. No me imaginé que para lograr esa meta y subsistir iba a tener que trabajar en cuanta actividad encontrara: limpiando casas y oficinas, haciendo trabajos de jardinería, como niñera, recepcionista, secretaria, traductora, mensajera y muchas más. Esos trabajos no me llenaban, pero nunca me entristecieron o avergonzaron, pues mi sueño era mi combustible. Ese anhelo que tenía en mi corazón de estudiar era suficiente para mantener mi disciplina, dedicación y enfoque. Fue algo que siempre agradecí de esa época de mi vida, y cómo la enfrenté.

Al entrar a la universidad, cerca de Washington D.C., pensé que quería trabajar en temas de macroeconomía para ayudar al crecimiento económico de países en vía de desarrollo. Cuando recibí una beca completa (algo que agradecí inmensamente), pude dejar mis múltiples trabajos y entré a una pasantía no remunerada en la Comisión Económica para Latinoamérica y el Caribe de las Naciones Unidas. Lo vi como un trabajo de ensueño, pues trabajaba con personas brillantes y tenía una oficina grandísima para mí, con vista en dirección a la Casa Blanca. Sin embargo, después de un par de semanas me di cuenta de que no me llenaba del todo: noté la burocracia, la tardanza en la toma de decisiones y el poco impacto que yo tenía. Me desilusionó darme cuenta de que no me gustaba el que yo creía era mi camino. Pero fue muy valioso haber recibido esa información en un trabajo temporal.

A los pocos meses, recibí un correo de Telemundo en el que me informaban que había ganado el primer puesto en un concurso de ensayos en el que había participado y me invitaban a un evento especial para recibir mi premio. Como me gustaba escribir, hacía algunas semanas había enviado un ensayo sobre mi experiencia como mujer latina en Estados Unidos a un concurso organizado por la cadena de televisión, ¡pero no imaginé que iba a obtener el primer lugar!

Durante la ceremonia de premiación conocí al equipo de Telemundo, me enteré de que tenían una vacante y semanas después empecé a trabajar en la cadena como practicante de *marketing*. A pesar de no saber mucho sobre negocios ni publicidad, me enamoré de la cultura de la organización, de su agilidad y dinamismo, de su interés en apoyar a la comunidad hispanoparlante del país y del impacto que yo tenía, incluso como pasante. Así que decidí quedarme a trabajar ahí, sin remuneración, por más de un año. Paralelamente, trabajé como presentadora de un programa de televisión local los fines de semana, disfruté muchísimo mi labor frente a las cámaras y la oportunidad de entrevistar a líderes y artistas latinoamericanos maravillosos.

Al graduarme de la universidad, la misma empresa me ofreció un trabajo de tiempo completo como coordinadora de *marketing* de la estación de radio hermana de Telemundo. Ahí comenzó mi carrera en negocios y publicidad, que continuó por muchos años más en American Express y en Google en Nueva York, Canadá y California. Y todo empezó por escuchar aquello que no me gustaba y prestarle mucha atención a lo que sí me generaba ilusión y entusiasmo.

Un día mi papá me explicó la etimología de la palabra entusiasmo: proviene del griego *enthousiasmós*, que significa algo así como 'rapto o posesión divina'. La palabra está conformada por la preposición 'en' (dentro) y el sustantivo *theós* (dios). Así que: entusiasmo = en + divinidad. Algo similar sucede con el verbo inspirar, cuyo origen tiene conexión con *spirare* (respirar, tomar vida) y con *spiritus*, en latín: estar en conexión con el espíritu o recibir un 'soplo' divino. Me gusta muchísimo pensar en esos significados, porque el percibir estar entusiasmada o inspirada por algo es una señal de estar alineada con mi ser interior, con mi divinidad y con mi propósito.

El entusiasmo, la dicha, la inspiración, la alegría y el placer profundo son las mejores guías para encontrar tu propósito. Tu parte divina quiere que alcances tu propósito en esta experiencia humana, así que cuando te acercas a este, cuando vas en el camino correcto, sientes alegría y sentido de realización. Esa es una gran señal de lo que tu esencia real quiere para ti.

Ahora, pensar en el propósito superior, en la pasión personal o en el objetivo de la vida en su totalidad, puede resultar abrumador para algunas personas. Quizás también tengas preguntas como: ¿por dónde empiezo? ¿Qué debo hacer para encontrar mi propósito? ¿Qué pasa si soy muy joven y no tengo las herramientas necesarias para encontrarlo? ¿Qué pasa si ya me siento demasiado viejo como para hacer cambios de vida? ¿Existe un solo propósito? ¿Qué sucede si nada me apasiona? ¿Qué hago si mi pasión es distinta de mi labor diaria?

Todas esas preguntas son completamente válidas y normales. La idea de encontrar una sola pasión a la cual dedicarle la existencia entera no le resulta fácil a todo el mundo. Hay personas que desde pequeñas saben lo que les gusta y lo que quieren ser "cuando sean grandes". Hay personas que se hacen grandes, muy grandes, y no saben qué es lo que les apasiona. Existen otras con muchísimas pasiones paralelas. Por eso, por encima de encontrar una sola pasión en tu vida, te puede resultar mucho más sencillo considerar la siguiente invitación:

Utiliza tu entusiasmo como brújula

La escritora Elizabeth Gilbert, conocida por hablar sobre la importancia de la curiosidad para encontrar la pasión de cada persona, explica que está bien soltar el concepto de pasión y enfocarse en la curiosidad, pues esta se genera a través del entusiasmo y, muchas veces, conduce a la pasión. En un *podcast* con Krista Tippett, Elizabeth explica:

> La curiosidad es un impulso que te toca en el hombro muy suavemente y te invita a girar la cabeza un cuarto de pulgada y a ver un poco más de cerca algo que te ha intrigado. Puede que no te cambie la vida. Puede que no cambie el mundo. Puede que ni siquiera esté alineado con las cosas que has hecho o que te han interesado en el pasado. Puede que parezca aleatorio o que no tenga sentido. Y creo que esa es la razón por la cual las personas terminan no siguiendo su curiosidad, porque están esperando una señal más grande, y lo que te genera curiosidad puede ser a veces muy extraño o leve o casi nada. Puede ser un camino de migas de pan que puedes ignorar si solamente estás viendo hacia la cima de la montaña (...). La curiosidad es nuestra amiga, viene a enseñarnos a ser nosotros mismos. Es una amiga gentil, una amiga indulgente, y una amiga constante. La pasión no es constante, no es tan gentil, no es tan indulgente y, a veces, no está tan

disponible. Así que cuando vivimos en un mundo que idolatra la pasión por encima de todo, existe mucha presión al respecto. Si tú no tienes una pasión clara, o si has perdido tu pasión, o si estás cambiando de vida y tus pasiones están mudando, o si no tienes certeza y alguien te dice "Bueno es muy fácil resolver tu vida, simplemente sigue tu pasión", te pueden hacer sentir más excluido, y a veces hasta que has fracasado[44].

El filósofo chino Lao-Tsé dijo: "El camino de mil millas comienza con un solo paso", y yo pienso que el camino hacia una vida con propósito comienza con un solo instante de curiosidad que te llene de entusiasmo. Sigue cada uno de esos momentos como si fueran las rocas que te permiten atravesar un río. Si te apoyas sobre la roca enfrente tuyo, por más pequeña que sea, y luego en la siguiente, y en la siguiente, verás que pronto estarás al otro costado. De igual forma, seguir tus momentos de entusiasmo, uno a uno, te acercarán a tu propósito.

Así que para encontrar claridad sobre lo que te entusiasma utiliza la curiosidad, en especial la curiosidad afectuosa, de la que te hablé en el capítulo anterior. Haz pausas en tu día, utiliza la atención plena y explora: ¿qué actividades disfrutas realizar? ¿Cuáles no disfrutas? ¿Qué te hace brillar los ojos de entusiasmo e ilusión? ¿Qué te genera alegría? ¿Qué proyecto podrías hacer por mucho tiempo sin sentir que las horas han pasado? A partir de ese conocimiento, toma acción, con mente de principiante, con compasión contigo mismo y, lo más importante, disfruta de ese hermoso proceso.

Claridad-causa-cambio

Me gusta resumir los pasos concretos para reconocer el propósito y alinear la vida con este en tres aspectos: claridad, causa y cambio. Te explicaré cada uno de ellos:

1. Claridad. Como ya has visto, es muy importante tener claridad sobre tus deseos, anhelos, preferencias y gustos. Además de todo lo que ya viste en el capítulo de la curiosidad, considera lo siguiente para aumentar la claridad sobre tu propósito:

- **Desarrolla la atención plena.** El *mindfulness* es fundamental para iniciar el proceso de alineación con tu propósito, pues te permite centrarte en el momento presente y percibir todo sin juzgar, con amabilidad y curiosidad. No puedes identificar qué te gusta si no te detienes a observarlo. Esta habilidad te ayuda a conectarte contigo mismo a un nivel más profundo, lo cual es clave para tener mayor claridad sobre tus preferencias, anhelos, talentos, etc.

- **Conócete mejor que nadie.** Como te mencioné en la sección sobre el autoconocimiento, a partir de los momentos de presencia plena podrás conocerte mejor y encontrar las semillas de tu entusiasmo. Pon atención a las respuestas que tienen tu mente, tu cuerpo y tu ser emocional frente a diferentes situaciones. Toma nota de lo que vas reconociendo en ti. Conoce de manera concreta y tangible qué te gusta, qué te disgusta, qué te genera alegría, qué te enoja, qué se te facilita, qué se te dificulta, cuáles son tus talentos, qué despierta tu curiosidad y qué te es indiferente. Identifica todo esto de manera gradual pero concreta.

- **Reconoce tus habilidades y fortalezas.** Experimentarás mayor dicha al enfocarte en tus destrezas que en tus debilidades. Identifica y celebra tus talentos, recuerda que ellos tienen un propósito y es a través de tus dones que puedes contribuir en el mundo. Reconócelos y trabaja en mantenerlos y fortalecerlos.

- **Experimenta actividades nuevas.** Te ayudarán a reconocer lo que te entusiasma y lo que no, pues como te mencioné anteriormente, la claridad viene de la acción. La única manera de saber lo que te genera entusiasmo es experimentando cosas diferentes. ¿Cómo vas a saber si te gusta la carpintería si nunca has tocado un pedazo de madera? ¿Cómo saber que te apasionan los caballos si no pasas tiempo con ellos? ¿Cómo saber que no te gustan las ventas si nunca has vendido algo? Explora, intenta cosas nuevas, lánzate a descubrir actividades diferentes y analiza tu reacción.

2. Causa. El segundo ingrediente importante en el proceso de búsqueda de tu propósito es identificar las causas que te tocan el corazón. Una causa es una razón, motivo o movimiento que te invita a tomar acción. Por ejemplo: proteger a animales en vía de extinción, ayudar a madres solteras, aumentar la equidad racial, mejorar la calidad en la educación primaria, curar el cáncer, mejorar la calidad de vida a través de la innovación tecnológica, ofrecer diversión y entretenimiento, disminuir el suicidio en adolescentes, etc. Existen cientos de ejemplos similares. ¿Sabes cuáles causas te mueven a ti?

Yo reconozco mis causas porque no soy capaz de ser indiferente a ellas; por el contrario, siento emociones fuertes como rabia, preocupación, ira y gran motivación por hacer algo al respecto. Es muy valioso sentir esas emociones que a veces se perciben como 'negativas', porque son portadoras de información: la ira, el sentido de injusticia y la frustración frente a algún tema pueden ser excelentes señales de la causa que te mueve. También puedes percibir gran energía, motivación, deseo de cambio, ilusión, alegría al imaginarte trabajando en una causa en particular. En mi caso, existen miles de causas que intelectualmente considero importantes, pero no me motivan a nivel visceral; cuando algo me afecta profundamente significa que hay un mensaje para mí.

Para encontrar tu propósito es importante que tengas claridad sobre aquello que te mueve a ti, y solamente a ti, con transparencia y autenticidad. Considera las siguientes recomendaciones para tener mayor claridad sobre tu(s) causa(s):

- **Reconoce y honra tus valores y principios.** Los valores más fuertes en tu vida te ofrecen información sobre las causas que más te interesan: justicia, igualdad, libertad, honestidad, eficiencia, disciplina, integridad, etc.

- **Observa el historial de tu vida.** Quizás tus experiencias pasadas, tu cultura, tu infancia y tus dificultades sembraron en ti las semillas de servicio en relación con tu causa. Por ejemplo, una mujer que vio a su madre sufrir la violencia doméstica crea una fundación sin ánimo de lucro en contra de ese tipo de abuso; un hombre que creció sin la presencia de su padre decide dedicarse a cuidar a sus hijos; una pareja de ingenieros con un hijo sordo elige crear una empresa para diseñar tecnologías que ayuden a personas con discapacidad auditiva; un joven cuyo hermano mayor muere de cáncer se convierte en oncólogo; una mujer como Rosa decide ofrecer clases de cocina en la casa de una amiga, dadas las circunstancias de su pasado. ¿Hay algo en tu historial que te esté motivando a enfocarte en ciertas causas en particular?

- **Piensa en tu legado.** De la misma manera en que tu pasado puede incidir en la causa que eliges, lo que aspiras dejar en tu futuro puede influenciarlo. Explora cuál es el legado que deseas dejar y cómo quieres contribuir en el mundo en los años que vienen.

- **Identifica si tienes una vocación específica.** Imagina que eres parte de una tribu en una isla lejana que no tiene contacto con el resto del mundo. Si no existieran diplomas ni certificados formales y si recibieras un salario por el hecho de existir, ¿a qué dedicarías tus días? Lo primero que yo me imagino es a mi mamá siendo profesora de niños pequeños de la tribu. Ella tiene una vocación natural de enseñar, es algo que haría así no tuviera educación formal en pedagogía. Es algo que ella hace actualmente como profesora oficial en un colegio o en la sala de espera de un aeropuerto o en la fila de un banco; enseñar es parte de lo que ha sido y será siempre. En tu caso, ¿cuál sería el rol que desempeñarías de manera natural en un ambiente así? ¿Qué elegirías hacer para contribuir en la tribu?

- **Encuentra tu razón de ser.** En japonés existe un concepto llamado *Ikigai*, 生き甲斐, para denominar la motivación de levantarte cada mañana o la 'razón de ser'. *Ikigai* es la unión de cuatro elementos: lo que amas hacer, lo que el mundo necesita, tus talentos y por lo que te pagarían. Al combinar estos cuatro elementos puedes encontrar información sobre tu causa y propósito superior. En la sección de reflexión y práctica podrás identificarlos para tu vida.

```
              Lo que amo
                hacer
         Pasión      Misión
En donde                    Lo que el mundo
están mis        Ikigai     necesita de mí
talentos
         Profesión   Vocación
              Por lo que me
                pagarían
```

Uno de mis amigos colombianos más cercanos de Google, Luis Guillermo, me contó su historia de propósito personal, un día que salimos a tomar café: cuando era pequeño se le dificultaba la clase de matemáticas porque no le entendía a los profesores, y eso lo llevó a obtener malas calificaciones en esa materia. Sin embargo, en una ocasión participó en las olimpiadas de matemáticas de su colegio y, sin mucha preparación, obtuvo el primer puesto, no solo en el colegio, sino en todo el país. Luego, entró al equipo nacional de matemáticas y participó en varias competencias alrededor del mundo. Después de graduarse, Luis decidió hacer una maestría y un doctorado en matemáticas en Norteamérica, lo que lo llevó a su trabajo en inteligencia artificial en Google. Por su habilidad cognitiva clasificó en MENSA, la sociedad para personas con niveles de coeficiente intelectual más altos en el mundo. Aquel niño que por poco y no pasaba los exámenes del colegio se convirtió en un exitoso matemático con reconocimiento internacional.

Luis entendió que lo que antes veía como una debilidad en su proceso de aprendizaje de las matemáticas era precisamente su mayor fortaleza: explicar conceptos de tal forma que todos pudieran entenderlos. Su *ikigai* se convirtió en hacer de las matemáticas algo fácil y alcanzable para más personas en el mundo:

- Lo que Luis ama: las matemáticas.

- Lo que el mundo necesita: explicaciones sencillas para entender conceptos complejos.

- Por lo que le pagarían: hacer cursos, talleres y conferencias sobre temas de matemáticas avanzadas.

- Su talento: traducir conceptos difíciles en explicaciones fáciles y divertidas.

Al entender su *ikigai*, Luis decidió renunciar a su trabajo en Google, en donde no podía ponerlo en práctica, y entró a trabajar a una reconocida entidad educativa de creación de contenido y enseñanza. Paralelamente, escribió un libro y lanzó un exitoso canal en YouTube, en el que ofrece clases gratuitas de matemáticas y de aprendizaje automático a millones de personas. Según él, lo más satisfactorio en su vida es poder utilizar sus habilidades en algo que contribuya al mundo, y no se cambia por nadie.

> *Es mejor vivir tu propio destino de manera imperfecta, que vivir una imitación de la vida de alguien más a la perfección.*
> **Bhagavad Gita**

Acciones alineadas

El tercer ingrediente para reconocer el propósito y alinear la vida con él es tomar acción a través del **cambio**. Tal vez lo que estés haciendo en este momento y tu propósito ya estén alineados, pero el propósito es dinámico, por eso es importante que estés abierto a cambios adicionales.

Si hay algo en tu realidad que quieres que sea diferente, no dudes en hacer cambios. Lleva tu conocimiento y motivación a la acción, aunque sea a pasos pequeños. A continuación, te comparto algunas ideas:

- **Acéptate a ti y a tu realidad.** Para tomar acción es importante aceptar tu punto de partida, es decir, tu realidad actual. Acéptate como ser físico, acepta tus habilidades mentales y físicas, tus talentos y tus flaquezas. Acepta tus emociones, tus valores y principios, pues todos ellos tienen una razón de ser. Acepta también tu situación en el mundo, tu familia, tus recursos materiales, las leyes de tu país, tu labor actual, etc. Aceptar no significa darse por vencido de manera pasiva, sino entender el punto de partida de manera realista y transparente. Te contaré sobre la importancia de la aceptación más adelante.

- **Dale campo a la vulnerabilidad.** Permite que los demás te vean sin máscara. A veces esto significa ser valiente y lanzarse al ruedo sin un plan. Por ejemplo, convertirse en emprendedor, crear un producto innovador, cambiar de carrera a cualquier edad, convertirse en activista y unirse a un movimiento político son acciones que requieren una dosis de valentía y vulnerabilidad.

> *Cuando me atrevo a usar mi poder poniendo mi fuerza al servicio de mi visión, entonces el que tenga miedo se vuelve menos y menos importante.*
> **Audre Lorde**

- **Sigue los mensajes del corazón.** Procura seguir las señales que vienen de tu ser interior y no aquellas que vienen del ego. Permite que sea tu esencia real quien guíe tus acciones y busca alinear hasta la decisión más pequeña con ella.

- **Escucha a tus impulsos y toma acción.** Si un día sientes el deseo de publicar un artículo, lanzar una página web, pedirle ayuda a alguien para un proyecto que te ilusiona, leer un capítulo en particular de un libro, buscar en Google sobre un tema que te interesa o registrarte en alguna clase que te entusiasma… ¡hazlo! Es muy fácil encontrar excusas o dejarlo para otro momento. Recuerda que son esos momentos de entusiasmo y curiosidad los que harán de tu propósito una realidad. Dales prioridad a esos 'impulsos' a través de la acción.

- **Examina tus creencias limitantes.** Este paso no siempre es fácil, pero es necesario. Revisa qué impide que avances hacia lo que te entusiasma y que tengas un cambio en tu vida. Considera si la voz que le da vida a esas creencias viene de tu ego o de tu ser interior. Cuestiónalas y pregúntate de qué manera te están ayudando o limitando a alinear tu vida con tu propósito superior.

- **Trasciende el miedo.** Me atrevo a decir que todos los seres humanos sentimos miedo ante los cambios. Es normal sentir temor, pues la parte de ti que busca protegerte prefiere lo conocido, lo familiar, lo poco riesgoso. El que sientas miedo significa que estás saliendo de la zona de confort . Agradécele a ese instinto por querer proteger tu supervivencia y bienestar, pero no permitas que te limite; supéralo, trasciéndelo. Si algo en ti te dice que debes tomar acción, hazlo. El proceso de búsqueda de tu propósito no implica no sentir miedo, sino ser consciente de su existencia y tener el coraje para tomar acción.

No te preguntes qué necesita el mundo. Pregúntate qué te hace sentir vivo y después, sal y hazlo. Porque el mundo necesita gente que se sienta viva.
Howard Thurman

- **Ábrete a nuevas posibilidades.** Permite que tu mente y tu corazón se abran a algo nuevo y grandioso. Lo que recibas puede o no parecerse a tu situación actual, tus normas, los deseos de tu familia, tu situación financiera, etc. En muchas ocasiones, lo que alcanzas a imaginar es muy pequeño y limitado comparado con lo que realmente podrías vivir, así que ábrete a recibir sin límites.

En este tercer paso del cambio también es importante evaluar si existe algo a tu alrededor que te limita y de qué manera las personas que te rodean te pueden o no ayudar con los cambios que necesitas.

En mi caso, empecé a notar que había algo en mi relación a distancia con Vincenzo que no apoyaba del todo mi proceso de exploración de un nuevo estilo de vida. Durante todo mi viaje, él estuvo muy pendiente de mí, fue muy amoroso y paciente y buscó la forma de mantenernos en contacto, a pesar de los miles de kilómetros que nos separaban. Jamás olvidaré su apoyo durante todos esos meses. Sin embargo, poco a poco nos empezamos a dar cuenta de que, a pesar de nuestra linda conexión, no estábamos alineados en temas de propósito ni de futuro. Pese a sus buenas intenciones, se le dificultaba entender lo importante que eran los temas de crecimiento personal y espiritualidad para mí: muchas de las actividades que yo hacía le parecían extrañas y su lado intelectual me pedía pruebas científicas sobre temas místicos. En varias ocasiones me pidió que regresara pronto a California para volver a mi vida "normal" y a mi trabajo estable en Google. Entendí su punto de vista, podría haber sido el mío en otras circunstancias, pero mi espiritualidad y pasión por el desarrollo humano ya no eran actividades que practicaba de vez en cuando, se habían convertido en algo esencial en mi vida, altamente relacionadas con mi propósito superior.

De igual manera, a mí se me dificultaba apasionarme con los temas que a él le interesaban y también hice juicios sobre su manera de pasar el tiempo libre. Adicionalmente, pensé que su estadía en Estados Unidos sería temporal y que probablemente iba a querer regresar a Italia. Así, nuestro presente y futuro no estaban alineados y pronto supimos que nuestra relación se había convertido en algo superficial, a pesar del cariño que nos teníamos. Un día, después de una larga conversación, decidimos ser solamente amigos.

No voy a negar que fue un nuevo golpe para mi corazón, y probablemente para el suyo. Sentí tristeza por todo lo que en algún momento nos imaginamos que podríamos hacer juntos y porque realmente anhelaba compartir mi vida con alguien. Sin embargo, una vez más, sentí que era la decisión correcta; mis prácticas de atención plena diarias me habían ayudado a conocerme mejor y a escuchar con mayor facilidad los mensajes de mi ser interior. Me reconfortaba pensar que era lo indicado, por alguna razón que en ese momento no podía ver.

La vida me estaba guiando y me encaminaba a mi propósito, aunque eso significara alejarme de las personas y de los distintos aspectos de mi vida que no estuvieran alineados con este. Yo decidí hacerle caso al ser interior dando pasos que me condujeran al cambio que anhelaba. Reconocer ese nivel de convicción validó la importancia del propósito que había identificado.

> *Los pensamientos llevan a los propósitos; los propósitos se adelantan con acción; las acciones forman hábitos; los hábitos deciden el carácter, y el carácter define nuestro destino.*
> **Tryon Edwards**

La zona plena

Una manera concreta de reconocer que has logrado unir los aspectos de la claridad, la causa y el cambio es cuando sientes satisfacción por tus actividades cotidianas.

Cuando lideraba grupos de *marketing* en Google, una de mis actividades favoritas era guiar los proyectos de los miembros de mi equipo en una dirección que fuera satisfactoria y a la vez de aprendizaje. Inspirada en una teoría llamada 'matriz de habilidad/voluntad', que aprendí en distintos talleres de liderazgo, desarrollé el concepto de 'la zona plena': el punto en el que logras alinear lo que te entusiasma y tus talentos con las actividades que realizas la mayor parte de tu tiempo (como tu trabajo, tus estudios, tu emprendimiento o tu proyecto personal). Por lo menos dos veces al año, trabajé de la mano de cada integrante de mi equipo para identificar las cuatro áreas descritas a continuación:

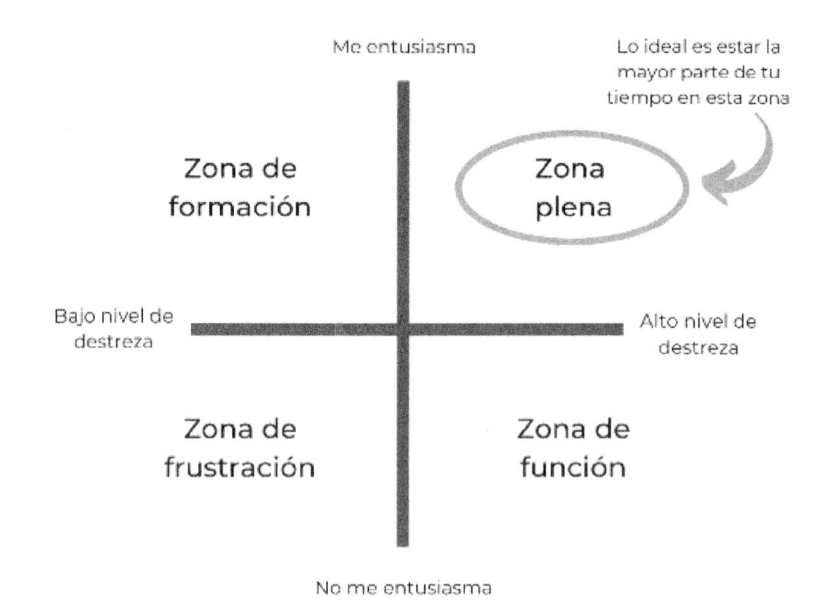

```
                    Me entusiasma         Lo ideal es estar la
                                          mayor parte de tu
                                          tiempo en esta zona

         Zona de                  Zona
         formación                plena

Bajo nivel de                              Alto nivel de
  destreza                                   destreza

         Zona de              Zona de
       frustración             función


                   No me entusiasma
```

Zona de frustración. Cuando estás realizando proyectos que no te entusiasman y tienes mal desempeño porque no están alineados con tus destrezas. Por ejemplo, si no te gusta hablar en público y, además, nunca te has preparado para ello, puede que no lo hagas bien ni lo disfrutes. Después de un tiempo, te sentirás frustrado y no le encontrarás significado.

Zona de función. Te encuentras en esta zona cuando realizas actividades que no te entusiasman, pero en las que tienes destreza. Por ejemplo, si no te gusta hacer pronósticos financieros, pero se te facilitan y obtienes buenos resultados. Esto es algo que puedes ver como tu contribución o servicio en un equipo. Sin embargo, es importante que expreses explícitamente tu poco entusiasmo y tus intereses reales, pues será muy fácil que otras personas te pidan que hagas más y más de este tipo de proyectos, dado que los haces tan bien. O trata de delegar esas tareas a otras personas, pues por muy fácil que te resulten, te pueden ocupar el tiempo y la energía que necesitas dedicarle a tu zona plena ¡y quizás esas mismas actividades estén en la zona plena de alguien más!

La vida que llevó el tenista estadounidense Andre Agassi es un ejemplo de estar en la zona de función por muchos años. En su autobiografía, *Open*, Andre revela que siempre detestó el tenis, a pesar haber sido uno de los mejores jugadores del mundo y de haber ganado numerosos campeonatos. Según relata, su padre lo presionó desde muy pequeño para que se convirtiera en una estrella, y lo logró. Sin embargo, su estilo de vida lo llevó al consumo de drogas y a la depresión. Tiempo después, Andre no pudo más y decidió dejar el tenis y realizar actividades acordes con su propósito, que le generaban entusiasmo, como lanzar proyectos filantrópicos y publicar su historia para ayudar a otras personas.

Zona de formación. Te encuentras en esta zona cuando trabajas en aquellos proyectos que te gustan y entusiasman, pero en los que debes mejorar tu habilidad. Por ejemplo, si te encanta el diseño gráfico, pero todavía no manejas bien las herramientas de diseño o te falta práctica, la idea es que puedas desarrollar estas habilidades a través de clases, libros, videos, mentores, etc., para que entren en la zona plena gradualmente. Es positivo tener áreas en esta zona, pues te ofrecerán un reto y una motivación.

Zona plena. Esta es la zona idónea, en la que tus habilidades y lo que te entusiasma están alineados. Estar en la zona plena creará un ambiente ideal para ti, pues al realizar actividades que te gustan y se te facilitan, obtienes buenos resultados; con el tiempo, las demás personas te reconocerán como un experto en esos temas y te pedirán que hagas más de ello, por lo que tus resultados serán todavía mejores, y así también tu compensación (ingresos, prestaciones, bonos, puestos de trabajo, proyectos interesantes...). Si, adicionalmente, logras trabajar en pro de la causa que te mueve, entonces sentirás gran satisfacción y sentido de propósito en tu vida.

Al hacer este ejercicio con diferentes personas me di cuenta de que no es necesario estar el 100 % del tiempo en la zona plena. Conocí a muchas que podían estar cerca de un 70 % del tiempo en esta zona, 20 % en su zona de formación, 10 % en su zona de función y 5 % en su zona de frustración, y así se sentían satisfechas y tenían desafíos interesantes que las motivaban. Es recomendable tener proyectos y habilidades en constante desarrollo, pues se pueden convertir en un motor de motivación, ambición saludable, desafíos intelectuales o físicos y deseo de salirse de la zona de confort.

Tus zonas cambian frecuentemente, pues tus intereses, proyectos, deseos y habilidades son dinámicos y están en constante evolución. Es ideal que puedas hacer este diagnóstico por lo menos tres veces al año para saber dónde te encuentras y, a partir de ello, determinar qué acciones o decisiones tomar.

> *Todos somos genios. Pero si se juzga a un pez por su habilidad de trepar árboles, pensará toda su vida que es un inútil.*
> **Anónimo**

Al estar en tu zona plena, sientes vitalidad, ilusión y energía. También utilizas tu tiempo en algo que te satisface e inviertes adecuadamente ese recurso tan valioso y limitado. En esta zona experimentas mentalidad de crecimiento, pues quieres genuinamente ser mejor, dado que tus actividades te generan entusiasmo y dicha.

En muchas ocasiones, cuando logras estar en tu zona plena, puedes entrar en un estado mental y emocional conocido como *flow* o fluir. En ese estado tienes la capacidad de enfocarte tanto que puedes acercarte al éxtasis, gozo, claridad y consciencia; la noción del tiempo se pierde y te conectas tanto con tu presente que tu existencia y lo que estás haciendo se vuelven uno solo.

El autor del libro *Fluir*, Mihaly Csikszentmihalyi, lo define como "El hecho de sentirse completamente comprometido con la actividad por sí misma. El ego desaparece. El tiempo vuela (...). Tu ser entero está involucrado y usas tus habilidades al máximo"[45]. Es un estado óptimo de motivación intrínseca en el que se está completamente inmerso en el momento presente.

Escribía estas líneas cuando me detuve a pensar en un ejemplo de fluir y me di cuenta de que yo misma estaba en ese estado. Eran las 4:07 p. m. y había empezado a escribir a las 2:15 p. m., mientras escuchaba uno de mis *playlists* favoritos en Spotify, tomaba té de jengibre y me dejaba llevar por lo que quiero compartir contigo sobre el propósito. ¡La sensación de estar en ese estado de enfoque, entusiasmo y dicha es incomparable! ¿Cuándo fue la última vez que entraste en estado de fluir?

Es muy probable que las actividades que te permiten entrar en estado de fluir estén vinculadas con tu propósito, con tus talentos y con tus regalos para el mundo. Préstales mucha atención a esos proyectos. Conozco personas que logran entrar en él mientras escriben líneas de código de programación, trabajan en jardinería, organizan viajes, hacen diseños digitales, crean modelos financieros, escriben canciones, trabajan con madera y demás actividades. No es necesario que sean parte de tu labor diaria o profesión. Por ejemplo, si te encuentras frecuentemente en estado de fluir al tocar guitarra y diseñar páginas web, no es necesario que encuentres un trabajo que obligatoriamente reúna las dos actividades. Lo importante es que puedas integrar aquello que te llena el corazón en tu rutina semanal o mensual, con la mayor frecuencia posible.

Si en este momento la mayoría de tus proyectos diarios están en la zona de frustración, lo primero que puedo decirte es que empatizo contigo, pues sé lo que se siente; lo segundo es que respires profundo y te ofrezcas cariño por lo que estás pasando. Con consciencia y aceptando tu realidad actual, piensa que podrás encontrar la manera de optimizar tus actividades diarias y, así, acercarte a tu zona plena. En los próximos capítulos te contaré más sobre las maneras concretas de hacer cambios para crear una realidad diferente y abrirte a la abundancia que mereces.

> *La vida nunca se vuelve insoportable a causa de las circunstancias, sino solamente por falta de significado y propósito.*
> **Viktor Frankl**

Recuerda que, de a poco, puedes hacer cambios en tu vida para entrar en tu zona plena. Gay Hendricks, autor de varios libros sobre propósito, relata en *The Joy of Genius* (La dicha del genio) que vivió una vida caótica y no alineada con su propósito, pero en algún momento se propuso invertir el 30 % de su tiempo en lo que él denomina la 'zona de genio', alineada con su propósito y habilidades innatas. El año siguiente sucedieron cosas en su vida que le permitieron subir a 50 %, y un año después hubo cambios adicionales en su trabajo y vida personal que le permitieron llegar a 75 %. Según Gay, "La buena fortuna le sigue a la expresión de los talentos y dones" y entre más te conectes con tu zona, mejores cosas te sucederán, lo que a su vez te permitirá estar en esa zona aún más tiempo[46].

Aunque sería ideal dedicarle todas tus horas a tu propósito superior, puede que no sea fácil, lo importante es tener la intención de avanzar e ir dando pasos en esa dirección. Con cada metro que avances hacia el llamado de tu ser interior, el Universo te ayudará de manera exponencial, y pronto verás que has avanzado cientos de kilómetros.

> *Tu tiempo es limitado, de modo que no lo malgastes viviendo la vida de alguien más. No quedes atrapado en el dogma, que es vivir como otros piensan que deberías vivir.*

> No dejes que los ruidos de las opiniones de los demás acallen tu propia voz interior. Y, lo que es más importante, ten el coraje para hacer lo que te dicen tu corazón e intuición.
> Steve Jobs

No puedes no hacerlo

Después de mi estadía en Tanzania, decidí pasar un par de semanas en Kenia, en donde tuve la oportunidad de trabajar como voluntaria en un proyecto escolar de una zona de muy bajos recursos. Era un centro comunitario educativo llamado Malezi, ubicado en una comuna en la que vivían precariamente miles de personas.

En un solo recinto se les daba clase a decenas de niños de todas las edades. Las paredes estaban hechas de madera y tejas de aluminio. El lugar de recreación tenía unos ocho metros cuadrados. Las gallinas y las cabras se escuchaban todo el día. Se sentía una energía triste y sombría, más allá de las risas y los juegos de los niños.

Al partir, el grupo de estudiantes despedía a los voluntarios con una canción de agradecimiento y un poema, lo que me conmovió profundamente. Una de las niñas me dio un abrazo fuerte y no se quería despegar de mí. Sentí el corazón apretado cuando tuve que despedirme de ella y de su mirada triste.

Antes de marcharme con el resto de voluntarios, hablé con Grace, la fundadora del proyecto, quien me explicó que en 1998 sintió un llamado para servir a la población infantil vulnerable de la comuna, en donde cientos de familias necesitaban un lugar seguro para dejar a sus hijos mientras los padres trabajaban. Dado que el gobierno no les ofrecía acceso a la educación pública, ella decidió brindar un programa y cuidar a los niños de manera gratuita en su pequeña casa. Al poco tiempo, llegó a tener más de doscientos niños bajo su cuidado, por lo que tuvo que encontrar unas instalaciones más grandes. Después de conocer la necesidad de las personas a su alrededor y, consciente de sus propias habilidades, no pudo negarse a esa labor. Gracias a que siguió su llamado, ha logrado educar a muchos niños y jóvenes en esa comunidad de Nairobi, probablemente cambiando el rumbo de sus vidas para siempre.

La historia de Grace y la de todos los pequeños con los que interactué me hicieron sentir algo culpable por no hacer más por cada niño, por no haber ayudado más, por la desigualdad del mundo, por haberme quejado de mi situación cuando en realidad era privilegiada. Y, además, me motivaron a contribuir con mis propios talentos. Ante tantas necesidades alrededor del mundo, sentí un anhelo profundo de ser útil y de ayudar. Contaba con buena salud física, con ahorros, con el apoyo de mi familia y con muchos talentos. Sentí frustración conmigo misma por no poner mis dones al servicio del mundo, pero, a su vez, un llamado, aún más fuerte, a encontrar algo en lo que pudiera impactar.

Consideré renunciar a Google para quedarme en África ayudando a la población infantil, pero me di cuenta de que esa no era la causa que me movía con mayor convicción, por más de que me encantaran los niños. Tenía que ser honesta conmigo misma y encontrar aquello que me entusiasmara tanto que no podría no hacerlo, así como en el caso de Grace.

Después de mucho reflexionar, de completar diagnósticos de personalidad y fortalezas, de tomar varios cursos y de tratar de visualizar dónde podría contribuir con algo que me entusiasmara genuinamente, me di cuenta de que la tasa de insatisfacción de millones de personas en sus trabajos era algo que me movía muchísimo. Dada mi experiencia personal con este tema, noté un fuego en el estómago que me impulsaba a tomar acción frente a la situación. Sentí rabia y frustración al imaginarme a millones de seres humanos tristes, insatisfechos, frustrados y sufriendo en el lugar donde pasaban la mayor parte del tiempo. "¡No nacimos para vivir así! ¡Nacimos para vivir en plenitud tanto en la vida personal como en la laboral! ¡Es algo que tenemos que cambiar!" oía en mi interior.

Según un reporte de Gallup, "Solamente el 15 % de los mil millones de trabajadores de tiempo completo a nivel mundial están comprometidos y satisfechos en sus trabajos"[47]. Esto significa que el 85 % de los trabajadores pasan la mayor parte del día insatisfechos con lo que hacen y con sus jefes.

Mi guía interna me estaba llamando a ayudar a que los lugares de trabajo fueran más humanos, compasivos, espacios donde más personas pudieran sentirse plenas. Cuando me imaginaba haciendo algo al respecto, percibía que todo mi cuerpo asentía: los ojos se abrían, el corazón se aceleraba un poco, subía la adrenalina y había un deseo de cambio; me sentía útil y motivada. No lo veía como un trabajo, sino como algo que no podía dejar de hacer. No tenía duda, era algo a lo que quería dedicarle mis habilidades y mis horas del día. A pesar de no saber cómo iba a logarlo, me llené de alegría y gratitud por esa revelación, pues era claro que el sentido de propósito era lo que me faltaba para volver a vivir con motivación y vitalidad.

Indagando sobre la insatisfacción laboral encontré un artículo que hablaba de Bronnie Ware, una enfermera australiana experta en cuidados paliativos y enfermos terminales que escribió en *Confesiones honestas y francas de personas en sus lechos de muerte*, los cinco arrepentimientos más frecuentes que tiene la gente antes de morir:

1. Ojalá hubiera tenido el coraje de hacer lo que realmente quería hacer y no lo que los otros esperaban que hiciera.
2. Ojalá no hubiera trabajado tanto.
3. Desearía haber tenido el coraje de expresar lo que realmente sentía.

4. Habría querido volver a tener contacto con mis amigos.
5. Me hubiera gustado ser más feliz[48].

Como ves, y como probablemente sientas en tu interior, alinear tu vida con tu propósito es algo que no puedes dejar de hacer. Es imposible que evites o niegues tu propósito, pues tu cuerpo, tu alma y tu mente te lo recordarán insistentemente. Es algo que tu esencia más profunda desea para ti y que te pedirá a través de muchos medios, inicialmente a través de llamados suaves de curiosidad y entusiasmo o de anhelos y deseos profundos en tu corazón.

He notado que cuando no se le presta atención al llamado del propósito superior, la vida empieza a cambiar los medios de comunicación o a 'subirle el volumen' al mensaje para que sea escuchado. Es importante que cumplas con tu propósito, si lo ignoras por mucho tiempo, la vida te mostrará un camino más difícil (frustración, ansiedad, enfermedades, accidentes, pérdida, etc.) hasta que lo tomes en serio.

Carolina Angarita Barrientos, a quien conocí cuando ella lideraba la oficina de Google en Colombia y se ha convertido en una amiga y fuente de inspiración, escribe en su libro *La magia sí existe*:

> El cáncer de mi padre me absorbió: buscando su sanación también emprendí el camino de aprendizaje que terminó curándome. De esa época oscura de crisis aprendí que cuando no hacemos caso a las señales, estas van subiendo su intensidad para ver si reaccionamos en algún momento. Son como señales de peligro en la carretera, una tras otra, cada vez más alarmantes. Y si las ignoramos, pues vienen los accidentes. Desafortunadamente los seres humanos muchas veces esperamos llegar a situaciones terribles, dolorosas y emocionalmente muy fuertes para hacer lo

que debíamos haber hecho antes. Enfermedades, divorcios, muertes de seres queridos, despidos laborales, entre otras, terminan siendo los detonantes del cambio[49].

Seguramente conoces personas a las que esto les ha sucedido y terminan usando su dificultad, crisis o pérdida para encaminarse y alinear su vida con su propósito. En mi caso personal, tengo seguridad de que mis altos niveles de ansiedad, episodios de pánico y la separación con mi esposo fueron un llamado de mi ser interior para encontrar mi propósito. Lo mejor es no esperar a que algo así suceda.

No puedes negar tu mayor contribución. No puedes ocultar tu talento. No puedes esconder tu entusiasmo. No puedes reprimir tus dones. No puedes ignorar la responsabilidad y la dicha de reconocer tu propio potencial. No puedes pasar más días sin encender el fuego de tu propósito. No puedes quitarle a la humanidad el honor de verte brillar. No puedes.

Tener un proyecto de vida alineado con tu propósito superior funcionará como un motor interno que te ayudará no solo a sobrellevar obstáculos, sino a hacer que todo en tu vida fluya con mayor facilidad. Estarás honrando tus valores, tus talentos, tu cuerpo físico y tu mente como vehículos maravillosos que te impulsan a hacer realidad tu propósito. Sentirás mayor vitalidad e ilusión al despertar cada día. Tendrás más momentos de alegría, jovialidad, libertad y ligereza.

Si cada persona pudiera vivir y expresar todas esas características día a día los lugares de trabajo y los hogares serían lugares muy diferentes. Es por eso que una gran contribución que puedes hacer para el mundo es enfocarte en alinear tu vida con tu propio propósito. Tus sonrisas, tu vitalidad, tu alegría y tu gozo elevarán tu nivel energético y el de tu entorno.

Tu propósito superior individual está en tus manos y bajo tu control. Es una gran tarea. Es un proceso hermoso que siempre estará en evolución. Es un regalo, y a la vez un desafío para el resto de tu vida.

> *Hazle un favor a la Tierra: no escondas tu magia.*
> **Atribuido a Yung Pueblo**

Para recordar

Tu propósito superior es tu llamado a vivir una vida de satisfacción y realización alineada con tu ser interior. Haz más de aquello que te llena de entusiasmo y te lleva a tu zona plena en tu día a día. Recuerda que tu autoconocimiento, curiosidad y entusiasmo son las mejores guías para encontrar tu propósito.

Reflexión y práctica

Tu zona actual. Te invito a que realices un inventario de tus rutinas para ver en cuál zona inviertes tu recurso más preciado: tu tiempo. Llena el recuadro que aparece a continuación escribiendo dos actividades de tu vida actual en cada zona.

```
                    Me entusiasma
                         |
Zona de formación = ___%  |  Zona plena = ___%
                         |
Actividad #1: _____  |  Actividad #1: _____
                         |
Actividad #2: _____  |  Actividad #2: _____
                         |
Bajo nivel de ═══════════╬═══════════ Alto nivel de
destreza                 |            destreza
                         |
Actividad #1: _____  |  Actividad #1: _____
                         |
Actividad #2: _____  |  Actividad #2: _____
                         |
Zona de frustración = ___%|  Zona de función = ___%
                         |
                   No me entusiasma
```

A través de dos ejemplos de tus actividades diarias podrás hacerte una idea de cómo estás invirtiendo tu tiempo ahora. Luego, analiza los ejemplos que escribiste junto con el resto de tus actividades diarias y determina el porcentaje aproximado del tiempo que le dedicas a cada zona. No tiene que ser perfecto, una aproximación está bien. Recuerda que esto es dinámico y evoluciona contigo y con tus circunstancias.

¿Qué encontraste? ¿En cuál zona estás invirtiendo la mayor parte de tu tiempo? ¿Cómo te hace sentir? ¿Qué cambios podrías realizar para optimizar tus actividades y acercarte más a tu zona plena?

Tu "ikigai", tu motivación. Identifica los aspectos que conforman tu razón de ser, a continuación:

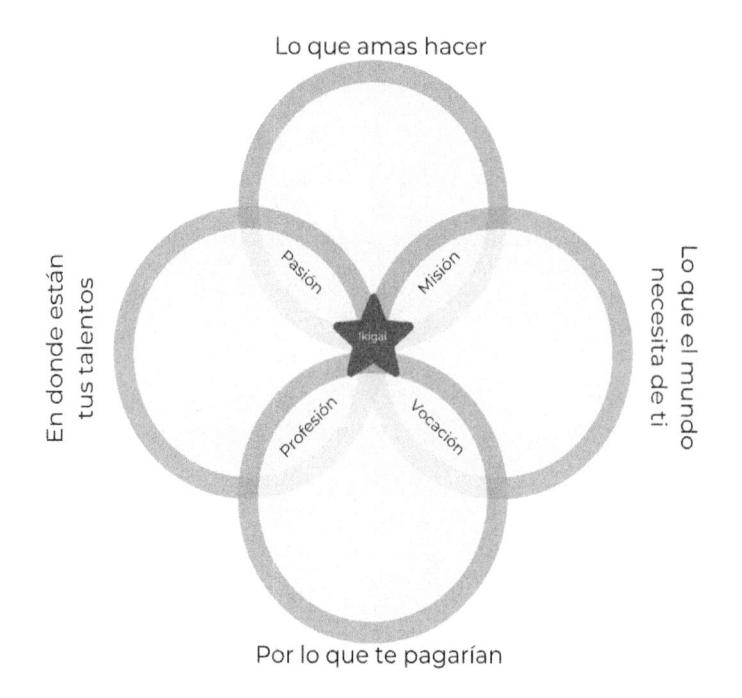

Lo que amas hacer

En donde están tus talentos

Pasión

Misión

Ikigai

Profesión

Vocación

Lo que el mundo necesita de ti

Por lo que te pagarían

- Lo que amas hacer: ¿qué es eso que te entusiasma, te encanta y te da ilusión realizar?

- Lo que el mundo necesita: ¿cuáles son las causas, razones o situaciones en el mundo que te mueven y motivan a tomar acción?

- Tus talentos, conocimiento y habilidades: ¿cuáles consideras tus mayores destrezas y talentos? ¿En qué área tienes bastante conocimiento, gracias a tu experiencia, cursos, libros leídos, etc.? ¿En qué área te ven las personas cercanas a ti como un experto?

- Por lo que te pagarían: incluyendo los temas en los que te has especializado con tu profesión, cursos o experiencia laboral, ¿en qué áreas crees que podrías realizar una labor y recibir ingresos? Ahora, ¿en qué otras áreas bien remuneradas que no estén relacionadas con lo que has venido haciendo podrías trabajar? ¿Podrías hacerlo como independiente o a través de una organización?

Con esa información en mente, identifica:

- Tu misión: la causa por la que quisieras trabajar, porque el mundo lo necesita, mezclada con lo que amas hacer. ¿Qué ideas llegan a tu mente?

- Tu profesión: si unes tus talentos con las ideas por las que te pagarían, ¿qué encuentras?

- Tu pasión: cuando revisas la lista de lo que te encanta hacer y la juntas con tus habilidades, ¿qué encuentras? Esta es la raíz de tu zona plena, así que dedícale unos minutos y escribe lo que encontraste.

- Y, finalmente, si unes tus hallazgos en los puntos anteriores, ¿qué puedes observar en relación con tu *ikigai*?

Admiración. Identifica a tres personas a quienes admiras. ¿Qué aspectos de sus vidas te generan curiosidad, interés, admiración, y hasta un poquito de envidia (de la buena)? Lo más probable es que sean aspectos que quieres atraer a tu propia vida, así que con transparencia contigo mismo, escribe tanto sus nombres como aquello que admiras. ¿Qué patrones observas en esas tres personas? ¿Qué te dice este ejercicio sobre tu propio propósito?

Tu entusiasmo = tu brújula interna. Reflexiona sobre el último año de tu vida y contesta las siguientes preguntas:

- ¿Cuáles fueron las actividades que más entusiasmo te generaron?

- ¿Qué temas te atrajeron con fuerza? Trata de recordar los temas que buscaste con frecuencia en internet sin que nadie te lo pidiera o sin razón particular o aquellos que te llevaron a comprar libros, revistas o buscar cursos.

- ¿Qué fue eso que no pudiste dejar de hacer? ¿Cuáles fueron esas actividades que no te podías sacar de la mente?

- ¿En cuáles labores o proyectos pudiste llegar a un estado de fluir?

Recursos adicionales. Realiza el ejercicio sobre tu zona plena con mayor profundidad descargando la guía que encuentras en **plenitud.net/recursos**.

A PROFUNDIDAD
SOBRE LA ABUNDANCIA

Un tema que está ligado con el propósito y con lo que cada persona decide realizar en su día a día es la abundancia. Quizás el título de esta sección te haga pensar en factores como el financiero, o te haga sentir algo en particular por tus creencias: miedo, escasez, ilusión, alegría o motivación. Quiero invitarte a adentrarte conmigo en el tema de la abundancia para una vida plena y, por supuesto, en cómo atraerla a tu vida.

¿Qué es la abundancia?

La abundancia es una experiencia en la que se satisfacen las necesidades y se cumplen con facilidad los anhelos.

Considero que la abundancia es un estado del ser, por encima de un inventario del tener. Es la sensación de serenidad y gratitud al tener total confianza en lo que el Universo provee en el momento adecuado. Es una energía de expansión por todos los regalos recibidos o por recibir.

Es común pensar en la parte financiera cuando se piensa en la palabra abundancia, pero esta no se limita al dinero. Claramente, la prosperidad económica es un aspecto muy importante, pero existen muchas otras áreas que le ofrecen gran abundancia a tu vida, tales como:

- Personas a tu alrededor que te apoyan.
- Talentos y nuevas habilidades adquiridas.
- La salud física y mental. Sin ellas es imposible crear, trabajar y obtener tus deseos.
- Tu tiempo (muchos admiten que vale muchas veces más que el propio dinero).
- Nuevas oportunidades.
- Regalos de otras personas.

- Recursos naturales como el agua y los frutos de los árboles.
- El tiempo y el talento que otros comparten contigo.
- Coincidencias que suceden y terminan ayudándote.
- Personas que aparecen 'de la nada' para apoyarte o solucionarte un problema.
- La creatividad que necesitas para resolver situaciones o inventar algo nuevo para el mundo.
- La sabiduría y el crecimiento espiritual.

Es una lista larga, y seguramente se podrían incluir más ideas. Entendiendo la abundancia de esta manera, ¿en qué aspectos notas mayor abundancia en tu vida en este momento? Tu lista probablemente te demuestra que son muchos los ámbitos en los que se puede tener abundancia, más allá de la prosperidad económica.

> *Reconocer lo bueno que ya tienes en tu vida es el fundamento de toda la abundancia.*
> **Eckhart Tolle**

¿Cómo alcanzar una vida abundante?

Este es un cuestionamiento muy común. El buscador de Google arroja más de treinta millones de respuestas a esta pregunta el día que escribo estas líneas y existen decenas de explicaciones sobre la 'fórmula' para atraer abundancia.

Son muchas las creencias que afectan la manera en la que la abundancia se manifiesta en la vida de alguien. Ya sea por experiencias personales, por enseñanzas recibidas en la infancia, por la cultura en la que se vive o por los mensajes que se reciben diariamente a través de medios de comunicación, cada persona tiene preconceptos diferentes que pueden afianzar o debilitar su nivel de abundancia.

Basándome en mi experiencia personal y en lo que he leído sobre una vida abundante, veo que hay dos maneras en las que se puede atraer mayor abundancia: 1) despejando los bloqueos que obstruyen la abundancia y 2) personificándola. Explicaré cada uno a continuación.

¿Qué me impide ser abundante?

Como lo veo, existen dos tipos de bloqueos que obstruyen la abundancia: el primero está relacionado con la idea de 'no tener suficiente' y el segundo, con 'no ser suficiente'.

Bloqueo #1: No tengo suficiente. Este obstáculo mental se manifiesta a través de la ansiedad constante por tener más, mezclada con insatisfacción. Usualmente, se refiere a cosas materiales o dinero, pero puede afectar diversos aspectos de la vida, generando estrés, comparación, desilusión y sufrimiento.

En el mundo actual, los pensamientos y creencias sobre la escasez están arraigados. Muchas personas creen que no hay suficiente en el mundo y que, por ende, deben ahorrar, guardar, acumular, y a veces hasta pasar por encima de los demás, para obtener lo que quieren. Hay prisa y una ansiedad individual y colectiva por conseguir cosas, especialmente materiales, antes de que alguien más se las lleve.

No se puede negar que hay muchos lugares en el mundo en los que los niveles de pobreza son muy altos y ciertos recursos son limitados, pero ello se debe, principalmente, a su mala distribución. También es innegable que la mala utilización de lo que ofrece la naturaleza está disminuyendo recursos naturales que antes se encontraban con mayor abundancia en el planeta. Sin embargo, y pese a todo esto, la Tierra continúa siendo un lugar de abundancia.

Por encima de lo que se pueda percibir con los sentidos, existe un nivel de abundancia superior, relacionado a lo ilimitado e infinito del Universo. Los escritores Deepak Chopra e Ismael Cala enseñan en su curso virtual *Creando abundancia*:

> Nuestro condicionamiento social nos ha llevado a creer que solamente existen ciertas cosas de las cuales disponer, una cantidad finita de dinero o un número limitado de oportunidades. Bien sea que definamos la abundancia como riqueza material, amor, alegría, amigos o reconocimiento, proyectamos la idea de que estos recursos son escasos y que cuando se han ido, ya no regresan. Sin embargo, la consciencia pura incluye la potencialidad pura, es decir, que cualquier cosa es posible en el ámbito del espíritu (...). Si bien la consciencia colectiva reside en el mundo físico, el de la mente y la materia, la consciencia pura existe en la brecha entre pensamientos. Esta es la base de toda la creatividad, el lugar en donde se puede generar todo lo que se quiera, necesite o desee, sin límites[50].

Cuando piensas que hay escases de algo y entras a competir con otros por los recursos que consideras limitados, te estás enfocando en la escasez, lo cual termina aumentándola en tu vida y/o generándote niveles de ansiedad muy altos. Al enfocarte en lo que te falta y decir repetidamente que quieres más de algo, por temor a la escasez, estás afirmando que no existe en tu realidad, lo cual te lleva a no atraerlo.

Al pensar o decir "yo quiero X" mientras experimentas sensaciones de ansiedad, estás diciendo que X es escaso en tu vida (y por eso lo quieres), y le envías un mensaje al Universo sobre la escasez de X, y eso es lo que llegará a tu realidad.

Suena un poco contraintuitivo inicialmente, pero con el tiempo verás el poder de lo que sientes y proyectas. Observa y cuida mucho tus emociones cuando digas "yo quiero _____". Reconoce y maneja el tono de tus pensamientos y palabras al extender una petición o al anhelar algo y asegúrate de que no estés proyectando (y por ende atrayendo) el 'no tener suficiente'.

A continuación, podrás ver la diferencia entre una mentalidad de insuficiencia y una mentalidad abundante:

Mentalidad de "no tengo suficiente"	Mentalidad abundante
· No valoro ni ofrezco compensación adecuada a los demás por su trabajo, porque yo no tengo suficiente. · Hago un esfuerzo excesivo por obtener cosas materiales. · Guardo y acumulo de manera incesante. · No ofrezco suficiente de mí para ayudar a otros. · Siento envidia cuando otros consiguen algo que yo deseo. · Busco descuentos y regateo, hasta con cosas muy insignificantes, solo por el hecho de ganar. · Presumo con arrogancia mis activos, con expresiones como "yo sí tengo y tú no". · Pienso que el dinero hace que una persona sea mejor que otra. · No ayudo a quien me extiende la mano, por miedo a que lo mío se acabe, se disminuya, se dañe o se gaste.	· Agradezco con actos de generosidad el trabajo y servicio de otros y los recompenso de forma adecuada. · Sé que la abundancia no es binaria. El que yo obtenga algo no significa que otros deban perderlo y viceversa. · Reconozco que la abundancia llega a mi vida con facilidad. No es necesario esforzarme demasiado, estresarme o hacerles daño a otros para obtener algo. · Suelto la presión y dejo que los deseos fluyan. Reconozco que si algo no llega, hay una razón. · Siento alegría cuando otras personas obtienen algo que yo también deseo. Apoyo y celebro genuinamente su logro, porque indica que es posible alcanzarlo. Ver que le sucede a alguien cercano significa que me puede pasar a mí también. Si no llega a mi vida, puedo vivir ese logro a través de otros. · Sé que el dinero es solo un aspecto de la abundancia y no cambia el valor de una persona. · Demuestro humildad por lo que he obtenido y lo que tengo. · No dejo las posesiones estancadas o guardadas; las dejo fluir e intercambio su energía.

Bloqueo #2: "No soy suficiente". La segunda mentalidad consiste en no creerse merecedor de abundancia. Algunos de esos comportamientos pueden parecer positivos a simple vista, pero también obstruyen la abundancia.

En mi caso personal, la abundancia ha llegado a mi vida y considero que ha sido gracias a una confianza profunda en que el Universo proveerá lo que necesito. Sin embargo, he notado que tengo rasgos de la mentalidad de ser insuficiente en algunos aspectos. Por ejemplo, se me dificulta pedir favores, me da vergüenza cobrar ciertos trabajos y he tenido que luchar para cambiar la creencia de que es necesario trabajar arduamente para ser valorada o recibir compensación.

Esta es la diferencia entre una mentalidad abundante y una de escasez en lo que respecta a ser suficiente:

Mentalidad de "yo no soy suficiente"	Mentalidad abundante
• No quiero 'molestar' a otros con mis necesidades. No menciono nada cuando tengo una necesidad. • Siento vergüenza al pedir un favor. • Pienso que no merezco algo, que hay otros que son mejores que yo y sí lo merecen. • Me menosprecio, cobro poco por mi trabajo o talento, tengo bajas expectativas de mí mismo. • Trabajo demasiado o extiendo mis límites sin esperar compensación por ello. • Pienso constantemente que "la vida es difícil" y que tengo que trabajar arduamente para recibir remuneración. • No expreso mi opinión porque creo que mis asuntos son menos importantes que los de otros.	• Abro mi vida para recibir de manera abundante. Le doy la bienvenida a la abundancia. • Proyecto que merezco abundancia. • Recibo la ayuda de otros con gratitud y me abro a que la vida y los demás me den la mano. Yo también ayudo a otros. • Utilizo un lenguaje abundante y positivo. • Tengo certeza de que merezco toda la abundancia que deseo en lo profundo de mi corazón. • Merezco todo aquello que esté alineado con mi propósito, con mi felicidad real o que sea para el bien del mundo. • Por el solo hecho de haber nacido, merezco abundancia. • Soy extensión de la Creación, por ello, tengo un poder creativo poderoso e ilimitado.

• Me quejo con frecuencia de mi carencia, pero no hago nada al respecto. • Pienso que querer una vida abundante en todo sentido no es para personas espirituales, es algo de gente avara. • Ahorro de manera excesiva y temo al futuro. • Guardo cosas que no necesito (ni me gustan), por el temor a que algún día las pueda necesitar y no tenga la opción de comprarlas.	• Expreso mis deseos y necesidades con alegría, con entusiasmo y con confianza en la vida. • No me reservo mis opiniones ni necesidades. Las comparto porque tengo el derecho de hacerlo. • Reconozco que pedirle a la vida aquello que deseo es un acto de amor conmigo mismo. No considero ni inadecuado, ni avaro, ni malo desear una vida de abundancia. • Tengo confianza en mi futuro. • No me apego a mis posesiones, las suelto y las dejo fluir.

Si te identificas con algunas de las características de la mentalidad de escasez o de no ser suficiente, lo primero que debes considerar es no juzgarte. La mayoría de los humanos posee algunas de estas creencias. Lo segundo es felicitarte, porque ya eres consciente de aspectos de esta mentalidad, lo cual es un gran paso para trabajar en ello. Recuerda que está en tus manos cambiar tus bloqueos; no estás destinado a seguir tu vida con los mismos patrones que has tenido hasta el momento. Tienes la capacidad y el poder de cambiar lo que no esté alineado con la realidad que anhelas.

¿Qué puedo hacer para aumentar mi abundancia?

Probablemente has leído o escuchado sobre la importancia de tener una mente abundante para atraer abundancia, es algo de lo que se habla mucho. En mi caso, siempre que escuchaba esta idea me parecía que sonaba muy bonita, pero que era muy abstracta y le faltaba algo.

Con el tiempo me di cuenta de que no se trata solo de trabajar la abundancia desde procesos mentales como pensar o imaginar. Para tener abundancia primero hay que <u>ser</u> abundante. Lo más importante es llevar la abundancia en tu interior y proyectarla en la manera en la que actúas, en las palabras que dices y en tus comportamientos. Yo uso el término 'personificar la abundancia' para referirme a esta idea, pues es como si literalmente la encarnaras.

La abundancia no es algo externo que tienes que buscar o por lo que tienes que cruzar los dedos para alcanzar algún día. La abundancia la creas en tu interior, a partir de lo que eres y proyectas. María José Flaqué, una líder espiritual costarricense, a quien considero como una de mis maestras, explica en *Una nueva realidad*:

> La vida responde en todo momento a la frecuencia más poderosa que emites, y esa es la de tu corazón. Observa desde qué espacio estás tomando tus decisiones, si es de un espacio de escasez o uno de abundancia. Tu vida responderá a la frecuencia que emites, no a quien crees en tu mente que eres. Por medio de tus pensamientos, emociones, actos y palabras estás diseñando tu realidad externa. Es muy difícil crear y sostener una realidad ficticia que solo está en la mente. Para materializar tus sueños hay que vivir plenamente esa experiencia de abundancia y ser una persona que actúa, siente, piensa y toma decisiones basada en la perspectiva de un mundo abundante (...). Tienes que entrar en un espacio en el que estés profundamente conectado con tus emociones y tu experiencia de vida para poder vivir en esa nueva realidad antes de que ocurra, y tienes que ser esa persona abundante antes de tener lo que deseas[51].

A continuación, encontrarás ideas que te permitirán personificar la abundancia:

Explora la generosidad creativamente. Una de las formas más directas de sintonizarte con la abundancia es dando: ofreciendo y compartiendo con generosidad. Suena extraño que un paso importante para recibir sea dar, pero así es. Al entregarle algo al mundo, estás afirmando que ya lo tienes. De hecho, el mensaje que estás enviando es que rebosas de abundancia y quieres compartirla. El universo reconoce tu mensaje y te da mucho más.

Al leer esas frases quizás te surja la pregunta "¿cómo es posible que pueda dar algo que literalmente no tengo ahora?". Es un buen punto, y la respuesta es que puedes dar tanto como tengas, y al mismo tiempo puedes utilizar tu creatividad para presenciar la misma emoción que te generaría el tener ese 'algo' en tu vida. Estos ejemplos lo explican:

- Si quieres atraer un nuevo (o mejor) trabajo → ayúdale a alguien más a conseguir un trabajo a través de tus contactos o conocimiento. Alégrate cuando otros encuentran un trabajo nuevo y celebra con ellos. Lo importante es sentir en tu cuerpo la emoción que genera la idea de encontrar un trabajo nuevo, ya sea que te esté sucediendo a ti o a otros.

- Si lideras un equipo y buscas un aumento de sueldo → ¿ya intentaste darle un aumento a alguien de tu equipo? Observa su reacción cuando le informas sobre el aumento y comparte esa emoción. Cuidar a las personas con quienes trabajas sin esperar nada a cambio te hará un mejor líder, y tal vez te lleve a un ascenso o aumento de sueldo en algún momento.

- Si quieres que tu familia sea más generosa contigo → ofrécele generosidad con tu tiempo, con detalles y con todo aquello que tengas la oportunidad de compartir.

- Si quieres una relación de pareja estable → ayúdale a otros solteros a conocerse y celebra cuando veas una pareja como la que anhelas, porque ellos te están demostrando que sí es posible.

- Si quieres reconocimiento por tu proyecto personal → celebra los triunfos de otros. Por ejemplo, envíale un email o una carta por correo a alguien que acaba de recibir un premio o lanzar un nuevo producto. Alégrate genuinamente por su logro y deséale mucha abundancia en su proyecto.

- Si quieres más dinero → comparte lo que puedas y piensa que el dinero es algo que fluye fácilmente en tu vida. Más adelante te hablaré sobre la energía del dinero.

- Si buscas que tu negocio prospere → ¿qué tal escribir un buen comentario en redes sociales sobre tu experiencia con otro negocio? ¿Qué podrías hacer para ayudar a otro empresario a ser más próspero?

Si esto se te dificulta, empieza explorando los aspectos en los que te sientes abundante y comparte más de ellos, así sea con algo sencillo. Por ejemplo, si tienes tiempo en abundancia, permite que aquellos que tengan prisa pasen primero en una fila, ofrécete como voluntario en un campo en el que quieras crecer, busca oportunidades para ser mentor de alguien, explora cuáles de tus talentos podrías compartir más con el mundo, etc. Esto puede abrir otro tipo de abundancia en tu vida.

> *La práctica de desear que otras personas reciban, expande tu propia habilidad de recibir y este sentimiento de abundancia te ayudará a atraer lo que tú deseas.*
> **Gabrielle Bernstein**

Como viste en el capítulo sobre el cariño, ofrecer actos de generosidad (de cualquier tipo) te generará alegría y es un símbolo de abundancia. Considera esta afirmación: Atraigo prosperidad de todas las formas posibles y la comparto generosamente. Cuanto más comparto, más tengo.

Reconoce que la abundancia es tu derecho innato. A menudo se cree que tener abundancia es un lujo de pocos que nacieron con suerte o de quienes han trabajado arduamente para conseguirla (y además tuvieron suerte), pero creo firmemente que todos los seres humanos, hemos nacido con igual derecho y potencial para tener una vida plena y abundante.

Muchas personas tienden a medir su abundancia de manera relativa, es decir, comparándola con la de otras personas a su alrededor. Esto las lleva a buscar puntos de referencia para validarse y determinar sus metas. También las hace entrar en una competencia por alcanzar y obtener que puede resultar incesante y agotadora. Lo que ayer anhelaban con tanta fuerza, hoy ni siquiera lo ven, pues se están enfocando en el siguiente objeto de deseo. Es una carrera 'egoica' sin meta que puede generar fatiga, inconformismo, estrés innecesario y desilusión.

No midas tu abundancia a través de bienes ni de lo que exige el consumismo moderno. Tus anhelos y necesidades son diferentes a los de otras personas. No te dejes llevar por ideas del ego para medir tu éxito. Enfócate en tu propia abundancia, en lo que anhelas y en los deseos de tu ser interior. Ya posees todo el potencial que necesitas y mereces vivir en plenitud y abundancia (al igual que todos los demás seres humanos).

Si esta idea te resulta utópica, la única manera de comprobar si hay algo de cierto en ella es utilizando tu vida como un laboratorio y probándola. ¿Qué puedes perder al reemplazar la escasez por la abundancia en tu mente y corazón? ¿Qué pasaría si menos personas actuaran desde el miedo que genera la escasez? Quizás haya mucho por ganar.

Respeta el dinero y su energía. El dinero es algo fabricado por los seres humanos, pero a veces es fácil olvidar su origen en la carrera por tener más y más de ese glorificado recurso. El dinero en sí es un número en una cuenta o un pedazo de papel que perfectamente podría representar cualquier otra cosa. Es algo neutro, su significado depende de los ojos con los que se le mire. Sin embargo, dado que el dinero es uno de los símbolos más concretos de la abundancia hoy en día, es importante respetarlo y tener una relación positiva con él.

Gabby Berstein, escritora y coach norteamericana, contó la historia de una amiga suya que se quejaba constantemente por su mala situación financiera. Un día fueron a pagar algo y la amiga sacó su "billetera", un manojo de billetes desordenados y algunas monedas enredadas entre otros artículos personales. En ese momento, Gabby supo que su amiga no estaba respetando el dinero, que, como todo, también es energía en movimiento[52].

Reflexiona sobre tu relación con el dinero. ¿Cómo tratas físicamente a tus monedas, tarjetas de crédito o cuentas bancarias? ¿Cuál es el estado de tu billetera? ¿Qué términos usas para referirte al dinero? Analiza de qué manera estás construyendo (o no) una relación sólida y respetuosa con tu dinero y cómo esa relación puede estar afectando tu abundancia.

Enfócate en la gratitud. ¿Recuerdas el ejercicio 'arigato adentro y afuera' que te propuse en la sección de gratitud? Agradecer cada vez que el dinero, o cualquier otro bien de valor, llegue a ti o salga de ti te ayuda a generar mayor abundancia.

El sentimiento de agradecimiento profundo es una de las herramientas más poderosas, pues te hace sentir bien, y ese es el ingrediente más importante para atraer abundancia. No puedes atraer abundancia a través de la negatividad. La gratitud es una de las maneras más sencillas y directas de elevar tu estado de ánimo, y, a partir de allí, atraer más de lo que anhelas. Te contaré más sobre esto en la sección sobre el proceso de manifestación en el siguiente capítulo.

Haz más de lo que te entusiasma. Al ofrecer con generosidad tus dones, tus habilidades y tus talentos te alineas con la abundancia del Universo. Cuando haces aquello que te entusiasma y sientes satisfacción, no solo estás contribuyendo a una causa, sino que te vas a sentir muy bien en tu interior.

Al combinar tu entusiasmo y sentido de propósito con la generosidad auténtica y la gratitud profunda creas una mezcla imparable para atraer abundancia. Explóralo por tu cuenta y notarás cómo el Universo te premia de manera sorprendente.

Escoge y practica. Cada vez que entres en una mentalidad de insuficiencia, recuerda que la abundancia también es un hábito que se crea con la práctica. Repira profundo: al inhalar, acepta la creencia que tienes y déjala ir al exhalar. No te juzgues, pues existen muchos aspectos de la sociedad o de la manera en la que creciste que moldearon esas creencias. Con cariño hacia ti mismo, elige un nuevo pensamiento que refleje una mentalidad abundante, o por lo menos una neutra.

Por ejemplo, si estás pensando: "tengo miedo de no recibir la beca para el curso que deseo hacer. Seguro que se la dan a alguien mejor que yo", te invito a que respires profundo y dejes ir ese pensamiento limitante. Lo puedes cambiar por algo neutro como: "esperaré a que me den la respuesta sobre la beca", o por algo más positivo como: "anhelo profundamente recibir la beca, para hacer realidad mi sueño de terminar ese curso. Tengo confianza en mis capacidades y espero con gratitud los resultados". No se trata de tener pensamientos exageradamente positivos ni de evadir tu realidad. Se trata de que seas auténtico y de que no pongas límites fabricados ni sigas creencias de escasez.

Otra cosa que puedes hacer en el momento en el que notas una mentalidad limitante es practicar con algunas afirmaciones que ya conozcas y te funcionen, o con las siguientes:

- Hoy puedo observar toda la abundancia que me rodea.
- Me abro a la abundancia y a recibir más en mi vida.
- Atraigo prosperidad de todas las formas posibles y la comparto generosamente. Cuanto más comparto, más tengo.
- Invito a la abundancia ilimitada a mi vida.
- Alcanzar mis anhelos más profundos para mi bienestar y el bien del mundo es mi derecho innato.
- Tengo muchísimos talentos para regalarle al mundo.
- La abundancia es mi estado natural y la acepto.

Nuestra percepción propia determina nuestro comportamiento. Si pensamos que somos criaturas pequeñas, limitadas e inadecuadas, entonces tenemos la tendencia a actuar de esa manera, y la energía que emanamos refleja esos pensamientos sin importar lo que hagamos. Si pensamos que somos criaturas magníficas con abundancia infinita de amor y poder para dar, entonces tendremos la tendencia de comportarnos de esa manera. De nuevo, la energía a nuestro alrededor refleja nuestro estado de consciencia.
Marianne Williamson.

Para recordar

La abundancia es un estado del ser, por encima de un inventario del tener. Es la sensación de serenidad y gratitud al tener total confianza en lo que el

Universo provee en el momento adecuado. Es una energía de expansión por todos los regalos recibidos o por recibir. Para tener abundancia primero hay que ser abundante. Lo más importante es llevarla en tu interior y proyectarla en la manera en la que actúas, en las palabras que dices y en tus comportamientos.

Reflexión y práctica

El significado de abundancia para ti. Conéctate con tu realidad actual en relación con la abundancia.

- De 1 a 10, ¿cómo calificarías tu nivel de abundancia el día de hoy? (1 = muy bajo, 10 = el nivel más alto al que he querido llegar).

- ¿Qué aspectos específicos tuviste en cuenta para llegar a esa calificación?

- ¿Cuál es el tipo de abundancia que más valoras en tu vida en este momento?

- ¿Qué tipo de abundancia siempre te ha llegado de manera natural y sin mucho esfuerzo?

- ¿Cuál es el tipo de abundancia que más anhelas en la actualidad?

Habitantes de un nuevo planeta. Imagina que tú y tu familia inmediata acaban mudarse a otro planeta maravilloso. No existe ningún otro grupo humano con quien interactuar. ¿Qué significa la abundancia para ti en ese entorno? ¿Cómo visualizas una vida abundante bajo esas condiciones? Tus respuestas a estas preguntas te pueden indicar lo que realmente es importante para ti, y no por razones externas ni por lo que puedan decir o pensar otras personas de ti. ¿Qué encontraste?

Tú y tu dinero. Abre tu bolso, monedero o billetera y observa ese artículo como símbolo de tu relación con el dinero y reflexiona sobre las siguientes preguntas:

- ¿Qué percibes en tu cuerpo al pensar en el dinero?

- ¿Cómo te sientes cuando sacas dinero o una tarjeta de crédito para hacer un pago?

- ¿Cuáles son tus patrones de compra? ¿En qué cosas te cuesta gastar dinero y en cuáles gastas de más?

- ¿Cuánto tiempo al mes le dedicas a ver tus finanzas con alegría y positivismo?

- ¿De qué forma podrías respetar aún más la energía del dinero? ¿Qué más podrías hacer para organizar mejor tus cuentas y demostrar tu seriedad frente a la abundancia económica?

Atrayendo abundancia. Escucha la meditación y visualización sobre la abundancia en **plenitud.net/recursos**.

PARTE III

Terminó mi estadía en Kenia y Tanzania. Decidí pasar los días que me quedaban de mi licencia laboral en Colombia, al lado de mi familia. No había nada que me llenara más el corazón de dicha que compartir ese fin de año y el final de mi viaje "más allá" con los seres que amo. Quería una gran dosis de su amor incondicional, de su compañía y de su inspiración para terminar de recargar mis "baterías". No veía la hora de contarles en persona todo lo que me había sucedido y de mostrarles todas las fotos que tomé durante mi viaje.

Organicé un plan con mis padres para visitar la hermosa isla de San Andrés, en donde tuvimos largas conversaciones sobre la vida, sobre nuestros antepasados y sobre nuestro futuro como familia. Después de haber estado tanto tiempo sola y de haber viajado por el mundo, me sentí apoyada y conectada con mis raíces.

Una mañana, mientras caminaba a la orilla del hermoso mar Caribe, reflexioné sobre el vuelco que mi vida había dado en los últimos meses y lo agradecí. Me sentí fuerte, una vez más. Quería seguir viviendo para cuidar a mi familia, para trabajar en mi propósito personal, y quizás para darle otra oportunidad al amor romántico en pareja. Mi nivel de ansiedad había bajado completamente y tenía el corazón lleno. Sentía serenidad placentera dentro de mí, casi como la suave brisa del mar que me acariciaba en ese instante.

Como todos los diciembres, cada persona en mi familia construyó sus propósitos para el nuevo año con recortes de revista, dibujos hechos con marcadores de colores y palabras escritas a mano. Crear un mapa de propósitos era una tradición que mi mamá había liderado por muchos años, y a la que puse mucha atención y dedicación ese año en particular.

Pegué sobre un cartón imágenes que representaban tranquilidad, serenidad, abundancia, satisfacción, salud y sentido de propósito. También incluí fotos de una pareja estable, de un apartamento pequeño con vista al mar y de un grupo de amigos que reían. Le adicioné un par de imágenes de personas que hablaban en público de manera confiada y de mujeres empoderadas y triunfadoras. Me perdí en mi momento presente mientras trabajaba entre pegante, recortes y lápices de colores y plasmaba sobre el papel todo lo que yo quería atraer a mi vida ese nuevo año. Tenía mucha ilusión por lo que podría representar ese comienzo simbólico en el tiempo.

Días después, tomé la decisión de regresar a California y a mi trabajo en Google. Sentí que mi llamado a ayudar a que los lugares de trabajo fueran más humanos podía fácilmente empezar por mi propio equipo y quise ser la líder que quería que el mundo tuviera. Deseaba experimentar con mi propia vida, para ver qué podía lograr dentro de una empresa multinacional. Si quería disminuir los niveles de insatisfacción en una empresa, empezar con mi propio equipo era la manera más directa de lograrlo.

Hablé con mi jefe sobre mi regreso y me dijo que el equipo me esperaba con los brazos abiertos y que tenía un proyecto en mente para mí. No les presté mucha atención a los detalles del proyecto, en realidad me estaba enfocando más en el cómo de lo que iba a hacer que en la actividad misma. Mi yo de antes se habría preocupado por entender con exactitud la tarea y las metas del proyecto, pero mi nueva yo quería enfocarse más en el proceso, en ser una líder consciente y en los integrantes del equipo, con plena certeza de que con ese enfoque obtendría los resultados deseados.

El día que regresé a mi oficina en San Francisco, mi equipo me recibió muy calurosamente y sentí que casi nada había cambiado. Sin embargo, yo sí me sentía renovada. Estaba muy agradecida por haber tenido el privilegio de tomarme unos meses para sanar y por poder continuar trabajando con personas a quienes apreciaba tanto. Era consciente de que obtener un permiso similar y realizar un viaje como el que hice no era factible para un gran número de personas.

Empecé mi proyecto con energía y noté mis altos niveles de productividad, creatividad y habilidad para innovar. También observé que tenía mayor capacidad para empatizar y relacionarme con quienes trabajaba. Era claro que mi dedicación a las prácticas contemplativas diarias estaba generando un cambio en mi interior, que se reflejaban también en mi exterior. Paulatinamente, recuperé la confianza en mí y en mis habilidades. Después de algunas semanas en el trabajo me di cuenta de que la ansiedad que antes sentía se había desvanecido. La pausa que me había tomado no solo surtió el efecto deseado, sino que me ayudó aún más de lo que había imaginado.

Decidí establecer una rutina diaria que me permitiera continuar mi proceso de crecimiento personal. Continué meditando, haciendo ejercicio, asistiendo a retiros y leyendo sobre los temas que tanto me apasionaban. Cuidé mis horas de sueño cada noche. Me enfoqué en mantener un mejor balance entre el trabajo y mi vida personal. Finalmente, me sentí balanceada y entusiasmada al despertar cada día.

Durante mi tiempo libre decidí crear un blog al que llamé Plenitud.net. La palabra *net* significa 'red' en inglés, me gustó la idea de crear una red de personas que pudieran vivir una vida más plena tanto a nivel laboral como individual. Allí empecé a publicar artículos sobre crecimiento personal y espiritualidad basados en mi constante investigación sobre esos temas. Compartir lo que había aprendido se convirtió en mi pasatiempo favorito.

Seguí tomando clases interesantes que enriquecieron mi conocimiento y me permitieron aplicarlo en mi proceso y compartirlo con otras personas. Entre ellas, me registré para certificarme como profesora de *Search Inside Yourself* (Busca en tu interior), un programa sobre inteligencia emocional, liderazgo compasivo, *mindfulness* y neurociencia. Yo había participado en el curso básico en Google hacía varios años y me había encantado, así que decidí dar el siguiente paso y convertirme en profesora de esos temas que tanto me apasionaban. De igual manera, me certifiqué como maestra de meditación a través de la plataforma Mujer Holística. Aunque no tenía claro cómo iba a utilizar esas certificaciones en mi futuro, decidí dar esos pasos, simplemente porque me atraían y entusiasmaban muchísimo. Además, me permitían continuar mi propia práctica de atención plena y mi proceso de crecimiento.

Varios meses después de haber terminado mi certificación, recibí un *email* de Rich Fernández, el presidente del instituto de liderazgo Search Inside Yourself, mejor conocido como SIYLI. Esta organización sin ánimo de lucro nació a partir del programa desarrollado en Google, con el fin llevarle ese mismo conocimiento a personas y organizaciones alrededor del mundo. Rich, como te mencioné brevemente en el capítulo anterior, también había trabajado en Google y, siguiendo su llamado, había decidido renunciar para dedicarse a proyectos relacionados con la atención plena y el liderazgo consciente. En el correo electrónico Rich me contó que estaba buscando a alguien para el puesto de director de *marketing* en el instituto y quería saber si me interesaba.

El mensaje me sorprendió, tuve que leerlo dos veces para creerlo. Yo nunca había hablado con Rich directamente, pero lo había visto hablar en público y algo en su tono me impactó e inspiró. Tanto así que la foto de la persona dando una presentación en público que yo había puesto sobre mi mapa de propósitos aquel diciembre, y que veía diariamente, ¡era una foto de Rich Fernández! (algo que no me atreví a mencionarle en ese momento, por supuesto). De inmediato, le respondí y concretamos una cita para que me entrevistara.

Cuando lo conocí, y me mostró las oficinas del instituto en el hermoso parque Presidio de San Francisco, sentí una mezcla de serenidad y entusiasmo. Tuvimos una conversación que pareció más un encuentro entre viejos amigos que una entrevista de trabajo. Me encantó conocer la misión de la organización: hacer de la inteligencia emocional y del *mindfulness* algo práctico y de fácil acceso, para que más personas alrededor del mundo se sientan conectadas y actúen con compasión, especialmente dentro del mundo laboral. Sentí que estaba perfectamente alineada con mi propio propósito superior.

Tras el éxito en la entrevista con Rich y con otras personas de su equipo, tuve que confrontarme y tomar una decisión: ¿debía o no dejar mi trabajo en Google para unirme a la organización sin ánimo de lucro? Las cosas estaban muy bien en mi trabajo y mi jefe me iba a postular para un ascenso el siguiente trimestre, así que quizás no era el momento adecuado para hacer un cambio. Me preocupaban mis finanzas, pues en el instituto mis ingresos se reducirían a menos de un tercio de lo que ganaba en Google. Mi ego se cuestionaba si era acertado dejar la estabilidad y el prestigio que me generaba trabajar en la multinacional que miles de personas añoraban tener en su currículum. Algunos amigos me insistieron que no dejara mi puesto estable, bien remunerado y con tanto potencial de crecimiento, enfatizaron en el hecho de que trabajar en una organización pequeña y sin ánimo de lucro podría tener un impacto negativo en mi carrera laboral.

Por otro lado, encontré a diferentes personas que se transformaron en pro de alinear sus vidas con sus propósitos y me animaron al cambio. Conocí, a través de libros, videos y entrevistas, muchos casos de personas que decidieron cambiar radicalmente de estilo de vida; todos ellos me inspiraron a considerar el nuevo trabajo.

Mientras mi mente buscaba información, consejos y datos para tomar la decisión, mi ser interior ya sabía cuál camino tomar. Mi parte intelectual buscaba validación de lo que mi intuición ya tenía certeza. Así que, con el fin de alinear mi vida con mi propósito superior y de contribuir de manera más directa en el mundo, di el salto: decidí renunciar.

Me emocioné tanto cuando le di el 'sí' a esta oportunidad de trabajo, que no pude esperar y decidí hablar de inmediato con la directora de mi equipo en Google para informarle sobre mi renuncia. Ella se sorprendió con mi noticia, me preguntó si había algo más que pudieran hacer para que me quedara, pero no pude encontrar respuesta. Así que me deseó buena suerte y me pidió que trabajáramos en un plan de transición antes de mi partida.

Al salir de su oficina me sentí libre, ligera, con el corazón lleno de ilusión. Sentí que estaba dando un paso gigante en mi vida para contribuir más en el mundo, para usar mis talentos en algo que generara impacto, para aportar mi granito de arena y hacer del planeta algo mejor y para empezar a hacer de la vida laboral algo más satisfactorio y pleno. Llegué a mi escritorio rebosante de alegría y gratitud por todo lo que había vivido y por lo que vendría.

Pero, de un momento a otro, todo cambió. Encontré en mi *inbox* un nuevo correo de Rich Fernández, en el que me pedía que habláramos lo antes posible y me decía que, lastimosamente, iba a tener que posponer la contratación de nuevo personal y, por ende, el puesto al que yo me había postulado ya no estaba disponible.

CAPÍTULO 8
PERMITIR

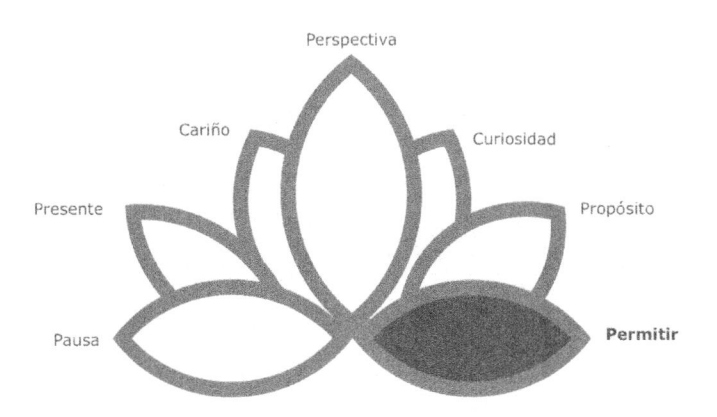

Salí del edificio, para que nadie de mi equipo en Google me oyera, y, con las manos medio temblorosas, llamé a Rich. Él me contó que había surgido una situación interna que debía resolver antes de contratar a nuevo personal y me aseguró que lamentaba mucho tener que darme esa noticia. Me dijo que si algo cambiaba en el futuro, me informaría de inmediato.

Cualquier cosa que contenga el momento presente, acéptalo como si lo hubieras escogido.
Eckhart Tolle

Yo había cometido el error de apresurarme a renunciar a Google antes de recibir y firmar un contrato con el instituto, pues asumí que todo había salido bien. En ese momento sentí que se abría un hueco bajo mis pies, no tendría trabajo ni una idea clara sobre lo que haría con mi vida en el futuro cercano. Aquel puesto en el instituto era perfecto para lo que yo estaba buscando, me sentí sumamente desilusionada al saber que ya no lo tenía. Terminé la llamada decepcionada y sin saber qué hacer.

Llegaron a mi mente cientos de preguntas: ¿podría cancelar mi renuncia en Google? De no ser así, ¿cómo pagaría el alquiler de mi apartamento de San Francisco? ¿Cómo le explicaría a mi equipo actual que me iba, incluso sin tener otro trabajo definido? ¿Por cuánto tiempo podría vivir de mis ahorros? ¿En dónde iba a encontrar un nuevo trabajo? ¿Qué iba a hacer con mi vida? Sentí rabia conmigo misma por haber actuado de manera apresurada. Quería regresar en el tiempo para deshacer mi error, algo como teclear control + z en un computador, pero ya no había marcha atrás.

Esa tarde de viernes tomé el bus hacia mi apartamento antes de lo acostumbrado e hice lo que aprendí durante mi viaje para lidiar con situaciones difíciles: estar a solas, reflexionar, escribir y escuchar música bonita. Al hacerlo, noté que mi desilusión no era profunda. Con curiosidad y compasión exploré lo que realmente sentía y observé que, aunque había cometido un error que podía afectar mi carrera profesional, algo en mi interior sabía que no era grave, al contrario, era exactamente lo que debía suceder.

El haber perdido la oportunidad de trabajar en el lugar que quería me hizo anhelarlo aún más. Me di cuenta de que estaba dispuesta a hacer ese trabajo hasta sin remuneración y que, definitivamente, quería encontrar otro similar. Fue una señal clarísima de que ese era mi camino, ya fuera con esa organización o con otra. Sentí que iba por el sendero correcto, aunque fuera incierto. Tomé uno de mis cuadernos y escribí con letras grandes y en mayúscula: "ACEPTO ESTA SITUACIÓN. ESTOY HACIENDO LO QUE ESTÁ EN MIS MANOS. CONFÍO EN MÍ Y EN EL PLAN PARA MI VIDA. ME ABRO A NUEVAS POSIBILIDADES". Esa noche salí a cenar y a bailar con mis amigos, quienes no podían creer que yo estuviera tan serena y confiada, dada la situación en la que me encontraba.

Varios días después recibí una llamada de Rich Fernández. Me informó que el equipo había logrado solucionar la situación que había surgido y que tenía listo el contrato para que lo revisara y firmara, si aún estaba interesada en unirme al instituto. Me dijo que sentía que había una alineación maravillosa entre mis habilidades, la misión de la organización y lo que él había percibido como mi propósito, y que estarían felices de tenerme en el equipo. ¡No lo podía creer! Casi saltaba de alegría, no solo por saber que no iba a estar desempleada, sino por esas palabras tan dicientes de quien sería mi nuevo jefe. Era fantástico saber que iba a trabajar con un equipo de personas enfocadas en el desarrollo de consciencia y de habilidades humanas en todo el mundo. "Acepto, ¡por supuesto que acepto!", le contesté.

La fluidez del permitir

El último principio de la plenitud es el proceso de permitir la realidad del momento presente. **Permitir consiste en aceptar lo que llega a tu camino con confianza y ecuanimidad.** Al permitir, te abres a tu realidad, sin negarla, sin evitarla, sin evadirla, dejas que todo fluya. Te permites ser tal y como eres, y dejas que las situaciones que enfrentas sigan su cauce. En *Aceptación radical*, Tara Brach define este concepto como "Aprender a reconocer lo que es verdad en el momento presente y abrazar lo que sea que veamos, con el corazón abierto"[53]. Según mi experiencia personal, los cuatro pasos para permitir son:

1. Tener claridad sobre lo que está ocurriendo. Para ello, las prácticas de *mindfulness* y de curiosidad son muy útiles, pues te permiten observar tu presente de manera auténtica y verídica.

2. Abrirle campo a lo que se observa, sea lo que sea. El principio del cariño es muy importante, pues te invita a honrar tu experiencia y a ofre-

certe a ti, o a otros, compasión por lo que pueda estar sucediendo.

3. Identificar cuáles aspectos están bajo el control propio y cuáles no. No vale la pena preocuparse excesivamente por aquello que no esté bajo tu control.

4. Dejar fluir lo que esté ocurriendo, sin rechazarlo ni apegarse a ello, ni a su resultado.

Cuando me enteré de la posibilidad de quedarme desempleada por mi propio error, me tomé el tiempo para reflexionar sobre mi situación, lo cual me permitió verla con claridad y veracidad; era importante saber la verdad de mi realidad, sin esconderla, minimizarla o negarla, y sin historias adicionales creadas en mi mente. Me enfrenté a la situación tal cual era y dediqué tiempo para *estar* con ella. Luego, acepté que eso fue lo que la vida me presentó y me di permiso de abrazar ese momento presente, a pesar de creer que no era el ideal para mí. Reconocí que había hecho todo lo que estaba bajo mi control y solté el resto. Como último paso, dejé que la situación fluyera, me abrí a nuevas posibilidades y confié en el resultado, aun cuando era incierto.

Muchas personas se cuestionan si el concepto de permitir puede ser contraproducente en determinadas situaciones. Por ejemplo, cuando alguien les causa daño o ante una injusticia. Quiero dejar muy claro que permitir NO se trata de:

- Ser permisivos, ni dejar que otros te hagan daño. El permitir nunca debe estar relacionado con dejar que te traten mal, ni aprobar situaciones, pensamientos o actitudes tóxicas.

- Ser pasivos y dejar que la vida pase sin tomar acción.

- Utilizar una técnica para distraerte de pensamientos negativos, con el fin de sentirte mejor temporalmente.

- Negar o suprimir emociones.

Permitir es lo opuesto: es aceptar la realidad con tanta autenticidad y claridad que puedas tener toda la información y motivación para tomar acción y generar cambios cuando los necesitas, y para dejar que las cosas fluyan cuando sea apropiado.

Por ejemplo, imagina que un atleta quiere superar su tiempo récord en una distancia de veinte kilómetros. Lo primero que debe hacer es tener claridad sobre su tiempo actual, aceptarlo. Si el atleta finge, cambia o niega su habilidad de correr esa distancia en el momento presente, no podrá trabajar en mejorarla adecuadamente en el futuro. Permitir también darle la bienvenida a todo lo que el atleta pueda estar sintiendo al ver su meta, sin importar si es motivación, alegría, frustración, temor o inseguridad. Al observar y aceptar su realidad y lo que siente, permitirá que sus emociones fluyan, sin negarlas. Las emociones le entregan información valiosa que podría perder al negarlas o reprimirlas. Al tener claridad sobre esta información, el atleta puede tomar acción y establecer una meta real.

> *La curiosa paradoja es que cuando me acepto tal como soy, entonces puedo cambiar.*
> **Carl Rogers**

La aceptación del presente

Al poco tiempo de empezar mi nuevo trabajo en SIYLI, me sentí muy estable laboralmente. Me causaba satisfacción poder dedicarle mis días a una causa que me movía tan profundamente. Me llenaba lo que hacía en mi día a día y me sentía motivada.

También me di cuenta de que el dolor de cadera derecha que había tenido por tanto tiempo disminuyó y dejó de incomodarme. Alguien me dijo que ese dolor había sido un mensaje de mi cuerpo, que me pedía "dar el paso" hacia un estilo de vida distinto (por eso se situaba en la cadera). Al dar el importante paso de cambiar de trabajo y tomar acción basándome en mi guía interior, el dolor se disipó. No tengo certeza de si esa fue la razón o no, pero la buena noticia fue que no necesité someterme a la cirugía que los médicos me habían recomendado, como te conté anteriormente. Y lo mejor fue que pude retomar actividades físicas que había tenido que suspender.

Por otro lado, observé que tenía un vacío diferente: anhelaba una pareja en ese momento. Deseaba tener un compañero en mi camino, para compartir con él el estado de plenitud que había alcanzado. Por primera vez, después de más de tres años desde la separación con mi exesposo y de casi un año de mi última relación, con Vincenzo, me sentí verdaderamente lista para abrir el corazón de nuevo.

Intenté conocer personas por diferentes medios, a través de amigos, aplicaciones móviles, referidos y compañeros de trabajo, pero nadie me gustaba a profundidad. No quería estar sola, pero tampoco quería estar con alguien que no me llenara completamente. Así que continué con la búsqueda, un proceso que no me parecía natural, de hecho, me llegó a frustrar.

Recuerdo que llegué a mi casa muy cansada tras tres citas seguidas en tres puntos diferentes de la ciudad, un sábado por la noche. Me quité los zapatos altos que me hacían doler los pies, el maquillaje que con tanto esmero me había aplicado en la mañana y la linda pero incómoda blusa que llevaba. Me acosté sobre el sofá y percibí que el silencio de mi apartamento reflejaba el vacío de mi corazón. Me sentí desmoralizada, pensé que nunca iba a conocer a alguien que me llenara del todo. Sentí frustración por las citas y por el proceso que supuestamente debía seguir para encontrar pareja.

Empecé a escuchar música y el ritmo de los tambores me invitó a ponerme de pie y a bailar, sola, libre del peso de la ropa que llevaba antes y de la 'tarea' de buscar pareja. Al comenzar a moverme sin estructura ni pasos coreografiados, me sentí libre. Durante varios minutos mis movimientos se hicieron fuertes, rápidos, agité y sacudí mis extremidades como si estuviera soltando algo que mi cuerpo tenía guardado en sus tejidos. Cuando el cansancio físico no me permitió seguir bailando, caí sobre el suelo, levanté los brazos y escuché a mi propia voz interna decir "Me rindo; estar en una relación maravillosa es algo que anhelo profundamente, pero si mi destino es estar soltera, que así sea".

> *Cuando soltamos las ideas de lo que la vida debería ser, nos liberamos para decirle sí de corazón a nuestra vida, tal y como es.*
> **Tara Brach**

Después del evento de ese sábado dejé de forzar el proceso de buscar pareja y solté todo aquello que sentía como una obligación. En ese momento también me di cuenta de que durante una gran parte de mi vida mi mente había identificado que me faltaba algo. Constantemente, había una historia de "cuando X suceda, entonces me sentiré completa y feliz" o "en el momento que cambie Y, entonces ya podré estar bien". Y las variables "X" o "Y" cambiaban con frecuencia: podía tratarse de mi trabajo, vida social, pareja, lugar de residencia, salario, educación, familia y demás.

Para muchos es común esperar a que "algo" suceda para sentirse completos o dichosos. Por ejemplo, alguien puede pensar que se sentirá satisfecho "cuando termine el proyecto"; "cuando lance un nuevo producto"; "cuando se recupere de una enfermedad"; "cuando sus hijos sean independientes"; "cuando encuentre a la pareja de sus sueños"; "cuando se divorcie"; "cuando gane más dinero"; "cuando pierda diez kilos"; "cuando tenga una casa más grande"; "cuando cambie de trabajo"; "cuando tenga un cargo más alto"; "cuando se gradúe de la universidad"; "cuando logre cambiar de ciudad"; "cuando se pensione"...Y la vida se le pasa mientras espera aquello que supuestamente le traerá la anhelada felicidad. Y cuando alcance esa meta se sentirá satisfecho por un tiempo, pero luego habrá un nuevo vacío que llenar y volverá a sentirse insatisfecho. O quizás nunca logre llenar todos sus vacíos y acabe posponiendo su plenitud eternamente.

Tal vez también te suceda y sientas con frecuencia que falta alguna pieza en el rompecabezas de tu presente para poder sentir satisfacción completa. ¿Te identificas con parte de esto? De ser así, ¿qué aspecto en particular estás deseando que cambie para poder aceptar tu realidad actual? Cada vez que creas que debes 'esperar' a un evento futuro para poder sentir satisfacción y plenitud, piensa qué podrías hacer para traer aceptación, dicha y agradecimiento a tu momento presente, tal cual es.

En un retiro que hice en Manzanillo, México, conocí a la líder espiritual australiana Isha Judd y su teoría sobre la aceptación del momento presente. En su libro *¿Para qué caminar si puedes volar?*, Isha explica:

> Pareciera que sin importar lo que logremos, la satisfacción está siempre fuera de nuestro alcance. ¿Por qué nada nunca es suficiente? Estamos espe-

rando a que algo cambie, cualquier cosa que pueda darnos la satisfacción que nos ha eludido por tanto tiempo. Pensamos que el futuro tiene nuestra única esperanza para alcanzar la verdadera realización, mientras que el momento presente –donde siempre nos encontramos sin ningún esfuerzo– es donde menos esperamos encontrarla"[54].

Cuando percibes que algo te falta, significa que no estás aceptando tu vida tal y como es. Rechazas tu realidad actual y tu posibilidad de sentirte en plenitud en el momento presente, que al final es el único que cuenta.

Recuerda que aquello en lo que te enfocas crece, como te conté en las secciones sobre la perspectiva y la abundancia. Para hacerlo más práctico, haz este corto ejercicio: en este instante quiero pedirte que por favor no te imagines a una tortuga; no pienses en una tortuga en este momento. No invites la imagen de una tortuga a tu mente. Bien, ¿en qué fue lo que pensaste? Muy probablemente, ¡en una tortuga! Es muy difícil alejar de la mente aquello que se está tratando de evitar.

Enfocarte en lo que no quieres o en lo que te hace falta hace que eso mismo aumente. Si constantemente piensas "no me gusta mi casa fea y desordenada", lo que estás llevando a tu mente es "casa fea y desordenada" y es, precisamente, lo que atraerás. Te contaré más sobre esto en la siguiente sección sobre el poder de manifestar. Por otro lado, al aceptar el presente tal y como es, en especial con una buena dosis de gratitud, se logra observar con mayor facilidad lo que sí se tiene, permitiendo que crezca.

De nuevo, enfatizo que no se trata de ser pasivos ni de eliminar el deseo de superación, sino de empezar por aceptar la realidad actual, a la cual, en muchas ocasiones, no le falta nada. Isha Judd continúa explicando:

Todo es perfecto tal y como es. Pero que no quepa duda: esto no significa que no queramos mejorar nuestras situaciones y crecer a nivel personal. La evolución es la naturaleza de la vida, y todo siempre está en movimiento; pero si elegimos abrazar la belleza de lo que está pasando ahora mismo, en lugar de lo que está errado, el amor crece, en lugar del miedo. Al hacerlo, nos empoderamos para hacer cambios positivos en nuestras vidas (...). Abrazar las cosas tal y como son no es pasivo en absoluto. Abrazamos la perfección del presente. Nos enamoramos de la vida. En el despertar de la aceptación completa vienen todos los cambios que necesitamos[55].

Si te enfocas en el principio de permitir, podrás encontrar más soluciones creativas para tus problemas. Cuando dejas de darle vueltas a lo negativo de tu situación y la aceptas tal como es, logras abrir más espacio mental, tiempo y energía y encuentras una solución, si está en tus manos. En el audiolibro *You Are the Guru* (Tú eres el gurú), Gabrielle Bernstein explica que cuando aceptas una situación y te abres a encontrar soluciones creativas, estás pasando del hemisferio izquierdo del cerebro, la parte lógica que resuelve problemas, hacia la parte derecha, que tiene mayor capacidad de innovación y creatividad. "Soltar la necesidad de resolver y arreglar abre espacio energético para que lleguen soluciones intuitivas y creativas"[56].

Esto también se puede aplicar en tu relación contigo mismo. Reconocerte, aceptarte y honrar cada parte de ti son piezas claves del principio de permitir. Todo aquello que es innato en ti es maravilloso; todos tus talentos, tus virtudes, tus debilidades y fortalezas tienen una razón de ser. Con cariño y compasión profunda, acéptate, incluso a esas partes de ti que no te gustan. Recuerda que no puedes amar aquello que no aceptas. Y a partir de ese amor propio puedes cambiar, crecer y ser una mejor persona. Eres un ser divino y completo; acepta tu luz propia y permite que brille.

En sánscrito, el concepto de *santosha* se refiere a un elemento que te acerca a la paz interior. La palabra está dividida en dos partes: *sam*, que significa completamente, y *tosha*, que quiere decir aceptación o satisfacción. Juntas forman el concepto de "completa aceptación". *Santosha* enseña la sensación de satisfacción interna, de estar completo, aquí y ahora, de tal forma que los eventos externos no puedan crear desbalance.

Al permitir, descansas de la constante lucha por lo que "debería" ser, por un ideal no realista o por las expectativas de otras personas. También puedes elevar tu energía hacia la serenidad, la confianza y el amor, lo cual te dará la posibilidad de encontrar soluciones sabias para aquello que requiera un cambio. Permitir es como darle un 'sí' a tu vida tal y como es, incluyendo aquello que necesita cambiarse.

Presencia ecuánime

Un día, a un granjero anciano se le escapó el único caballo que tenía. Cuando los vecinos se enteraron, acudieron a su casa para solidarizarse y le dijeron: "Oye, qué desgracia, qué mala suerte", a lo que el anciano contestó sin inmutarse: "Puede ser".

Al día siguiente, el caballo volvió al establo y trajo consigo siete caballos salvajes que le siguieron desde la montaña. Esto convertía al anciano y a su hijo en los hombres más ricos del pueblo. Todos los vecinos lo visitaron y le dijeron: "¡Qué buena suerte!". A lo que el anciano respondió: "Puede ser".

Al otro día, el hijo del anciano, quien le ayudaba con todas sus actividades, se cayó y se rompió una pierna mientras intentaba domar a uno de los caballos salvajes. Se acercaba el invierno y sin su hijo sano, el anciano tendría grandes problemas para poder realizar los trabajos diarios. Los vecinos fueron a ver al anciano de nuevo y le dijeron: "Qué desgracia, qué mala suerte. Es algo terrible". Y el granjero anciano les dijo: "Puede ser".

Un día después, llegó el ejército al pueblo y reclutó a todos los jóvenes para una guerra, pero al hijo del anciano no lo llevaron porque tenía la pierna rota, así que se quedó a salvo en casa. Todos los vecinos volvieron a ver al anciano y le dijeron: "¡Qué bien, qué buena suerte que no reclutaron a tu hijo!" Y el anciano les contestó de nuevo: "Puede ser".

Esta historia de origen chino ilustra muy bien la ecuanimidad con la que se pueden enfrentar los picos y valles de la vida. Es común querer rechazar aquello que se considera negativo y apegarse (o tener miedo a perder) a lo positivo. **La ecuanimidad es la habilidad de mantener equilibrio y estabilidad emocional, independientemente de las situaciones externas. Es vivir en el presente sin reaccionar con avidez ni aversión a los altos y bajos de la vida.**

A través de una postura ecuánime se pueden enfrentar situaciones de adversidad o de éxito, de ganancia o de pérdida, de elogio o de crítica de manera mayormente imperturbable, equilibrada y sosegada. La ecuanimidad surge del permitir, de la aceptación, de tener consciencia de que todo llega y todo pasa, y se centra en la idea de la impermanencia.

Como demostró el granjero de la historia anterior, nunca se sabe por qué llega cada situación a la vida. Lo que en este momento se puede ver como una desdicha, en algún momento se podría convertir en una fortuna o viceversa. El carácter incierto del futuro hace que cada situación del presente pueda evolucionar en algo diferente o en algo mejor de aquello que se anhela. Por ello, una respuesta ecuánime, sin aferrarse a ningún resultado, conduce a mayor satisfacción a largo plazo. Estas son algunas maneras de cultivar la ecuanimidad:

- **Dale la bienvenida al momento presente.** La forma más directa de reflejar la ecuanimidad es a través de la quietud del momento presente. Estar plenamente presentes y permitir las distintas experiencias cambiantes de la realidad humana. A través de ejercicios de atención plena puedes practicar esta habilidad.

- **Recuerda que tú no eres lo que piensas.** Al crear distancia entre quien eres y lo que piensas, poco a poco vas a lograr mayor serenidad y balance, pues no creerás todos los escenarios ni preocupaciones que provienen de tus pensamientos y que te alejan de tu realidad presente.

- **Practica la aceptación de todas las emociones.** La ecuanimidad no se trata de suprimir emociones, sino de recibirlas con curiosidad afectuosa y con neutralidad. Explora cómo podrías responder de manera mayormente neutra, bondadosa y serena a las emociones y los sentimientos que entren a tu vida, sin importar cuáles sean. Recuerda que las emociones son temporales, no son aquello que eres. No las rechaces, pero tampoco te apegues a ellas; acepta su naturaleza impermanente. En *Piensa como un monje*, Jay Shetty explica:

Cuando hablamos sobre nuestras emociones, usualmente decimos que somos esa emoción (...). Las emociones son algo que sentimos, pero no lo que somos. Intenta cambiar de [decir] 'estoy enfadado' por 'siento enfado'. Siento tristeza. Siento miedo. Es un cambio sencillo, pero profundo, pues pone a las emociones en el lugar correcto[57].

- **Cambia la etiqueta de tu situación.** Para aumentar la neutralidad frente a una situación, explora lo que sientes al cambiarle la "etiqueta" o la manera en la que catalogas un evento en tu mente. En lugar de ver un obstáculo en tu camino como "estorboso", "injusto" o "negativo" lo puedes ver con curiosidad afectuosa, como simplemente un "evento" o un "hecho" en tu vida, con el fin de reducir su carga emocional. Por ejemplo, en un día inesperadamente lluvioso, en lugar de pensar "¿por qué tiene que llover precisamente en este momento? La lluvia me ha estropeado el día", considera una respuesta más neutra como "está lloviendo". Reitero que no es necesario que transformes tu pensamiento en algo positivo de manera forzada si no es algo que te nace hacer, pero sí puedes regular tu respuesta a un evento que no puedes controlar de manera ecuánime.

- **Reconoce tu propia ecuanimidad.** Recuerda los momentos en los que lograste mantener la compostura o una actitud neutra frente a situaciones altamente emocionales. O cuando lograste mantener tu centro en medio de una decisión difícil. Eso te ayudará a conectarte con la habilidad de la ecuanimidad que esté dentro de ti.

- **Vuélvete amigo de la impermanencia.** Esta es una invitación para que recuerdes conscientemente que todo en tu experiencia humana cambiará en algún momento. Abrazar esa impermanencia en lugar de resistirla te ayudará a "navegar" tu vida, tanto en tempestades como en tiempos de calma, y a enfocarte en lo que sí está bajo tu control durante los cambios.

> *La vida no es esperar a que la tormenta pase, ni es abrir el paraguas para que todo resbale... la vida es aprender a bailar bajo la lluvia.*
> **Atribuido a César Évora**

El estoicismo, la filosofía greco-romana nacida hace más de dos milenios, plantea algo relacionado con la ecuanimidad y el control. De acuerdo con los escritores Massimo Pigliucci y Gregory López en A *Handbook for New Stoics* (El manual para nuevos estoicos):

> La dicotomía del control es el concepto central del estoicismo (...). Es la idea de que ciertas cosas están bajo tu control, mientras que otras no. Esto puede resultar obvio –y lo es– pero desde esa observación nace la base de nuestra práctica: que debemos enfocar nuestra energía y recursos en influenciar lo que podemos controlar, y dejar lo que más podamos aquello que no podamos controlar[58].

Las cosas no siempre van a salir como deseas, sin importar cuánto hayas trabajado por ellas ni lo justo que creas que sea tenerlas en tu vida. Es la realidad de este camino al que llamamos vida. Cuando eso sucede, lo más sabio es aceptar esa realidad, no negarla, y enfocar tu energía en los aspectos de la situación que están bajo tu control, en lugar de gastar recursos o preocuparte por aquellos que no lo están. Es parte del proceso de permitir.

Recuerda que ni la ecuanimidad ni una postura estoica son equivalentes a la indiferencia, apatía o pasividad. Si rechazas o sientes aversión a una situación o emoción y tratas de distraerte o de callar los mensajes que te están enviando, no estás actuando con ecuanimidad. No se trata de adormecer o eliminar lo que no quieres sentir. Cuando estás en un estado ecuánime sientes emociones, la diferencia es que no te dejas arrastrar por el torbellino que puedan generar en ti; puedes mantenerte estable y resiliente frente a estas.

> *Tienes poder sobre tu mente, no sobre acontecimientos externos. Cuando te des cuenta de esto, reconocerás tu fuerza.*
> **Marco Aurelio**

En el momento en el que acepté mi soltería y me liberé del "debería estar con alguien para sentirme completa", me sentí ligera, me sentí más yo. Sentí que controlaba mi destino. Y confié en lo que vendría para mi vida: estaba lista para vivir por mi cuenta y también estaba lista para estar con alguien. Sentí y proyecté confianza en lo que sucedería, porque era para mi propio crecimiento. Creí firmemente que mi plan superior era perfecto y que aceptaría lo que llegara a mi vida. Decidí que haría lo que estuviera bajo mi control, pero no me preocuparía por aquello que no pudiera controlar. Agradecí por lo que sí tenía en mi presente, incluyendo mi propia serenidad, mi propia abundancia, mi plenitud, mis amigos y familiares maravillosos, y le entregué el resto al Universo, con serenidad y aceptación completa.

La fórmula del sufrimiento

Un domingo soleado salí a escribir en uno de mis cafés favoritos en el norte de San Francisco. Estaba realizando una investigación para un nuevo artículo de mi blog titulado *La fórmula del sufrimiento*. Me había dado cuenta de que existía una gran variedad de contenido sobre la fórmula de la felicidad, pero muy poco sobre su opuesto. Me pregunté si quizás al encontrar más detalles sobre el sufrimiento podría invertir la ecuación y entender más sobre la felicidad.

Ese mismo día me encontré con mi amigo Luis Guillermo, sobre quien te hablé en el capítulo anterior, y le mencioné lo que estaba investigando. Dada su especialidad en matemáticas y su curiosidad sobre temas de crecimiento personal, se interesó mucho en mi artículo. Durante varias horas estuvimos hablando y escribiendo sobre las variables que aumentan o disminuyen el sufrimiento. Después de explorar más de una decena de ecuaciones lineales, polinomiales, exponenciales y logarítmicas, decidimos simplificar la fórmula de la siguiente manera:

1. El sufrimiento es lo opuesto a una vida en bienestar (bienestar = estar bien).
Sufrimiento = 1 ÷ bienestar

2. El sufrimiento no es lo mismo que el dolor. Todas las personas en algún momento de sus vidas experimentan eventos difíciles o dolorosos, pero el sufrimiento adicional está directamente relacionado con la resistencia frente a dicho evento. Entre más resistencia, mayor sufrimiento.
Sufrimiento = evento difícil + (evento difícil * resistencia a dicho evento)

3. La resistencia es no permitir que los acontecimientos fluyan; es decir, es lo opuesto a la aceptación.
Resistencia = 1 ÷ aceptación

4. La aceptación es la variable que cada persona puede controlar. Usualmente depende de los siguientes factores:

a. La diferencia entre las expectativas y la realidad. Cuando se espera algo y la realidad no refleja esos deseos, se crea una brecha entre lo que se quiere y lo que se posee. Tanto el tamaño de esa brecha como el rechazo a esta aumentan la falta de aceptación.

b. Abrazar el presente en lugar de un enfoque en el pasado o en el futuro, con aversión a lo que esté sucediendo en el momento actual.

c. El nivel de rechazo frente a un evento doloroso o el apego a su opuesto.

Así que:
Sufrimiento = evento difícil + (evento difícil * resistencia).

Si vemos que la resistencia es lo opuesto a la aceptación, esto equivale a:
Sufrimiento = evento difícil + [evento difícil* (1 ÷ aceptación)]

Lo que esta fórmula ilustrativa muestra es que **la falta de aceptación es el ingrediente principal del aumento de sufrimiento.** Todas las personas pasamos por situaciones difíciles, todos los seres humanos enfrentamos contratiempos, todos experimentamos pérdida, duelo y tristeza en algún momento, todo esto hace parte de lo que significa ser humano. A pesar de lo difícil que puedan resultar esos eventos, nuestro sufrimiento depende de cuánto resistimos dichos acontecimientos.

> *Podría parecer que la situación te está generando sufrimiento, pero en el fondo no es así, tu resistencia lo está generando.*
> **Eckhart Tolle**

Un ejemplo sencillo de la fórmula del sufrimiento es imaginar que dos niños se lastiman sus rodillas mientras juegan en el parque. El dolor que les generan las heridas es real e innegable. Pero el sufrimiento total de los pequeños tiene que ver con qué tanto resistan ese evento doloroso. Supongamos que el niño A acepta su situación porque sabe que su herida pronto sanará; su dolor físico no se elimina, pero tampoco le añade dolor emocional. Si el niño B, por otro lado, se asusta mucho con su herida, la rechaza y llora por temor a no poder seguir jugando o por otras razones, su sufrimiento total será mayor. Voy a asignarle valores del 1 al 10 a este ejemplo y usaré la fórmula del sufrimiento para ver el resultado, solo a manera de ilustración:

	Niño A (alto nivel de aceptación)	Niño B (bajo nivel de aceptación)
Dolor El dolor físico es igual para ambos en este caso.	4	4
Aceptación Le asignamos un valor al nivel de aceptación de cada niño.	8	2
Sufrimiento = dolor + dolor * (1 ÷ aceptación)	= 4 + (4 * 1 / 8) = 4,5	= 4 + (4 * 1 / 2) = 6

El nivel de sufrimiento del niño A, quien no resistió lo sucedido, es de 4,5, mientras que el nivel de sufrimiento del niño B es de 6. A pesar de que en la vida real no se mide el sufrimiento ni el nivel de aceptación de una manera cuantitativa, como en el ejemplo anterior, el objetivo de la fórmula es ilustrar el impacto amplificador que puede tener el nivel de aceptación o de resistencia de alguien frente a un contratiempo.

La escritora Byron Katie, en su obra *El trabajo, una introducción*, explica que la única vez en la que sufrimos es cuando creemos en un pensamiento que se opone a lo que ya es:

> Querer que la realidad sea diferente es inútil. Muchas veces la gente me dice que les quita poder

no enfrentarse con la realidad, que si simplemente aceptan la realidad se volverán pasivos o perderán su deseo de tomar acción. Yo les contesto con una pregunta: ¿Qué es más empoderador: "Ojalá no hubiera perdido mi trabajo" o "perdí mi trabajo; ¿qué soluciones inteligentes podría encontrar ahora?". No puedes cambiar lo que te sucedió, pero eso no significa que lo condones o apruebes. Solamente significa que ves las cosas sin resistirlas y sin la confusión de tu lucha interna. Sabemos que la realidad está bien tal y como es, porque cuando estamos en contra de esta experimentamos tensión y frustración. Cuando dejamos de oponernos a la realidad, la acción se vuelve fluida, simple, bondadosa y valiente"[59].

Quizás no siempre sea fácil aceptar las dificultades, pero puede ser de gran ayuda saber que tu nivel de aceptación o resistencia es algo que sí está bajo tu control y que al manejarlo puedes tener una influencia directa sobre tu bienestar. Con la constante intención de no resistir tu realidad y con la práctica de ejercicios que te lleven al presente, como el *mindfulness*, se puede cultivar la aceptación. Al permitir y abrazar tu situación presente, aumentas tu plenitud.

> *Cuando discutes con la realidad, pierdes; pero solamente el 100 % de las veces.*
> **Byron Katie**

Uno de los estudios científicos que se enseña en el programa Search Inside Yourself fue desarrollado por investigadores de la Universidad de Wisconsin-Madison en Estados Unidos y presenta evidencia sobre la manera en la que practicar la meditación ayuda a manejar el dolor y la resistencia. Los investigadores invitaron a un grupo de meditadores principiantes y a uno de meditadores experimentados a participar en el estudio y los conectaron a una máquina que brevemente les generaba un toque caliente desagradable en el brazo. Ambos grupos reportaron sentir algo de dolor durante el momento justo en el que recibieron la quemazón emitida por el aparato. Sin embargo, los meditadores expertos no reportaron niveles de estrés ni antes ni después del procedimiento, solamente *mientras* este ocurría. Por el contrario, los cerebros de los meditadores principiantes demostraron un aumento de estrés antes de que comenzaran a recibir el calor, y reportaron sentimiento de desagrado posterior al procedimiento. Este estudio muestra que sí es posible desarrollar la habilidad de controlar el sufrimiento adicional sobre un evento doloroso al aumentar el enfoque en el momento presente[60]. No significa que el evento doloroso no se perciba; por supuesto que hasta los meditadores más avanzados sienten dolor, porque son humanos, pero sí es posible manejar mejor el sufrimiento que surge antes y después de un evento doloroso cuando se cultivan habilidades mentales y de regulación emocional.

> *Sufrimos más a causa de nuestra imaginación que por la realidad.*
> **Séneca**

Aceptando los regalos del Universo

Cuando Luis y yo encontramos la fórmula del sufrimiento, después de varias tazas de café y muchas hojas dibujadas, celebramos con un abrazo que duró más de lo usual. Lo vi a los ojos y noté que algo estaba cambiando entre nosotros. Disimulé un poco, estaba algo nerviosa, y no dije nada al respecto por muchos días, pero la química era palpable. Después de cinco años de amistad, por primera vez coincidimos en estar solteros al mismo tiempo y abiertos a entablar un compromiso estable.

Justamente cuando me había rendido en el tema de encontrar pareja, apareció un hombre que me hacía sentir algo muy especial. Cuando ya habían sanado los aspectos de mi amor propio, de mi conexión interna y de mi pasado, y me sentía completa estando sola, sentí atracción por Luis. Pero ninguno de los dos se atrevía a actuar, porque no queríamos 'afectar' nuestra linda amistad y preferimos continuar como amigos.

A las pocas semanas, esa atracción se convirtió en un imán innegable. Así que en ese momento me abrí a la posibilidad de darle inicio a una vida en pareja con alguien que me llenaba muchísimo y que era increíblemente compatible conmigo y con lo que yo buscaba en un compañero de vida. Permití que eso que había anhelado entrara en mi realidad. Acepté que en ese momento había llegado una relación a mi vida que podría funcionar muy bien y la dejé fluir, sin acelerar el proceso, sin evitarlo y sin apego al resultado.

Y al dejarlo fluir, Luis y yo comenzamos nuestra vida en pareja de manera serena y amorosa. Me pareció irónico el hecho de haber buscado el amor romántico en tantos lugares y con tantas personas, para luego darme cuenta de que Luis había estado ahí todo el tiempo. Él fue un gran amigo cuando estuve casada, durante mi divorcio, cuando me encontraba mal emocionalmente y también, desde la distancia, cuando me fui a hacer mi viaje "más allá". Luis fue muy importante para mí cuando tomé la decisión de renunciar a mi trabajo en Google, dado que él había hecho lo mismo hacía un par de años. Él era un ejemplo para mí por haber sido sido capaz de dejarlo todo con el fin de alinear su vida con sus valores y propósito superior, con un alto nivel de integridad y compromiso. Y me encantaba que no solo entendía mi interés por temas espirituales, sino que además los compartía y me impulsaba a hacer más de eso que tanto me llenaba de entusiasmo.

Dado que nos conocíamos tan bien, nuestra relación evolucionó muy rápido y al año de estar juntos empezamos a hacer planes para el futuro. Éramos dos personas maduras queriendo construir una relación consciente. No buscábamos que la otra persona nos diera felicidad, pues ya nos sentíamos completos y plenos a nivel individual y elegíamos compartir eso con el otro. Así que le dimos la bienvenida al regalo de construir una vida juntos.

En algunas ocasiones, consciente o inconscientemente, las personas rechazan la abundancia o los regalos de la vida que llegan a su realidad. En ciertos casos sucede porque no se sienten merecedoras de lo bueno de la vida, y en otros, por miedo a perderlo. Cuando algo maravilloso llegue a tu vida, acéptalo, permítele que entre, dale la bienvenida con los brazos abiertos y con ecuanimidad. Déjalo fluir. Expresa tu gratitud. Abrázalo. Confía en que es un regalo del Universo para ti. Eso también hace parte del principio de permitir.

> *El universo siempre conspirará en llevarte a soluciones para tu bien mayor cuando te abres a recibirlas.*
> **Gabrielle Bernstein**

El perdón

Me encontraba en un bosque lleno de árboles enormes y flores brillantes, casi fluorescentes. En el cielo había fractales de colores, pero el verde era el que veía con mayor intensidad. Me senté bajo uno de esos árboles y poco a poco empecé a ver una fila de seres humanos que se acercaba a mí, en silencio. Todas eran personas de mi pasado, ya fuera de mi infancia o de eventos recientes, incluyendo algunas que ya no estaban en el plano terrenal. A medida que cada persona se acercaba a mí, yo le decía "Lo siento mucho" con la mano en el corazón, y ella me contestaba "Lo siento mucho" con el mismo gesto. Sin que nadie me lo explicara, yo tenía claro que no había pasado nada en particular que nos llevara a pedirnos perdón, ni tampoco nos estábamos dando un pésame. Era un acto de amor. Al decirnos una sola frase, "lo siento mucho", estábamos perdonando lo poco o lo mucho que sucedió en nuestra historia y también expresando que *sentíamos mucho* el uno por el otro. Al terminar la visita con cada una de estas personas, me dije esa frase a mí misma. Noté que mis lágrimas de perdón y de amor se convertían en gotas de lluvia gigantescas que humedecieron el hermoso bosque.

Poco a poco, el sonido de las guitarras y tambores del recinto donde me encontraba me alejó del bosque de colores y me trajo a mi realidad física. Abrí los ojos lentamente, me vi sentada sobre el suelo, en un círculo de más de treinta personas. Aún bajo los efectos de lo que se conoce como la 'mareación', recordé todo lo que había experimentado a la perfección. Acababa de terminar mi primera ceremonia con la planta medicinal ayahuasca (también conocida como yagé), junto al maravilloso sonido de los icaros, las canciones tradicionales que acompañan ese ritual.

Después de casi un año de haber empezado mi relación con Luis, decidimos viajar con un grupo de amigos a la selva amazónica del Perú para hacer un retiro de nueve días con la comunidad shipibo, conocida por sus tradiciones y ceremonias de sanación con plantas medicinales.

Me encontraba en el Amazonas con un grupo pequeño de hombres y mujeres latinoamericanos buscando la sabiduría de nuestros antepasados indígenas, en pro de nuestro crecimiento espiritual. Me llamó la atención que la mayoría teníamos maestrías o doctorados en física, matemáticas, química, negocios y psicología de universidades como Harvard, New York y Michigan, y a pesar de esa educación científica avanzada, estábamos interesados en temas de sanación no tradicional. Cada uno tenía una intención diferente; la mía era continuar mi sanación interna y conocer más sobre las tradiciones de mis ancestros. Ya había viajado a muchos lugares del mundo en busca de conocimiento y sabiduría, era hora de regresar a mis propias raíces para continuar mi aprendizaje.

La ayahuasca es un enteógeno natural, es decir, una mezcla de sustancias vegetales con propiedades psicotrópicas que cuando se ingiere provoca un estado alterado de consciencia y se ha utilizado desde hace muchos años en contextos espirituales, ritualísticos y chamánicos. El nombre ayahuasca viene del quechua, un idioma nativo sudamericano, y significa algo como "la enredadera de los espíritus". Es una herramienta sanadora, respetada y utilizada por muchas comunidades indígenas en Latinoamérica.

Es difícil describir con palabras lo que se experimenta en una ceremonia con ayahuasca. Yo vi hermosas imágenes de la naturaleza y la divinidad que me permitieron entender a un nivel más profundo el significado de la Unidad, el que todo es parte de un solo campo energético regido por el Todo, el Universo o el Amor Supremo. Una noche escribí durante muchas horas mensajes espirituales que llegaban a mi mente en portugués (a pesar de que hacía mucho tiempo no practicaba ese idioma) y otros días tuve lindos espacios de introspección. También experimenté momentos oscuros y difíciles, me enfrenté a mis miedos y a mi ego, lo cual no fue nada fácil. Me alegré por haber hecho esos rituales después de desarrollar mis propias prácticas contemplativas y por contar con la compañía y el apoyo de Luis y del resto del grupo, para poder manejar esas situaciones. Como decía la maravillosa mujer chamán que lideró mis ceremonias: "Ayahuasca no es un juego. Es sanación y esa sanación no siempre es un camino de rosas".

Había leído bastante sobre los beneficios y peligros de las plantas medicinales como la ayahuasca. También sabía que muchos turistas y locales la usaban como algo recreacional o comercial, en lugar de algo sagrado. Entre lo que leí, conocí el trabajo del médico colombo-americano Joseph Tafur, quien, en *La hermandad del río*, cuenta su experiencia de haber vivido con chamanes en la Amazonía. El doctor Tafur relata cómo logró integrar su educación como médico, científico, hijo de un psiquiatra en Estados Unidos, con su curiosidad sobre la sanación holística, sus antepasados y sus raíces colombianas y me sentí muy identificada con su historia. Explica que a través del trabajo con plantas medicinales se puede llegar a la raíz de muchos problemas profundos y, a partir de ello, se logra sanar enfermedades físicas y emocionales. En varias charlas y entrevistas, el doctor Tafur resalta que el perdón es una herramienta clave en el proceso de sanación.

Mis visiones sobre el perdón en la primera noche de ceremonia claramente estaban ayudándome a sanar algo profundo en mí y en mi relación con personas de mi pasado. A través del perdón pude conectarme en un nivel mucho más amoroso y elevado con todos ellos y soltar, aceptar y dejar ir lo que ya no nos servía. El perdón hace parte del principio de permitir, pues ahonda en la aceptación y el fluir tanto con uno mismo como con otros.

Esa experiencia me hizo recordar la práctica de perdón nativa de Hawái y de otras islas del Pacífico llamada *ho'oponopono*, que significa "enmendar" o "corregir un error". Los objetivos son traer paz y equilibrio y aprender a soltar y confiar mediante un proceso de sanación, reconciliación y perdón. Para poner en práctica el *ho'oponopono*, primero se asume la responsabilidad de lo sucedido a partir de la idea de que todo es parte de una misma unidad y luego se pide perdón y sanación por lo que sea que haya causado la situación y se dicen las siguientes frases: "Lo siento. Perdóname. Gracias. Te amo". Lo importante de esta práctica es remediar de raíz la causa de la situación.

Don Miguel Ruiz, escritor mexicano y maestro de conocimiento tolteca y neochamanístico, explica en su obra *Los cuatro acuerdos* que uno de los principios para eliminar creencias heredadas limitantes es "no tomarse nada personal". Cada persona está viviendo una realidad propia y en la gran mayoría de casos, está dando todo de sí misma para vivir de la mejor manera posible. "Nada de lo que los demás hacen es por ti. Lo hacen por ellos (...). Cuando realmente vemos a los demás tal como son sin tomárnoslo personalmente, lo que hagan o digan no nos dañará"[61].

El perdón es una manera de dejar fluir las situaciones de la vida sin rencor. Es entender la humanidad propia o de otras personas y no dejar que errores o caídas afecten las relaciones. El perdón permite que se liberen las emociones de resentimiento o rabia.

Perdonar no significa que eres indiferente con algo que te hizo daño o que te das por vencido frente a la persona que te causó dolor. En vez de ello, el perdón significa elegir aceptar lo que ha sucedido, en lugar de lo que debió o hubiera podido suceder. No está relacionado con ser permisivo, ni con actitudes dañinas, ni con ser indiferentes frente a las acciones que te hieren; significa no dejar que esas actitudes se acumulen en tu interior y te hagan más daño.

A través del perdón se pueden sanar muchas situaciones difíciles y, a partir de ahí, tomar acción para alejarse de lo que no hace bien y hacer cambios o enmiendas que eviten que vuelva a ocurrir. En muchos casos, **el perdón beneficia más a quien perdona, acepta y suelta que a quien está siendo perdonado.**

> *El perdón significa renunciar y soltar. No tiene nada que ver con condonar un comportamiento. Es solamente dejar ir toda la situación. No tenemos que saber CÓMO perdonar. Todo lo que necesitamos es tener la INTENCIÓN de perdonar. El Universo se encargará del cómo.*
> **Louis Hay**

La rendición

La forma más elevada de permitir se logra a través de la rendición espiritual. Se trata de entregar situaciones de la vida a un poder mucho más grande que el propio, con confianza absoluta en que el resultado será para el bien mayor. En lugar de verlo como debilidad, la escritora norteamericana Debbie Ford dice que:

> La rendición es la máxima señal de fortaleza y la base para una vida espiritual (...). Propicia una vida más allá de nuestros egos, más allá de esa parte en nosotros que continuamente nos recuerda que estamos separados y solos. La rendición de lo que hay nos permite regresar a nuestra verdadera naturaleza y movernos sin esfuerzo a través de esta danza cósmica llamada vida. Es una declaración poderosa que proclama el orden perfecto del universo[62].

A pesar de su uso coloquial, la palabra 'rendirse' no tiene que ver con darse por vencido, no es resignarse para no continuar, no es levantar los brazos para no seguir la batalla. Rendirse a nivel espiritual es entender que existe una fuerza superior disponible para proveer apoyo en todo momento, es soltar el control, es dejar ir los miedos, es permitir que el ser interior actúe en lugar del ego. Por ello, la rendición no es cobardía, por el contrario, requiere de gran valentía para superar miedos, confiar y soltar el control.

Rendición no es resignación, todo lo contrario, es vida en acción.
Isha Judd

Michael Singer explica en *El experimento rendición* que existen dos pasos principales en la rendición: el primero es soltar las preferencias personales de "me gusta" o "me disgusta" y el segundo, una vez entendidas tus preferencias, es indagar sobre aquello que la vida está pidiéndote en ese momento: ¿Qué elegirías si no estuvieras condicionado por tus preferencias de lo que te gusta o disgusta? Esa respuesta puede guiarte a una sabiduría más elevada que aquella que alcanzas cuando te dejas llevar por tus preferencias iniciales. "Decidí dejar de escuchar toda la charla sobre mis preferencias personales y, en cambio, comenzar la práctica voluntaria de aceptar lo que el flujo de la vida me estaba presentando", relata Michael[63].

Yo creo que antes de nacer hice acuerdos conmigo misma y con otros seres queridos, para nuestro propio aprendizaje y crecimiento, como cuando un estudiante elige las clases que quiere ver el siguiente semestre. Estos acuerdos incluyen eventos o situaciones que ofrecen valiosas lecciones de vida. Así que en momentos difíciles mi manera de rendirme más elevada es conectándome con la idea de esos acuerdos, con mi ser interior y con el Universo, permitiendo que actúen para mi bien mayor y el del resto del mundo. Me recuerdo a mí misma que quizás mi alma eligió esa situación tal cual es y suelto las riendas para que se haga la voluntad divina que elegí para esa experiencia humana.

Quizás te sucede que al conducir en una carretera que no te es familiar utilizas un GPS o una aplicación móvil para que te guíe; confiar en tu navegador no significa que te estás dando por vencido, sino que deseas llegar a tu destino y que reconoces que esa tecnología posee un nivel de inteligencia superior al tuyo en lo que respecta a encontrar la mejor ruta en esa localidad. Te dejas guiar no porque no te importe la dirección hacia la que te diriges, sino porque te importa tanto que prefieres dejarla en mejores "manos". Lo mismo sucede con la vida al rendirse y confiar en la inteligencia universal.

En *Regreso al hogar*, María José Flaqué afirma que:

> Te rindes cuando confías en que la vida es perfecta y todo está ocurriendo para tu mayor bien. Te rindes cuando fluyes y te abres a oportunidades. Cuando te das cuenta de que tu camino es tan grande, tan majestuoso y tan importante que pierden importancia los pensamientos, las creencias y los patrones que te mantienen pequeño[64].

Esa actitud de soltar y permitir te libera de todo negativismo, te ayuda a ver de frente lo que te está sucediendo y te da una perspectiva más elevada de tu situación. A partir de ahí, puedes conectarte con tu centro y con tu serenidad, elevar tu vibración energética, confiar absolutamente en que el resultado apoyará tu crecimiento y plenitud y abrirte a recibir sabiduría para guiar tus acciones.

> *Cuando te rindes a lo que es y estás plenamente presente, el pasado ya no tiene ningún poder. Entonces se abre el reino del Ser, que había sido oscurecido por la mente. De repente, surge una gran quietud dentro de ti, la sensación de una paz insondable. Y en esa paz hay una gran alegría. Y dentro de esa alegría hay amor. Y en su núcleo más interno está lo sagrado, lo inconmensurable.*
> **Eckhart Tolle**

Para recordar

Al permitir estás aceptándote a ti mismo y a tu realidad presente, logras ver tus situaciones cara a cara sin negarlas, sin evadirlas y sin evitarlas. Una actitud con mayor ecuanimidad te permite mantener tu centro y, a partir de ahí, realizar los cambios que sean necesarios en tu vida. Entre más te enfoques en el pasado o en el futuro en relación con un evento doloroso, más estás resistiendo tu presente, y con esto estás aumentando tu sufrimiento. La rendición es la manera más elevada de permitir, pues entregas tus situaciones a la sabiduría de tu ser interior y a la divinidad de la cual eres parte.

Reflexión y práctica

Exploración del permitir. Reflexiona sobre las siguientes preguntas:

- ¿Qué aspecto de tu realidad externa quisieras que fuera diferente?

- ¿Qué está bajo tu control y qué áreas no puedes controlar en lo que se refiere a ese aspecto?

- Imagina que estás frente al mar en un atardecer precioso y que le entregas a las olas del mar aquello que no puedes controlar. Imagina cómo se desvanece al tocar el agua. Ya no cargas con el peso de todo aquello que no está bajo tu control. Sientes mayor ligereza en tu vida.

- Ahora, piensa en lo que sí está bajo tu control. Revisa cada detalle de ese aspecto y dale entrada en tu vida. Acepta tu rol frente a la situación y la manera en la que puedes tomar acción para tu propio crecimiento y bienestar. Abraza tu responsabilidad y tu oportunidad de generar cambio, de ser necesario.

Rechazo → Neutro → Gratitud.
- ¿Existe alguna parte de ti que rechaces? Puede ser una parte de tu cuerpo, algo en tu personalidad o alguno de tus comportamientos. Elige uno.

- Observa con curiosidad afectuosa esa parte de ti que rechazas, ¿qué palabras usarías para describirla?

- Ahora, cambia la etiqueta o la manera en la que la describiste por palabras más neutras. Por ejemplo, en lugar de "pies grandes y feos", puedes decir "pies grandes".

- Inténtalo una vez más: convierte la manera en la que describes esa parte de ti en algo aún más neutro o en algo positivo. En el ejemplo anterior, la descripción se podría cambiar a "pies" o "pies que me sostienen".

- Como último paso, convierte esa misma descripción en algo que exprese gratitud. Siguiendo el modelo anterior, se podría decir

"Los pies que me permiten correr a abrazar a mis seres queridos".
- Observa lo que sientes al hacer este cambio en tu lenguaje y en tu relación con esa parte de ti. Determina si logras aceptarla con mayor facilidad y ecuanimidad.

Aceptación completa. ¿Puedes traer a tu mente un ejemplo de algo muy bueno que llegó a tu vida en el pasado y que te costó recibir? De ser así, ¿qué creencia limitante crees que puede estar afectando tu habilidad de recibir los regalos de la vida? ¿Cómo podrías abrirte a permitir que lleguen más regalos a tu realidad?

Afirmaciones. Lee las siguientes afirmaciones:
- Acepto mi momento presente.
- Estoy completo/a.
- Me acepto tal y como soy.
- Abrazo mi vida.
- Le doy la bienvenida a mi realidad perfectamente imperfecta.
- Me libero de las expectativas de otras personas.
- Permito que la vida fluya.
- A través del permitir, logro crear cambios positivos para mi crecimiento.
- Me abro a nuevas posibilidades.
- Suelto el control y el miedo.
- Siento ligereza.

Recursos adicionales. Te invito a que escuches las meditaciones que puedes encontrar en la sección de Permitir en **plenitud.net/recursos**.

A PROFUNDIDAD:
SOBRE EL PROCESO DE MANIFESTAR

> *Dentro de ti mismo existe una capacidad divina para la manifestación y para atraer todo aquello que necesitas o deseas.*
> **Wayne Dyer**

Ahora que conoces cada uno de los siete principios de la plenitud, quiero contarte cómo ponerlos en práctica en un proceso muy específico: el de manifestar.

¿Qué significa manifestar?

El significado oficial de la palabra es "dar a conocer, declarar, poner a la vista o hacer palpable". De ahí también surge el significado de protestar, que es hacer manifiesta una opinión o un reclamo públicamente. Yo defino este concepto como: **cultivar una experiencia que se anhela para darle vida**. Es traer a tu realidad física aquello que deseas en la profundidad de tu interior. Al manifestar algo que anhelas, estás declarándolo, dándolo a conocer, cultivándolo e invitándolo a que cobre vida.

Si nunca he manifestado nada en mi vida, ¿puedo lograrlo?

Por supuesto que sí. Todas las personas tienen la capacidad de manifestar su realidad anhelada. Tú eres extensión del Universo o de la Creación y, por ello, tienes un poder creador ilimitado y un potencial infinito.

De hecho, tú ya estás cocreando, es decir, trabajando en conjunto con el poder universal de la Creación, aun si no lo haces a propósito. Todas tus emociones, creencias y actos le están enviando un mensaje al Universo de manera constante, y a través de ello creas tu realidad actual y futura. Así que lo que no puedes lograr es no manifestar; es algo que has hecho y continuarás haciendo toda tu vida, de manera consciente o inconsciente.

¿Cómo puedo manifestar conscientemente aquello que anhelo para mi vida?

> *Entre más te veas a ti mismo como aquello en lo que te quieres convertir y actúes como si lo que quieres ya estuviera presente, más activarás esas fuerzas durmientes que colaborarán para transformar tu sueño en tu realidad.*
> **Wayne Dyer**

A partir de mi experiencia personal, de los libros que he leído, los talleres a los que he asistido y las diferentes clases que he tomado, logré sintetizar el proceso de manifestar en siete pasos muy concretos que se pueden poner en práctica en el día a día o a través de momentos dedicados a la actividad de manifestar.

Estos pasos no tienen nada de magia ni de "poderes" a los que solo algunos pueden acceder; por el contrario, es un proceso sencillo que cualquier persona puede poner en práctica para lograr la realidad que busca para sí misma. Quizás al principio no te resulte fácil o natural, pero con el tiempo vas a darte cuenta de tu increíble poder creador. A continuación, te comparto de manera directa y concisa la descripción de los siete pasos del proceso de manifestación y cómo los principios de la plenitud juegan un papel importante en cada uno:

Paso 1: Aclara. Utiliza el principio de la curiosidad para explorar qué es realmente lo que deseas atraer a tu vida y cuáles son tus anhelos más profundos. Es importante que tengas total claridad sobre lo que buscas, de manera auténtica, transparente y sin dudas. No debería haber cabida para "creo que esto es lo que quiero..." ni para "tal vez sería interesante tener...". En lugar de eso, encuentra en tu interior aquello que dice "sí" rotunda, definitiva y claramente.

Para visualizar con claridad la versión más elevada, magnífica e ilimitada de tu vida, es necesario que te conectes con la única parte en ti que es igualmente ilimitada: tu ser interior. Es allí donde puedes encontrar la semilla que le dará vida a realidades magníficas y sorprendentes. Así que abre espacios para la pausa e introspección en tu rutina, que te permitan descubrir aquello que deseas en tu vida, desde la profundidad de tu ser. Revisa de qué manera tu intención está alineada con tu propósito superior, con las causas que te apasionan y con aquello que te entusiasma diariamente.

Paso 2: Siente. Enfócate en aquello que anhelas y empieza a sentirlo con la mayor cantidad de detalles que puedas, como si ya fuera parte de tu presente. Sentir es el paso más importante del proceso de manifestar: percibir en todo tu ser aquello que deseas. La manera más fácil de lograrlo es llevando tu atención a tu cuerpo: identifica las sensaciones que percibes físicamente al imaginarte alcanzando ese anhelo y concéntrate en ello. ¿En qué parte del cuerpo lo sientes? ¿Cómo se siente? ¿Qué textura, sonido, olor, sabor o color percibes? ¿Qué emociones te hace sentir? Conéctate por el tiempo que puedas con las emociones y sensaciones físicas que te despierta imaginar que tu deseo ya es una realidad.

Recuerda que manifestar no es un proceso del intelecto, sino del ser. Algunas personas creen que pueden atraer todo lo que ponen en su mente, pero yo creo firmemente que **el poder de la atracción viene del sentir, más que del pensar**. Tu intención nace de tu ser interior, pasa por tu mente para cobrar forma, y se percibe a través del cuerpo. Una intención que nazca del pensamiento y se mantenga ahí no podrá activarse. Por eso es tan importante que te conectes con tu cuerpo físico, el vehículo sabio de las emociones, y con todas las sensaciones que percibas a través de él.

La nueva realidad no es posible a menos de que todas nuestras células las sientan.
María José Flaqué

Paso 3: Inspírate. Recuerda el significado de inspirar que te mencioné antes: "en + espíritu" o conexión con la divinidad. Encuentra aquello que te inspira y que está guiado por la profundidad de tu ser interior. Tu inspiración, tu entusiasmo y tu plenitud son el combustible que empodera tu deseo.

En este tercer paso te invito a que uses tu creatividad y crees representaciones tangibles sobre tu anhelo, para darle aún más fuerza. Te recomiendo plasmar las imágenes que visualizaste en los pasos 1 y 2 por medio de la escritura, dibujos, recortes de revista, diapositivas digitales, símbolos, audios o el medio que prefieras. Escoge la forma en la que te puedas expresar con mayor facilidad. Algunas palabras escritas a mano sobre un retazo de papel pueden ser suficientes, pues este paso no tiene que ser complejo ni prolijo. Sin embargo, si esta actividad es algo que disfrutas hacer, dedícale tiempo y realízalo con la mayor cantidad de detalles y de la manera más creativa que puedas.

Cuando Luis y yo todavía éramos amigos, él participó en uno de los talleres que yo enseñé, en el cual hicimos una sesión de manifestación. El ejercicio se trataba de visualizar y escribir durante cinco minutos lo que sería la vida de cada persona en el siguiente año si todo salía como deseaba, o aún mejor. Luis escribió sobre su anhelo de construir una vida conmigo, algo que me contó mucho tiempo después. Me dijo que él había logrado visualizar claramente imágenes que nos mostraban juntos, y escribió con gran detalle lo que él sintió al visualizarlo. Algunos meses después de ese programa empezamos nuestra relación. Este es un ejemplo de cómo manifestar las intenciones y de la manera de cristalizarlas físicamente, con un corto escrito, por ejemplo, puede ser poderosa.

Si decides escribir, te recomiendo usar la forma verbal del presente (en lugar de futuro), como si estuviera ocurriendo en este instante. Por ejemplo: "desde la ventana de mi casa nueva puedo ver el color rojizo del atardecer y escuchar las risas de mis hijos, lo cual me llena de placidez, alegría y estabilidad". Si puedes, lee con frecuencia tu escrito o pon tus imágenes en un lugar visible, para que cada vez que los veas recrees la emoción detrás de ese anhelo, te conectes con tu inspiración y le des más fuerza a tu intención.

Paso 4: Suelta. En este paso, te invito a que sueltes tus creencias limitantes, tu ego y cualquier otro obstáculo que te impida atraer tu anhelo. Utiliza el principio de la perspectiva y, como te mencioné anteriormente, asegúrate de enfocarte en aquello que quieres manifestar en lugar de centrarte en tus carencias o creencias limitantes.

Una razón por la cual el proceso de manifestar no se logra solo desde la mente es porque el ego o el lado racional pueden intervenir en el proceso. Cuestionar a nivel intelectual está muy bien en actividades diarias, pero cuando se trata de atraer tu intención, te puede terminar desviando del camino. Tu ego puede interrumpir el acto de manifestar con preguntas como: "¿Quién eres tú para merecer eso tan bueno? ¿Cómo vas a lograrlo, específicamente? ¿Cómo crees que eso podría ser posible? ¿Qué vas a hacer en relación con a, b, o c si eso llega a ocurrir? ¿Cuál es el plan de acción con exactitud? ¿Qué va a decir tu familia?", etcétera. La necesidad de planear, controlar el resultado y de cuestionar tu merecimiento viene del ego. Si te planteas este tipo de preguntas durante tu proceso, revísalas con curiosidad afectiva, con bondad y con ecuanimidad. No te dejes llevar por esos pensamientos. Agradéceles la intención de querer cuidarte, y suéltalos. Deja de lado el cómo del proceso y enfócate, una vez más, en qué es lo que anhelas y cómo se siente en tu realidad física en este momento presente.

Utiliza el principio del cariño para centrarte en tu amor propio y en las razones verdaderas que le dan vida a tu intención. Ofrécete compasión, bondad y gentileza durante todo el proceso. Recuerda que esta intención, que nace de la profundidad de tu ser interior, está impulsada por el amor hacia ti mismo y hacia los demás. Suelta todo aquello que te limite o que no esté alineado con ese amor en tu interior.

Paso 5: Ejerce la ecuanimidad. Pon en práctica el principio de permitir, no te aferres a un resultado en particular y mantén una postura neutra, ecuánime y balanceada. Recuerda que no es posible manifestar desde una mentalidad negativa, cerrada o con miedos. Un estado de serenidad, confianza y entusiasmo, sin apego ni rechazo, es clave en el proceso de creación.

Paso 6: Ríndete. Renuncia a tus preferencias personales y ríndete a ser guiado por una inteligencia mayor. Quizás inicialmente esta sea la parte más difícil del proceso, pues suena contraintuitivo desear algo y al mismo tiempo tener que soltarlo. Como te mencioné anteriormente, esto no significa que no te interese el resultado, ni mucho menos que te das por vencido, sino que estás abierto a recibir aquello que esté alineado con tu bien mayor. Aceptar y rendirse son los vehículos que comunican, con actos y no solo con palabras, tu confianza absoluta en el orden universal. Llénate de serenidad y paz mental y confía en que lo que anhelas ya está en las mejores manos y que llegará a ti lo que más te convenga.

Paso 7: Agradece. Expresa gratitud por lo que vendrá, ten la certeza de que cuentas con el apoyo que necesitas para manifestar tu intención. Agradece profundamente por tu vida en este instante y por aquello que te servirá en tu proceso de crecimiento personal.

Da las gracias por la cadena de acciones que tendrán que suceder para hacer de tu anhelo una realidad y por todas las personas que te ayudarán a lograrlo. Y lo más importante, agradece como si lo que anhelas ya hubiera llegado a tu vida; visualiza que ya es una realidad y expresa tu profunda gratitud por ello. Después de agradecer por tu poder creador y por la abundancia en el Universo, empieza a actuar como si lo que deseas ya hubiera ocurrido. Prepárate para recibir eso que tanto anhelas, o algo todavía mejor.

Cuando sigas estos siete pasos, todo se alineará para que logres manifestar tu anhelo. Ten certeza de que "así será", como indican las primeras letras de cada paso:

A	S	Í	S	E	R	Á
Aclara	Siente	Inspírate	Suelta	Ejerce ecuanimidad	Ríndete	Agradece

En la sección de reflexión y práctica te compartiré ejercicios para que empieces a utilizar estos siete pasos en tu vida. Te recomiendo especialmente escuchar el audio del proceso de manifestar para poner en práctica cada paso.

Algo importante para recordar al manifestar lo aprendí en un taller sobre *mindfulness* liderado por Jon Kabat-Zinn: le mencioné que una de mis grandes dudas en mi rutina diaria era cómo lograr mantenerme centrada en el momento presente y, a la vez, manifestar mi futuro ideal. ¿Cómo podría realizar las dos a la vez? De manera pausada, Jon me contestó que el proceso de manifestación se realiza única y específicamente en el momento presente. Te conectas con tu anhelo en el momento presente; visualizas tu intención como si ya fuera una realidad; sientes las sensaciones de tu cuerpo en el aquí y el ahora; agradeces como si lo que deseas ya hubiera llegado a tu vida. Así, manifestar y mantener tu centro en el presente no son mutuamente excluyentes; por el contrario, solo puedes cocrear tu realidad en el instante actual.

Además de esto, quiero hacer énfasis en los siguientes puntos, para que los tengas en cuenta durante todo tu proceso de manifestación:

La intención debe nacer de tu ser interior. Al ego le encanta la idea de la ley de la atracción, cree que va a tener todo lo que desea. "¡Genial, ya encontré la manera en la que podré obtener todo lo que quiero!", dirá el ego. Y como él quiere más, incesantemente, pensará que tiene la solución para todo lo que busca. Lo siento, querido ego, pero así no funcionará. "¿Pero, por qué?", refutará el ego en protesta. Simplemente, porque los deseos del ego vienen del miedo, de la escasez, de la insuficiencia, de querer presumir frente a otros, y de la separación, y esas no son actitudes que logran crear abundancia o crecimiento. Una intención que nazca del miedo solo creará más miedo. Además, el proceso de manifestar no es una manera de manipular los resultados en tu vida ni mucho menos en la de otros. La verdadera manifestación nace de las intenciones del ser interior y se basa en el amor, la unión, la confianza y la rendición, en pro del bien mayor.

El Universo responde "sí" a tus oraciones. ¿Sabías que la palabra oración significa 'frase' y también 'plegaria' hacia un ser divino? Tus frases diarias, ya sean mentales o verbales, son plegarias que ofreces constantemente sobre lo que deseas atraer a tu vida, y el Universo les responde afirmativamente a tus oraciones. Por ello, te reitero la importancia de enfocarte en lo que quieres atraer a tu vida, y no en aquello que no te gusta.

> *Si algo que deseas se tarda en llegar, debe ser por una razón: estás invirtiendo más tiempo en su ausencia que en su presencia.*
> **Abraham Hicks**

Las sincronicidades serán más recurrentes. Durante el proceso de manifestar podrás presenciar coincidencias a tu alrededor, las cuales te acercarán a lo que deseas. Con el tiempo, te darás cuenta de que conversaciones con extraños, regalos inesperados, una llamada de alguien en el momento correcto, y otros eventos sorpresivos te ayudan en tu camino de creación. ¿Recuerdas la maleta roja nueva que me entregó la aerolínea cuando yo estaba considerando emprender mi viaje? Ese fue un ejemplo de sincronía o serendipia en mi vida en ese momento. Préstale atención a ese tipo de señales, pues entre más las notes, más las recibirás.

En el libro *Sincrodestino,* Deepak Chopra dice: "Toma conciencia de las coincidencias que ocurren en tu vida. Las coincidencias son mensajes. Son pistas (…) que te ofrecen una oportunidad de acceder a un ámbito de consciencia en donde te sientes amado y cuidado por la inteligencia infinita de la que emanas"[65]. Celebra y agradece a cada una de las señales que te están acercando a tu destino.

Cuando estás en conexión con tu ser interior, te empiezas a sincronizar o alinear con aquello que lo permea todo. Así que logras activar apoyo de aspectos aparentemente externos y ajenos, pero que en realidad son parte de ti. Es decir, al ser consciente de que todo hace parte de una misma Unidad, puedes activar más apoyo de lo que alcanzas a imaginar para hacer de tus anhelos una realidad.

> *El Universo siempre nos está hablando. Nos envía pequeños mensajes, genera coincidencias y serendipia, recordándonos que paremos, miremos a nuestro alrededor, que creamos en algo distinto, en algo más.*
> **Nancy Thayer**

"Yo creo cuando creo". Me encanta el poder que tiene la frase en español "yo creo", por el doble significado de 'creer' y 'crear' que posee. Lo que crees es lo que creas. **Tus creencias, ya sean limitantes o de expansión, tienen un poder creador muy alto. No se trata de ver para creer, sino de creer para crear. Creas aquello que crees con todo tu ser, no lo que crees querer.**

El miedo es el mayor obstáculo. Cuando permites que tus preocupaciones, miedos o temores tomen el control, te desconectas de tu ser interior y pierdes tu poder creador. La meditación y la práctica de la rendición te pueden ayudar a volver a conectarte con tus intenciones y con tu sabiduría interna.

Recuerda que mereces tu plenitud y dicha. No dejes que ideas limitantes te impidan creer que eres merecedor de todo lo que anhelas en la profundidad de tu ser. Es tu derecho innato vivir una vida en plenitud y tener la abundancia que deseas. Ábrete a recibir con entusiasmo y confianza plena.

> *Nuestro miedo más profundo no es que seamos inadecuados. Nuestro miedo más profundo es que somos poderosos sin medida. Es nuestra luz, no la oscuridad, lo que más nos asusta. Nos preguntamos: ¿quién soy yo para ser brillante, precioso, talentoso y fabuloso? En realidad, ¿quién eres tú para no serlo?*
> **Marianne Williamson**

En un curso que tomé antes de renunciar a mi trabajo en Google hice una actividad que me impactó mucho. Después de dos días de sesiones en grupo sobre el propósito superior, la instructora nos dijo que el último día solo haríamos una actividad: nos pidió que 'encarnáramos' la versión que cada uno quería de sí mismo en los siguientes cinco años. Por un lapso de tres horas, cada persona debía vestirse, hablar y actuar como si la vida que quería tener en cinco años fuese una realidad en ese momento. Sin dudarlo, elegí personificar a una profesora de liderazgo consciente y de *mindfulness*. Me puse un vestido especial, me maquillé un poco, y mientras interactuaba con las demás personas hablé sobre mis viajes a diferentes países, en los que dicté talleres y cursos sobre esos temas; también mencioné que estaba escribiendo un libro y que me estaba preparando para dar una charla TED. Al principio me dio un poco de risa actuar de esa manera, pero fue impresionante presenciar cómo esas palabras fluían tan fácilmente de mí y cómo yo pude encarnar a esa "Carolina del futuro" de manera tan natural. Paralelamente, escuché a los otros participantes hablar sobre su "presente", en donde habían obtenido todo aquello que habían soñado: alguien llegó con una muñeca que representaba a su hijo que acababa de nacer; otra persona llegó en ropa deportiva y tarjetas de presentación del gimnasio del cual ahora era propietaria, y otro dijo que quería que su vida fuera muy parecida a la actual como líder en una firma de abogados, así que no cambió drásticamente su versión de sí mismo durante esa actividad.

Me divertí muchísimo en las tres horas que duró la sesión viendo cómo mis compañeros personificaban su versión futura con tantos detalles y actuaban con tanta naturalidad. Además, recibí información valiosa sobre lo que yo auténticamente quería para mi vida y pude actuar, sentir, vestir, hablar y ser aquello que deseaba, como si ya hubiera ocurrido. No me imagino una mejor manera de atraer lo que se anhela que encarnándolo como si fuera real. ¿Y los resultados? Cinco años después estoy dando clases sobre *mindfulness* y liderazgo en diferentes ciudades y estoy escribiendo este libro. En 2018, fui maestra de ceremonias de un evento TEDx; aún no he presentado una charla oficialmente, pero quizás eso esté por realizarse en el futuro... o tal vez no. Lo importante es que disfruté el proceso, aprendí sobre mí misma y confié en el resultado, fuera el que fuera.

¿Cómo sé que llegará a mi vida lo que estoy manifestando?

El proceso de manifestar no consiste en querer algo y que mágicamente aparezca al día siguiente. No es como el cerrar y abrir de ojos de Jeannie en el programa de televisión *Mi bella genio*, ni como la lista de regalos que los niños piden en navidad para que aparezcan milagrosamente en Nochebuena.

Sin embargo, si tus anhelos nacen de la profundidad del amor y haces tu proceso con devoción y en conexión auténtica con tu ser interior, confía en que estás haciendo tu parte. Suelta el control del resultado y la necesidad de que llegue a tu vida exactamente lo que te imaginas. Quizás no llegue justo lo que buscas porque hay algo reservado para ti que puede lucir diferente o, incluso, ser mucho mejor de lo que tu mente alcanza a imaginar en ese momento.

Recientemente, mi amiga Ángela estaba buscando un trabajo en las empresas de tecnología más grandes de California. A pesar de tener un excelente currículo y gran habilidad para hacer entrevistas técnicas, Ángela no recibió una oferta laboral durante varios meses. Empezó a preocuparse, pero soltó el resultado y confió en que lo que saliera sería lo mejor. Decidió hacer algunos proyectos como consultora independiente mientras seguía buscando una vacante en las empresas en donde creía que "debía" trabajar. Al cabo de un tiempo, se dio cuenta de que ser independiente era exactamente lo que estaba alineado con su propósito en ese momento y decidió continuar por su cuenta como consultora. A las pocas semanas, la pareja de Ángela, con quien tenía una relación a distancia, recibió una buena oferta laboral en otro país, así que decidieron comprometerse y viajar juntos para empezar una nueva vida, en donde ella podía seguir trabajando como consultora y, al mismo tiempo, estar con su novio. "Ahora entiendo por qué no me salió ningún trabajo en California; el Universo tenía un mejor plan para mí. Todo salió mejor de lo que me habría imaginado", me dijo un día mientras empezaba los planes de su viaje.

Del ejemplo de mi amiga se pueden aprender dos lecciones: la primera es que lo que manifiestas realmente es lo que está en la profundidad de tu ser y no lo que crees que quieres a nivel intelectual. La segunda, que el resultado que recibas puede lucir muy diferente a lo que deseas. Recuerda que manifiestas a través de las emociones que sientes en el momento presente y lo que atraes es más de esa emoción; la forma física en la que llegue a tu vida o el vehículo para que lo experimentes puede variar muchísimo.

Te doy otro ejemplo: si lo que anhelas es tener una vivienda con amplio espacio para tu familia, enfócate en lo que sientes al visualizar esa realidad: imagina que caminas por habitaciones grandes y percibe las sensaciones en tus pies y en tus brazos al tener tanto espacio a tu alrededor. Imagina y agradece la felicidad que experimentan tus hijos o tu mascota al jugar en un lugar tan amplio. La vivienda que llegue a tu vida puede ser un apartamento suburbano, una casa en una montaña, una vivienda en otra ciudad, o una hacienda al lado de un lago. Confía en que la forma física en la que se manifieste será la correcta, con el fin de sentir la emoción en la que te estás enfocando.

Una de las historias más bonitas que he visto sobre el proceso de manifestar viene de mis padres. Al poco tiempo de irme a vivir a Estados Unidos, mis padres decidieron mudarse a la ciudad donde yo vivía, por varios años. Al comienzo pasamos por una época difícil económicamente y tuvimos que hacer distintos tipos de trabajos. En uno de ellos, a mi mamá y a mí nos contrataron para limpiar unas oficinas en las noches, después de que ella saliera de su trabajo como profesora y yo de mis clases universitarias. Recuerdo que entramos riendo al desocupado edificio, llevábamos el uniforme negro del equipo de limpieza que nos pedían usar y disfrutábamos lo que más podíamos de nuestra labor, a pesar de lo demandante que era. De repente, vi a mi madre hablándole a una foto que había sobre uno de los escritorios mientras le quitaba el polvo. Cuando le pregunté qué hacía, me dijo, con total naturalidad, que le estaba hablando a la foto del vicepresidente de la compañía y le pedía que contratara a mi papá en su empresa. Ella le "explicó" a la foto de ese hombre, que no conocía, lo bueno que era mi padre, le habló sobre sus muchas habilidades y le agradeció anticipadamente por lo que pudiera hacer por nuestra familia. Luego, mientras limpiaba otra oficina, se imaginó que mi papá ya trabajaba ahí y la dejó impecable para que él tuviera un lugar de trabajo ordenado y limpio. Me pareció algo loco y gracioso cuando me lo contó, pero también una intención muy bonita, así que dejé que continuara con sus visualizaciones.

Lo increíble fue que, tres años después, mi papá entró a trabajar en el equipo de finanzas de una empresa ubicada exactamente en el mismo piso que nosotras fuimos a limpiar esa noche. La compañía no era la misma, por lo que el vicepresidente de la foto ya no trabajaba allí, pero a todos nos pareció asombroso que mi papá trabajara en el edificio y en el piso en el que mi mamá había realizado aquel "ritual" de manifestación. Aún me conmueve recordar esa historia y haber presenciado el poder creador del amor puro entre mis padres, incluso en medio de la dificultad.

¿Qué significa 'vibrar alto' durante el proceso de manifestar?

Todo es energía en movimiento, incluyendo a los humanos. Como ya sabrás, estudios científicos realizados en las últimas décadas hacen innegable que estamos hechos de átomos y partículas subatómicas como electrones y protones. Y aunque la mayoría de las personas sabe esto a nivel intelectual, es fácil olvidarlo o reconocerlo a nivel visceral. Tú y yo estamos compuestos mayormente por espacio vacío con billones de electrones en movimiento y nuestra energía tiene una frecuencia específica en cada momento.

Si has escuchado o leído sobre la idea de 'vibrar alto', sabrás que esto significa que estás experimentando y emitiendo frecuencias positivas relacionadas con el amor: la bondad, la gratitud, la dicha, la empatía, la alegría, la serenidad, etc., las cuales provienen de tu ser interior. Por otro lado, se usa el término 'baja vibración' para hacer referencia a la zona de ansiedad, miedo, depresión, negativismo, envidia, culpa, etc.

Este concepto se relaciona con el proceso de manifestar, pues solo es posible cocrear en un estado de vibración alta. Es decir, logras manifestar algo nuevo en tu vida solo cuando te encuentras alineado con tu ser interior. **Tu plenitud es tu herramienta creadora más potente.**

El reconocido científico, investigador y conferencista Joe Dispenza explica en su libro *El placebo eres tú*:

> Ser feliz contigo mismo en el momento presente mientras mantienes un sueño de tu futuro es una gran receta para la manifestación. Cuando te sientes tan completo que ya no te importa si 'eso' sucederá, es cuando cosas asombrosas se materializan ante tus ojos. Sentirse completo es el estado perfecto de la creación"[66].

En diversos cursos, libros, talleres, entrevistas y videos, Joe Dispenza explica la evidencia científica sobre la habilidad humana para crear una nueva realidad, y cómo una emoción elevada, como él denomina a los estados de la gratitud o la inspiración, puede generar un círculo virtuoso creador muy poderoso. En el podcast *To be magnetic*, explica:

> La energía es una frecuencia, y la frecuencia contiene información. Si te encuentras sufriendo, esa energía no puede contener tu sanación o tu riqueza futura (...). Si logras cambiar tu energía, prepárate, porque vas a empezar a ver esas sincronicidades, esas oportunidades, esa serendipia, que te muestran que eres el creador de tu vida. Y cuando empiezas a ver que esos eventos ocurren en tu vida, el entusiasmo, la inspiración, la dicha que sientes, causan que esa energía cree la siguiente experiencia[67].

Todo ya existe en el universo, lo que algunos líderes espirituales llaman el 'campo de potencialidad infinita'. Es decir, todo lo que puedas anhelar desde la profundidad de tu interior ya está disponible y lo único que debes hacer es atraerlo a tu realidad.

Yo lo veo como cuando usas un radio para sintonizar la música que te gusta. Si lo piensas, en un momento dado existen diversas ondas sonoras a tu alrededor, y aunque no oigas nada en ese instante, ya se están propagando al lado de tus oídos decenas de canciones de diferentes estaciones radiales. Pero solo cuando enciendes la radio escuchas las canciones que ya estaban sonando. Las ondas ya estaban a tu alrededor, pero es el hecho de usar una herramienta receptora sintonizada en una canción en particular lo que te permite escucharla. Lo mismo sucede con tu vida: manifiestas lo que vibras; atraes la estación de tu propia frecuencia. Tu "aparato receptor" es tu cuerpo (energía), y la frecuencia en la que vibras es lo que te permite sintonizar o atraer a tu realidad algo que ya existe en el campo de posibilidades ilimitadas. **Tu intención genera una emoción; tu emoción irradia una vibración y tu vibración atrae tu realidad.**

La vibración más alta es la del amor, pues está sintonizada con la del Amor Supremo, la fuente de todo.

Cuando te alineas con esa energía creadora, poderosa y amorosa que nace de tu ser interior, te conviertes en un imán para todo lo maravilloso que anhelas para tu bien mayor y el del mundo. En *Construye tu destino*, Wayne Dyer afirma:

> Al conocer tu yo superior, te encuentras camino de convertirte en el cocreador de todo tu mundo, de aprender a controlar las circunstancias de tu vida y a participar con seguridad en el acto de la creación. Así te conviertes literalmente en un manifestador[68].

No sientas culpa ni duda al pedir más abundancia y plenitud para ti o para los demás, pues es a través de tu dicha y de tu sensación de plenitud y abundancia que puedes crear todo aquello que el planeta necesita de ti. El Universo te apoyará en tu proceso de alineación con tu propósito superior y de vivir plenamente. Disfrútalo y emana aún más alegría, dicha y amor en el mundo para conseguir manifestar todavía más.

Para recordar

Tú, como todas las personas, tienes el poder de darle vida a los anhelos de tu ser interior. A través de cada emoción, creencia y acto de tu vida estás manifestando tu realidad, consciente o inconscientemente. Para lograr manifestar es importante tener claridad sobre tus anhelos, visualizarlos en detalle, sentirlos como si ya estuvieran presentes en tu realidad, soltar y agradecer el resultado con confianza y serenidad. Tu plenitud es tu herramienta creadora más poderosa y aquello que te permitirá contribuir en el mundo.

Reflexión y práctica

Una lámpara mágica. Imagina que acabas de encontrarte la lámpara mágica de un genio, que te concederá todos los deseos que vengan de tu ser interior.

- ¿Cuál sería tu primer deseo? ¿Qué es lo que más anhelas en este momento? Pregúntatelo hasta tener claridad y total convicción sobre ello.

- Describe con lujo de detalles lo que anhelas. ¿Cómo te imaginas tu vida si lograras recibir ese deseo? ¿Qué emociones sientes? ¿En qué parte del cuerpo sientes esas emociones?

- Escribe o dibuja lo que visualizas y describe la manera en la que te hace sentir. Escribe en presente, como si ya estuviera ocurriendo.
- Suelta el resultado. Ábrete a recibir ese deseo, confía en que el genio te lo otorgará, o recibirás algo mejor.

Mapa de anhelos. Elige un día en el que tengas espacio y tiempo para crear el mapa de tus deseos. Puedes crearlo con tus anhelos para los próximos tres meses o para los siguientes cinco años, lo que tú escojas. Para crearlo, primero asegúrate de estar en un momento de alta vibración; lo puedes lograr meditando, escuchando música que te de serenidad y alegría, o leyendo frases positivas. Luego, busca imágenes que representen lo que más deseas manifestar en tu vida. Puedes obtener imágenes de revistas o imprimir fotos o símbolos de tu computador, crearlo en formato digital o hacer tus propios dibujos. Por encima de qué tan "perfectas" sean las imágenes, enfócate en la emoción que deseas sentir. Por ejemplo, si lo que anhelas es tener tu propio negocio, piensa en lo que sientes al abrir la puerta de tu oficina cada día y busca imágenes que representen la independencia, la libertad y el empoderamiento de los que gozas al ser tu propio jefe. Diseña tu mapa con tantos detalles como puedas, enfócate en traer lo que quieres sentir a tu presente mientras lo creas. Cuando termines tu mapa, suelta el resultado, confía en que llegará a tu vida todo aquello que esté alineado con los anhelos de tu ser interior y con tu propósito superior. Actúa como si todo aquello que plasmaste en tu mapa fuera una realidad ahora mismo.

Me encantaría saber cómo te sientes creando tu mapa de anhelos. Si te animas, te invito a que me envíes una foto de ti o de tu mapa por Instagram a **@hola.plenitud** y me cuentes en una palabra cómo te hace sentir. Al compartir tu emoción conmigo y con otras personas, le das más poder. Yo te estaré enviando mi buena energía para que se cumpla todo lo que anhelas.

Recursos adicionales. Escucha el audio sobre el proceso de manifestar, que encuentras en la sección de Permitir, en **plenitud.net/recursos**.

CAPÍTULO 9
PLENITUD EN TIEMPOS DE PANDEMIA

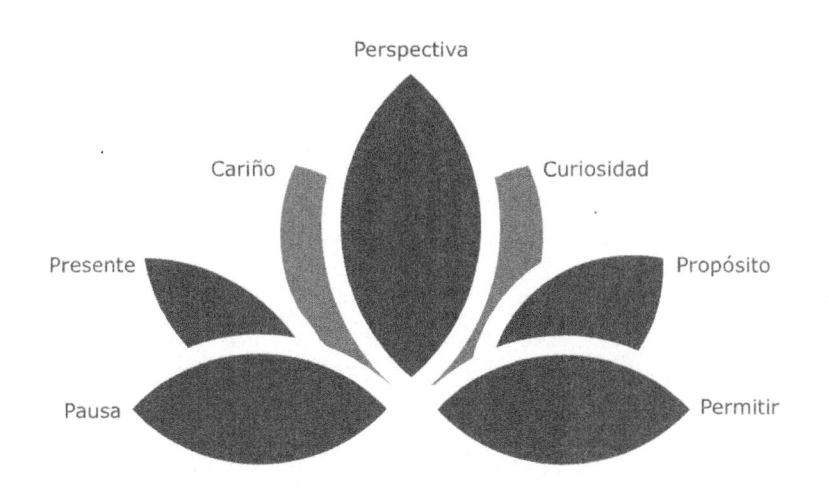

Diagrama de loto con pétalos etiquetados: Perspectiva, Cariño, Curiosidad, Presente, Propósito, Pausa, Permitir.

> *Tu propia autorealización es el mayor servicio que le puedes ofrecer al mundo.*
> **Ramana Maharshi**

"Sí, acepto"–dije emocionada y suavemente.

"Sí, acepto"–le escuché pronunciar al hombre que me miraba fijamente mientras me sujetaba ambas manos.

"Los declaro oficialmente casados", pronunció el amigable juez, tras una ceremonia que no duró más de quince minutos.

Aquel 16 de marzo de 2020, Luis y yo nos casamos en el majestuoso edificio del ayuntamiento de San Francisco, en compañía del pequeño grupo de invitados que nos permitieron llevar. Nuestros padres y familiares cercanos no pudieron asistir personalmente, pero nos acompañaron en la transmisión virtual que hicimos a través de la plataforma Zoom.

Después de un año y medio de haber comenzado nuestra relación, decidimos formalizar nuestra unión con una ceremonia civil. Desde que comenzó el año planeábamos irnos a vivir a Canadá en la primavera, pues Luis había recibido una oferta de trabajo en ese país, en el que había vivido por muchos años. Mi plan era continuar en mi puesto en SIYLI, pero desde Toronto. Todos nuestros planes para ese año estaban hechos y nos sentíamos radiantes por lo que vendría a nuestras vidas.

Pronto vimos que al edificio de la Alcaldía en el que nos encontrábamos el día de nuestra boda empezaron a llegar camarógrafos y personal de seguridad, parecía que estaba a punto de comenzar una rueda de prensa. A solo unos pasos de donde Luis y yo posábamos graciosamente para las fotos que queríamos llevarnos de recuerdo, la alcaldesa anunció que esa misma noche comenzaría el toque de queda en toda la ciudad, a causa de la pandemia del COVID-19.

En cuestión de segundos, recibí una llamada del hotel que habíamos reservado para celebrar esa noche, en la que me informaron que cerraría sus puertas y que todos los eventos de los siguientes días serían cancelados. Con ingenuidad, Luis y yo llamamos a varios restaurantes y lugares de eventos para tratar de encontrar una alternativa, pero todos nos dieron una respuesta negativa. Creíamos que en una ciudad como San Francisco era imposible no encontrar un lugar donde llevar a cabo nuestra celebración. Claramente, en ese momento no nos alcanzábamos a imaginar la magnitud de la pandemia, ni lo que vendría para el mundo en los meses siguientes.

Por cortesía con nuestros invitados, y sin tener muchas opciones, ni entender bien lo que estaba sucediendo, decidimos invitarlos a nuestro apartamento para hacer un brindis. La celebración que habíamos imaginado, en el último piso de uno de los hoteles más altos de San Francisco con grandes ventanales que permitían divisar el puente Golden Gate, la isla Alcatraz y el resto de la ciudad, se realizaría en los pocos metros cuadrados de nuestro apartaestudio. Luis y yo salimos primero, lo más rápido que pudimos, para tener el tiempo de limpiar y organizar todo antes de que llegara nuestro pequeño grupo de amigos y familiares.

Aquella imagen idílica del hombre que carga en brazos a su mujer en la noche de bodas no fue nuestro caso. Nosotros llegamos corriendo a la puerta de nuestro hogar, y tan pronto entramos, yo cambié mi vestido blanco por unos *jeans* rosados y mi hermoso ramo de rosas rojas por una escoba azul. Luis reemplazó sus lustrados zapatos por pies descalzos y en lugar de corbata llevaba el cable de la aspiradora colgado del cuello.

La cena sofisticada que habíamos imaginado disfrutar, con música clásica de fondo, se convirtió en una cena con comida enviada desde el único restaurante que encontramos abierto y que celebramos al son del merengue y el vallenato. En lugar de maquillaje, terminé con crema de pastel en la cara y en reemplazo del discurso refinado que Luis planeaba dar, decidimos hacer karaoke con videos en YouTube y micrófonos imaginarios.

A las once de la noche, después de haber reído, cantado y bailado por largas horas, en una celebración que terminó siendo divertidísima, todos nuestros amigos y familiares tuvieron que irse a sus respectivas casas para empezar la cuarentena que empezaría en contados minutos. En ese instante no nos alcanzábamos a imaginar que esa era la última vez que los veríamos personalmente en muchos, muchos meses. Y así, aquel día de marzo se convirtió en la celebración más hermosa de nuestra unión y en la fecha más memorable de mi vida, y no exactamente por las razones que me imaginé cuando desperté.

En el momento en el que escribo este libro, aún no se conoce la duración total y el efecto de una pandemia que ha transformado la vida de millones de personas alrededor del mundo. No cabe duda de que quedará grabada en la mente de todos lo que la vivimos y en los libros de historia. Su impacto probablemente perdurará muchos años más, y traerá consigo grandes enseñanzas para la humanidad. A nivel personal, la época de pandemia me enseñó grandes lecciones y me hizo poner a prueba los siete principios de la plenitud, de una manera inesperada.

La Gran Pausa

La portada de la conocida revista *The Economist* en marzo de 2020 mostró una imagen del planeta Tierra con una señal de "cerrado". Esta imagen representa "La Gran Pausa" que hicimos como raza humana en el comienzo de la segunda década del siglo XXI. Por causa del crecimiento exponencial y global del coronavirus, la mayoría de seres humanos tuvimos que hacer una pausa y un cambio en el estilo de vida, temporal o permanente.

De una forma u otra, la humanidad hizo un alto en el camino, modificó rutinas para darle cabida a un espacio que se impuso con gran fuerza y velocidad, sin que pudiera evitarse. Por días, semanas o meses, la mayoría de los humanos, si no es que todos, vivieron algún tipo de pausa, tuvieron que encerrarse en su casa, suspender sus actividades académicas o laborales, cancelar eventos, posponer viajes o cerrar negocios.

Este espacio de tiempo fue nuevo para muchas personas. En el pasado, quienes solían llenar todas y cada una de sus horas con algún compromiso, tarea, proyecto, evento, invitación o viaje se encontraron súbitamente con el silencio de sus hogares y una agenda mucho más desocupada. Varios amigos me hablaron sobre su dificultad de enfrentarse a su propio silencio, al vacío, al aislamiento y a la introspección que les obligó a experimentar esta pausa, pues no estaban acostumbrados a estar solo consigo mismos sin tantas distracciones. En esta época, muchos perdieron sus trabajos y, con ello, sus actividades diarias, además de su estabilidad económica y emocional.

Otros, por el contrario, me contaron que llenaron sus agendas cuando se vieron obligados a triplicar sus tareas y a asumir roles que antes podían delegar. Por meses, además de sus labores personales, se "convirtieron" en profesores, niñeros, cocineros, estilistas, jardineros y demás, y no hubo espacio para detenerse y digerir lo que estaba sucediendo. De un momento a otro sus vidas cambiaron y los espacios que antes tenían para sí mismos en sus rutinas diarias se esfumaron de manera indefinida.

De cierta forma, esta pausa generalizada cambió la percepción de la velocidad del tiempo, para algunos pasó muy lentamente; para otros, muy rápido; para la mayoría, el tiempo no se sintió igual que antes. La cuarentena nos dejó muchas lecciones importantes sobre la rutina, el tiempo y el significado de una pausa.

Seguramente tú también tienes historias sobre lo que implicó esta pausa en tu vida. ¿Qué elegiste hacer durante esta Gran Pausa? ¿Hubo algún cambio en tu cotidianidad o en los espacios que pudiste crear? ¿Qué aprendizajes obtuviste al tener que hacer cambios en tu rutina? ¿Cuál fue el significado del principio de la pausa en tu vida?

En mi caso, la cuarentena me permitió tener muchos más espacios de silencio y reflexión. Le dediqué más tiempo a leer y a escribir. Durante el primer mes, salí sin falta a caminar al lado del océano, para conectarme con la naturaleza y conmigo misma. Valoré ese espacio de caminata a solas más que nunca, sabía que era un privilegio que muchos no tenían. Dada la incertidumbre del momento, me aseguré de agendar suficientes espacios de introspección y atención plena, que me dieran la calma y claridad mental necesarias para afrontar lo que venía. Esas pausas representaban cerca del 10 % de mi día, pero me daban la vitalidad y sabiduría necesarias para el 90 % restante.

Recuerda que **el objetivo más importante y sublime de hacer pausas en tu vida es la conexión con tu ser interior. Tener el espacio para adentrarte en la quietud del silencio, en la profundidad de tu propio ser y en la sabiduría que nace de ti.**

> *Presta atención a la pausa: la pausa entre dos pensamientos, al breve y silencioso espacio entre las palabras de una conversación, entre las notas de un piano o de una flauta, o al breve descanso entre la inspiración y la espiración. Cuando prestas atención a esas pausas, la consciencia de "algo" se convierte simplemente en consciencia. Surge de dentro de ti la dimensión de pura consciencia y reemplaza la identificación con la forma. La verdadera inteligencia actúa silenciosamente. Es en la quietud donde encontramos la creatividad y la solución a los problemas.*
> **Eckhart Tolle**

Presente. Presente. Presente

A la mañana siguiente de nuestra boda, Luis y yo ya teníamos todo planeado para irnos de viaje por diez días a Hawái y continuar con nuestra celebración. Con mucha ilusión, habíamos pensado que ese viaje sería nuestra primera luna de miel, y que un año después realizaríamos otra ceremonia con todos nuestros familiares, además de un segundo viaje de bodas para seguir aventurándonos libremente por el mundo, como tanto nos gustaba. Naturalmente, dada la situación de cuarentena en la que nos encontrábamos, tuvimos que cancelar el viaje, quedarnos en casa y olvidarnos de planear cualquier otro tipo de viaje de turismo.

Teníamos previsto mudarnos del todo a Canadá un mes después de nuestra boda, tras despedirnos personalmente de todos nuestros amigos en California. Sin embargo, tres días después de nuestra ceremonia civil, el gobierno canadiense informó que cerraría sus fronteras de manera indefinida. Como la visa de trabajo de Luis estaba por expirar, él tuvo que adelantar su viaje a Canadá antes de que cerraran la entrada. A pesar de que él tenía ciudadanía canadiense, decidimos no tomar riesgos migratorios y acordamos que él viajaría primero a Canadá, yo me quedaría en San Francisco vendiendo todas nuestras cosas y terminando los trámites de la mudanza, y viajaría después. Así, en lugar de hacer maletas para el viaje romántico que habíamos planeado en una isla paradisíaca, terminamos empacando todas las pertenencias de Luis y separándonos sin saber por cuánto tiempo ni las condiciones bajo las cuales nos podríamos volver a encontrar en el futuro.

Todos estos sucesos, consecuencias de la pandemia, se sintieron como un baldado de agua helada que me paralizó e impidió realizar cualquier tipo de plan. No podía comprar mi vuelo a Canadá porque no sabía cuándo tendría el permiso para viajar. No podía entregar mi apartamento en San Francisco, pero tampoco podía quedarme mucho tiempo, pues ya había avisado que lo desalojaría. No podía vender ni donar mis pertenencias, pues todo estaba cerrado y tampoco sabía por cuánto tiempo las iba a necesitar. Me era imposible realizar cualquier plan bajo la incertidumbre en la que me encontraba, algo que nunca había experimentado en mi vida.

A pesar de tener pleno conocimiento de la importancia de estar en el momento presente y de practicarlo en mis meditaciones diarias y a través de ejercicios de atención plena, he de admitir que fue difícil ponerlo en práctica en esos momentos. Mi mente deseaba tener mayor certeza sobre mi futuro y tomar acción frente a mis planes, pero cualquier idea sobre el mañana era imposible de predecir. Fue una gran lección que recibí sobre el principio del presente, a otro nivel, como si me hubiera visto obligada a entrar a una clase avanzada de un tema que creía conocer muy bien.

Durante las primeras dos semanas de mi nuevo estado en cuarentena y soledad, utilicé todas mis herramientas espirituales y de desarrollo personal para crear una rutina que me permitiera mantenerme en el presente y serena, a pesar de los interrogantes y la inestabilidad del mundo. Entre cajas semiempacadas, muebles envueltos en sábanas y la mitad de mi vida en maletas, logré crear hábitos saludables que me mantuvieron en balance.

Mi amigo Gopi Kallayil, autor de varios libros sobre la felicidad, y con quien compartí momentos muy bonitos mientras trabajé en Google, siempre hablaba de la importancia de no pasar un día sin lo que él llama MEDS (una forma de decirle a las medicinas en inglés). En una charla que presentó en el *World Happiness Summit*, en Miami, exactamente hacía un año, escuché a Gopi explicar el significado de este término: **M**editación, **E**jercicio, **D**ieta y **S**ueño, y la manera en la que prioriza a cada uno, a pesar de tener una agenda muy apretada, por ser ingredientes claves del bienestar personal. Así que seguí su recomendación y diseñé una rutina que me permitió lograr una buena dosis de **MEDS** cada día, sin falta. Eran cuatro actividades que sí estaban bajo mi control, cuando había otras tantas en mi realidad de ese momento que no lo estaban. Darles prioridad me ayudó a enfocarme en mi bienestar y a llevar mi atención al momento presente y no al siguiente, ni al anterior.

No fue fácil, pues, como ya te conté, a mi mente siempre le ha gustado hacer planes para el futuro y se le ha dificultado no planear. Por esto mismo, la cuarentena me recordó los tres beneficios principales de estar en el presente:

1. **Estar en el ahora.** Realmente vivir en el momento actual. No en el pasado, no recordar todo lo

lindo de la vida antes de la pandemia ni arrepentirme por haber (o no) hecho x, y o z. Tampoco pensar en el futuro, ni preocuparme por si esto o aquello llegaría a suceder, ni evitar el presente por estar deseando teletransportarme al día en el que se acabe la cuarentena. No fantasear con un presente diferente al actual, sino con enfoque en el instante presente.

2. **Estar aquí.** Así como cuando una profesora dice el nombre de los estudiantes en una clase y cada uno contesta "presente", como quien dice "estoy aquí". Estoy en este lugar. Estoy en este espacio. Estoy presente en conversaciones con los demás, así sea a dos metros de distancia, telefónicamente o por FaceTime, Zoom, WhatsApp. Con la mente y el cuerpo presente y en sincronía con mi realidad actual. Con mis pensamientos alineados con lo que estoy haciendo (y no en otro lugar).

3. **Presente = un regalo.** Como te mencioné en el capítulo tres, el momento actual trae el regalo (presente) más bonito que hay: el único momento que realmente es relevante. Y ese bonito obsequio, a su vez, resalta el valor de los regalos que trae cada instante actual. Estar en el presente ofrece la oportunidad de disolver mensajes del ego que no deben ser escuchados. Si recuerdas, los mensajes del ego solamente se presentan cuando tu mente se enfoca en el pasado o en el futuro, pero no en el presente.

El milagro no es caminar sobre agua. El milagro es caminar sobre la tierra verde, en el momento presente.
Thich Nhat Hanh

Cuando tu mente, cuerpo y ser interior están en el momento presente, logras trascender al ego y cualquier mensaje que no esté alineado con tu propia divinidad. El presente es el único momento en el que puedes establecer esa conexión única con el Universo que te permite vibrar alto y manifestar tu realidad anhelada, y es también cuando realmente puedes expresar amor, ya sea hacia ti mismo o hacia los demás. Todo lo más sublime y elevado que una persona pueda realizar se logra en el momento presente.

> Solamente en este momento podemos descubrir lo que es eterno. Solamente aquí podemos encontrar el amor que buscamos. El amor en el pasado es una memoria y el amor en el futuro es una fantasía. Solamente en la realidad del presente podemos amar, podemos despertar y podemos encontrar la paz, el entendimiento y la conexión con nosotros mismos y con el mundo.
> Jack Kornfield

Pandemia de cariño

A través de mi trabajo conocí a Shelly Tygielski, quien lideró un movimiento llamado *Pandemia de amor*, con el propósito de hacer conexiones entre personas que estaban en condiciones de brindar ayuda y quienes necesitaban algún tipo de apoyo durante la pandemia. Según los organizadores, "La idea era contagiar y crear una pandemia de amor y de apoyo humano en esos momentos difíciles, para reemplazar el contagio de miedo y agresión". Tan pronto me enteré del movimiento, decidí participar y aportar mi granito de arena, y me conectaron con dos familias que enfrentaban dificultades económicas a causa de la pandemia. Más de medio millón de conexiones de apoyo fueron creadas alrededor del mundo y destacaron lo loable tanto de ayudar como de recibir ayuda, en especial durante un momento de tal magnitud.

Pandemia de amor es solo un ejemplo de los muchos movimientos de activismo social, de solidaridad y de compasión que se crearon como consecuencia de la expansión del coronavirus. Quizás recuerdas los conciertos virtuales que muchos artistas lideraron para recaudar fondos, las multitudinarias protestas que surgieron en contra del racismo, las demostraciones de aprecio a trabajadores en el área de la salud y las diversas actividades que se realizaron dentro de familias, lugares de trabajo y vecindarios. Y es que esa coyuntura presentó, por primera vez en la historia de la humanidad, una situación con la que todos los seres humanos podían identificarse y que podían compartir en tiempo real. Aunque hubo diferentes pandemias en el pasado, esta fue la primera que pudo vivirse simultáneamente a través de videoconferencias, redes sociales y otros medios digitales desde cualquier rincón del planeta. Como consecuencia, observé un fenómeno que nunca había presenciado en mi vida a ese nivel: un ejemplo palpable y concreto de la idea de "humanidad compartida".

Si recuerdas, la humanidad compartida es uno de los tres ingredientes de la autocompasión, y consiste en que la imperfección y el sufrimiento son experiencias que todos los humanos viven en algún momento de sus vidas, e invita a no sentirnos aislados o diferentes al enfrentar una situación difícil. Pero más allá de ese significado, la humanidad compartida resalta el hecho de que somos más similares que distintos, por encima de nuestras diferencias, somos una sola raza humana y la extensión de una misma fuente.

En una entrevista al Dalái Lama, en septiembre de 2020, se le preguntó sobre la interdependencia humana en relación con el aislamiento y la separación que muchos sintieron durante el confinamiento, a lo que él respondió:

Trato de promover la idea de la unidad de todos los seres humanos y que tenemos que vivir juntos. Apegarnos a los sentimientos de 'nosotros' y 'ellos' crea problemas porque al final llevan al conflicto y a la guerra. Algunos científicos han encontrado evidencia de que ser compasivo es parte de la naturaleza humana. Como animales sociales, no podemos vivir solos. Dependemos de la comunidad en la que vivimos. Como seres humanos, esencialmente pertenecemos a la misma familia, por lo que tenemos que pensar en cada uno como parte del 'nosotros'. Para desarrollar paz en el mundo tenemos que educar a las personas a entender que todos somos lo mismo, al ser humanos (...). Diferentes religiones, por ejemplo, toman diferentes posiciones filosóficas, pero transmiten un mensaje en común de amor, perdón y tolerancia. Todas promueven el desarrollo de la compasión a un nivel más profundo. Existen maneras en las que somos distintos el uno del otro, pero no debemos sacrificar nuestra naturaleza básica humana por causa de esas diferencias superficiales (...). La compasión es la base de nuestra supervivencia. Sobrevivimos por nuestra preocupación por el otro[69].

Ese mensaje fue una invitación a ahondar en la humanidad compartida y, con ello, a profundizar las relaciones con las demás personas. **Cuando logras ver similitudes en otros e ir más allá de aquello que aparentemente te separa de ellos, tienes mayor facilidad para cultivar empatía y compasión.** Como nos lo enseña Sharon Salzberg:

La clave para practicar la bondad amorosa es reconocer que todos los seres humanos quieren ser parte de algo satisfactorio y con propósito; que todos somos vulnerables al cambio y a la pérdida; que nuestras vidas pueden cambiar abruptamente-en un instante podemos perder a un ser querido, nuestros ahorros de toda la vida o un trabajo. Subimos y bajamos, todos nosotros. La vulnerabilidad frente al cambio constante es lo que compartimos, sin importar nuestra condición presente. Al entender esto completamente, podremos responder desde el corazón"[70].

Durante la pandemia, millones de seres humanos compartieron su vulnerabilidad frente a un virus, sabían que podía contagiar a *cualquier* persona. Desde actores famosos en Hollywood, hasta al presidente de una nación, a personas sin hogar, a trabajadores de la salud, a niños, ancianos, empresarios, estudiantes, ricos y pobres... el virus no discriminó en ningún sentido. Todos nos sentimos vulnerables a algo nuevo para la humanidad, lo que permitió desarrollar empatía por otro ser humano, sin importar su condición o procedencia.

Algo que a nivel personal experimenté durante la cuarentena fue la compasión por personas privadas de su libertad, como quienes se encuentran secuestrados o encarcelados. Aunque mis circunstancias privilegiadas en cuarentena por unas semanas no se podían comparar con lo que viven ellos diariamente, sentí empatía por quienes tienen que vivir sin libertad por años o décadas. Por esta razón, contacté a una organización sin ánimo de lucro que trabaja con diferentes cárceles para ver si había algo en lo que pudiera ayudar y me pidieron que les enviara grabaciones de meditaciones guiadas para ser distribuidas a personas encarceladas y a quienes trabajan con ellas. No sé qué tanto pudieron ayudar mis grabaciones, pero ese proyecto me ayudó a mí y me permitió establecer una conexión más profunda, de humanidad compartida, con un grupo de personas con quien tenía mucho en común, a pesar de no conocerlas y pese a lo que nos pudiera diferenciar.

La compasión y el amor incondicional, que empiezan por ti mismo y se extienden a los demás, son los mensajes fundamentales del principio del cariño. Es a través de esas cualidades que se pueden elevar todas tus relaciones, incluyendo la tuya propia, a un nivel más consciente.

> *El amor es con lo que nacemos. El miedo es lo que hemos aprendido aquí. El camino espiritual es abandonar –o desaprender– el miedo y aceptar al amor de regreso en nuestros corazones. El amor es nuestra realidad suprema y nuestro propósito en la Tierra. Ser conscientes de ello, experimentar amor en nosotros mismos y en los demás, es el significado de la vida.*
> Marianne Williamson

Perspectiva desde la fragilidad

El año 2020 no solo cambió muchas rutinas diarias, sino que nos invitó a cambiar de perspectiva. La pandemia le puso un nuevo filtro a la forma de ver aspectos de la realidad, acentuó la noción de incertidumbre sobre el futuro, cambió el significado de conexión interpersonal, exigió reordenar prioridades y, sobre todo, agudizó la percepción de la vulnerabilidad de la vida humana.

Presenciar el contagio y la fatalidad del virus de una manera tan cercana, directa e inesperada para tantos seres humanos alrededor del mundo fue una invitación a recapacitar sobre el significado de la vida y de la muerte. Pese a que la muerte es inequívoca e inminente para todos, noto que a muchas personas les incomoda hablar sobre su propio fin en la Tierra y tienden a verlo como algo lejano. Por ejemplo, ¿qué sentiste tú al leer la frase "la muerte es inminente"? ¿Te incomodó o no sentiste nada especial? ¿Es algo que te preocupa o asusta?

Los estoicos consideran el concepto de *memento mori* o 'recordatorio sobre la mortalidad' como uno de los principios de su filosofía. Según esta idea, enfrentar la realidad de la vulnerabilidad y mortalidad humana ayuda a apreciar la vida y a saborear cada momento con mayor intensidad.

> *Puedes dejar esta vida en este momento. Deja que eso determine lo que haces, dices y piensas.*
> **Marco Aurelio**

Entender que la vida terrenal es frágil y limitada te permite aplicar los principios de la perspectiva y de la curiosidad en otro nivel. Recordar que los días bajo esta forma física van a llegar a su fin en algún momento te puede ayudar a priorizar las actividades que realmente importan, a tomar decisiones basándote en lo querrías ver como tu legado en la Tierra y a restarle importancia a las pequeñeces que no te aportan nada.

En 2020, yo no solo experimenté la cercanía a la enfermedad y a la muerte por causa del coronavirus, sino que también recibí un diagnóstico preocupante. A comienzos del año, y después de que me realizaron una serie de exámenes, mis médicos me informaron que habían encontrado una masa anormal en mi hígado y vesícula. Al no poder identificar si era una masa maligna o benigna, tuve que someterme a una cirugía para remover mi vesícula biliar e investigar más sobre lo que tenía en el hígado. Sentí temor por el resultado que me pudieran dar y por tener alguna complicación durante la intervención; por primera vez, decidí escribir un testamento. Quizás fue algo exagerado, pero me nació también escribirles una carta a mis padres, a mi hermano y a Luis en la que me despedía de ellos, les dije cuánto los amaba y les di algunas instrucciones sobre mis asuntos personales.

En *Un año de vida*, el poeta y escritor estadounidense Stephen Levine presenta la idea de vivir conscientemente un hipotético último año, como una herramienta para la sanación y el crecimiento personal, y relata:

> Tener un año entero para examinar la vida de manera consciente bajo el contexto del acercamiento a la muerte es casi único en la experiencia humana. Y le da a la persona el poder de sanar aquello que aún no está siendo amado. Pero por qué esperar a un diagnóstico terminal antes de abrirse a la gracia y maravilla potencial de este momento de vida. Nadie puede permitirse seguir posponiendo este trabajo, porque nadie sabe en qué día ese año comenzará[71].

Piensa en la muerte como un proceso hermoso y natural del ciclo de la vida y considera si te animas a imaginar qué harías de manera diferente si te quedara solo un año de vida. O, por ejemplo, qué se escribiría sobre ti en un periódico el día de tu fallecimiento. ¿Qué sientes al imaginar esto? ¿Qué aspectos de tu realidad actual cambiarías? ¿Cómo quieres que otros te recuerden? ¿Cuál es el legado que quieres dejarle al planeta Tierra?

No sé si alguna vez te has planteado esa pregunta con honestidad, pero creo que acercarte a la fragilidad de tu propia vida es lo que mayor perspectiva le puede dar a tu existencia. He escuchado casos en los que las personas que escriben en vida su obituario o relatan el discurso que se daría el día de su funeral descubren cosas sorprendentes sobre lo que quieren dejar como legado.

En mi caso, la cirugía salió bien y los médicos no encontraron nada sobre qué preocuparme, pero ese acontecimiento me dio gran perspectiva. Por ejemplo, me impulsó a tomar la decisión de casarme con Luis y acrecentó mi deseo de irme a vivir con él a Canadá. Mis dos experiencias pasadas fallidas con el matrimonio me generaban temor sobre ese gran paso, pero imaginar momentáneamente que podía alejarme del todo de Luis me ayudó a superar temores innecesarios que debían quedarse en el pasado y a enfocarme en acciones guiadas por el amor. Tal y como sucedió cuando estaba colgando de un arnés en Italia, recordar lo vulnerable y frágil de mi vida me ayudó a valorar cada segundo que tenía, a dejar mis temores de lado y a tomar acción desde el amor y no desde el miedo.

El mayor cambio de perspectiva ocurre cuando en un solo instante alteras tu enfoque del miedo hacia el amor, de la insuficiencia a la gratitud y del ego al ser interior. Es en esos momentos diarios, sencillos o significativos, en los que puedes elegir tu perspectiva, aquello en lo que te enfocas y, con ello, la manera en la que escoges vivir tu realidad.

> *Un milagro es un cambio de percepción del miedo al amor, de la creencia en lo que no es real a la fe en lo que sí lo es. Ese cambio de percepción lo cambia todo.*
> **Marianne Williamson**

El tesoro del interior

Independientemente de cómo se vivió la pandemia en tu lugar de residencia, seguramente percibiste que se agudizó tu curiosidad afectuosa y tu sentido de asombro, con cosas que antes podían pasar desapercibidas en tu día a día. Por ejemplo, aumentó el valor de actividades como ir a un parque a respirar aire fresco, tomar un café con un buen amigo, abrazar a un abuelo, pasar la Nochevieja en familia, planear un viaje o salir a correr libremente por la calle. Todo lo que antes parecía normal se volvió algo digno de celebrar.

Por otro lado, muchas posesiones lujosas, zapatos, maletas de viaje y otros artículos que quedaron guardados en armarios y cajones perdieron importancia. Aumentó el valor de tener un buen sistema inmunológico, relaciones armoniosas en el hogar y conexiones fuertes entre amigos y familiares. También se aprecia mucho más el trabajo de personas que antes no se valoraban tanto, como el de quienes recogen la basura, el de los que arriesgaron su vida en centros de salud, el de los ayudantes de los supermercados y el de aquellos que llevan comida hasta la casa de un enfermo.

Durante la cuarentena, mi mente de principiante me acompañó con más frecuencia y mi capacidad de asombro por lo simple creció. Recuerdo la sensación que tuve la primera vez que fui a un restaurante después de varios meses de cuarentena: saboreé cada bocado, disfruté la interacción (a distancia) con el chef y experimenté esas dos horas como algo único y especial. Lo que el año anterior era una simple actividad, que realizaba con frecuencia y a la que no le daba mucha importancia, se convirtió en un evento especial y maravilloso.

De igual manera, tuve ese filtro durante mis interacciones con otras personas. El hecho de que pasara tanto tiempo antes de poder abrazar a mis familiares, bailar con amigos, invitar a mis amigas cercanas a cenar en casa o conversar con mis compañeros de trabajo en persona, me hizo valorar aún más el significado de cada una de estas personas. Cuando tuve la oportunidad de interactuar personalmente con alguien, me aseguré de estar presente con curiosidad, con todos mis sentidos abiertos a la experiencia, de disfrutar el instante y de darle todo mi enfoque a esa persona.

En tu caso, ¿qué fue lo que más valoraste durante la época de la cuarentena? ¿Qué cosas simples extrañaste de tu realidad anterior? ¿Qué "saboreaste" de manera especial cuando pudiste volver a hacerlo? ¿Qué te generó asombro y maravilla, y antes hubiera pasado desapercibido en tu vida?

> *El verdadero viaje del descubrimiento no consiste en buscar nuevos paisajes, sino en mirar con nuevos ojos.*
> **Marcel Proust**

Otro de los mensajes claros y profundos que trajo la pandemia fue el "regresar al hogar". El obligar a millones de personas a quedarse en casa trajo consigo la invitación para conectarse con el interior, valorar lo que se tiene y regresar a lo magnífico de lo simple. A muchos les proporcionó el espacio para indagar con curiosidad afectuosa sobre sí mismos y sobre lo que poseían dentro de casa. Eckhart Tolle le da inicio a su libro *El poder del ahora* con la siguiente historia:

> Un mendigo había estado sentado a la orilla de un camino durante más de 30 años. Un día pasó por allí un extraño.
> -¿Tienes algunas monedas? –murmuró el mendigo, estirando mecánicamente el brazo con su vieja gorra.
> -No tengo nada que darte –respondió el extraño. Y luego preguntó: ¿Qué es eso sobre lo que estás sentado?
> -Nada –replicó el mendigo –es solo una caja vieja. He estado sentado sobre ella desde que tengo memoria.
> -¿Alguna vez has mirado en su interior? –preguntó el extraño.
> -No –respondió el mendigo –¿Para qué? No hay nada adentro.
> -Echa una ojeada –insistió el extraño.
>
> El mendigo logró entreabrir la tapa. Para su asombro, incredulidad y euforia, descubrió que la caja estaba llena de oro. Muchos buscan externamente desechos de placer o satisfacción para la validación, la seguridad o el amor, mientras en su interior tienen un tesoro que no solo incluye todas esas cosas, sino que es infinitamente más grande que cualquier cosa que el mundo pueda ofrecer. Yo soy ese extraño que no tiene nada para darte y que te dice que mires en tu interior. No dentro de

alguna caja, como en la parábola, sino en un lugar aún más cercano: dentro de ti mismo[72].

De la misma manera en la que en esta historia un mendigo descubre el tesoro que tenía consigo desde hacía muchos años, la época de cuarentena resaltó los tesoros que ya teníamos en casa y en el interior del ser. **Recuerda que el mensaje más profundo de la curiosidad es abrirse con asombro y maravilla ante todo lo presente en tu vida, mientras te conoces mejor y entras en mayor conexión con tu ser interior a través del silencio, la inocencia y el honrar a quien realmente eres.**

Annus mirabilis

Se dice que el coronavirus desató tres pandemias: la primera por la tasa de contagio del virus a nivel global; la segunda, relacionada con la salud mental, el estrés y la ansiedad, y la tercera, por las dificultades económicas que suscitó la época de cuarentena.

En el instituto en el que aún trabajaba, ahora de manera virtual, hubo un aumento del interés del público por programas educativos que ayudaran con esa "segunda pandemia". Con mi equipo de trabajo lanzamos nuevos programas basados en *mindfulness*, para ayudar a más personas alrededor del mundo a cultivar resiliencia y a manejar el estrés durante esos difíciles momentos. Recibimos miles de solicitudes de inscripción para los seminarios virtuales y las sesiones de meditación gratuitas que ofrecimos, a niveles que no habíamos visto antes.

A pesar de estar un poco distraída con el tema de mi mudanza y con la separación de mi familia, sentí gran satisfacción al poder trabajar en pro de una misión que me llenaba de sentido de propósito y que me permitía aportar de manera concreta y ayudar a miles de personas. La pandemia también le dio a mi equipo de trabajo la oportunidad de personificar todo aquello que enseñamos en nuestros talleres y de ser un ejemplo de liderazgo consciente a un nivel más elevado. Realmente me asombró todo lo que hicimos y, sobre todo, la *forma* en la que trabajamos juntos durante un momento tan complejo y nuevo para todos.

Lastimosamente, la alta demanda de nuestros programas gratuitos y virtuales no fue suficientes para mantener nuestras finanzas a flote. Como muchas organizaciones sin ánimo de lucro, pequeños negocios y trabajadores independientes, fuimos parte de la "tercera pandemia" de dificultad económica. Para recortar costos, decidimos reducir la jornada laboral de todo el equipo en un 20 %, de tal forma que pasamos de trabajar cinco días a la semana a solo cuatro, con una respectiva reducción salarial. Inicialmente, me preocupó manejar mi alto volumen de trabajo en menos tiempo y tener que ajustar mi presupuesto personal a un salario más bajo, pero agradecí que esa solución temporal nos permitiera continuar con nuestra misión como organización.

La primera semana me pregunté qué haría con ese valioso tiempo extra, en especial cuando aún no podía salir de casa. En un artículo que encontré sobre la peste de 1665 en Inglaterra se decía que, para protegerse, el conocido Isaac Newton decidió aislarse en una zona rural, y desde allí realizó muchos descubrimientos matemáticos y físicos. Por ello, esa época de cuarentena y alta productividad fue llamada *annus mirabilis*, o el año de las maravillas. No puedo afirmar que fue la cuarentena la que llevó al gran Newton a hacer sus impresionantes descubrimientos, pero sí puedo decir que ese relato aumentó mi inquietud sobre cómo quería pasar esos días de aislamiento y sobre el legado que quería dejar.

Recibí respuesta a esa inquietud rápidamente: sentí un gran deseo de compartir más contenido sobre temas relacionados con el crecimiento personal y la plenitud.

El mensaje fue claro: debía hacerlo primero en español, mi lengua natal. Así que empecé a escribir con más frecuencia para mi blog y a crear contenido educativo. Pocos días después, recibí una invitación para participar en un curso virtual sobre cómo publicar un libro y decidí inscribirme. Fue durante la primera sesión de esa clase que entendí que había llegado el momento de publicar un tomo completo sobre la plenitud.

Cuando abrí un documento en blanco y escribí las primeras líneas sentí entusiasmo e inspiración a un nivel que no había sentido en muchos meses. Así que dediqué cada espacio posible, cada día libre, cada fin de semana, y muchas noches y madrugadas a escribir estas páginas, en completa alineación con mi propósito superior.

También hubo muchos días en los que dudé si este contenido podría interesarle a alguien más o si era suficientemente bueno como para ser publicado. Recuerdo que un día me reuní con un experto en redacción de una reconocida universidad, porque quería que me apoyara con la edición de los primeros capítulos; sin embargo, lo que recibí fue una fuerte crítica: según él, debía eliminar todas mis historias personales del escrito y dejar solo el contenido teórico o científico. En ese momento le di la razón y me cuestioné a mí misma: ¿quién era yo para escribir un libro? ¿Qué crédito y autoridad podría tener una mujer como yo en temas de crecimiento personal? ¿Qué me hacía a mí la persona indicada para enseñar sobre estos temas espirituales? Así que pensé que lo mejor sería dedicarme a mi trabajo de *marketing* en el instituto, o a otras actividades, y olvidarme del libro.

Sin embargo, el deseo de escribir no abandonó mi cabeza ni mi corazón. En varias ocasiones me desperté en la madrugada porque mi mente estaba redactando frases para el libro, no podía silenciar la voz que las dictaba y tuve que pararme de la cama a escribirlas. Las frases e ideas fluían desde mi interior como la fuerte corriente de un río, imposible de detener. El llamado a escribir se convirtió en un imán que me atraía día y noche, demasiado potente para ser ignorado.

No había alternativa, algo superior a mí me pedía compartir todas estas ideas, junto con mi historia personal, sin lugar a dudas. Así que, confiando en mi poder creador y con plena certeza de ser apoyada por algo superior a mí, decidí seguir esa voz intuitiva y me lancé de lleno al libro que quería escribir. En el proceso, pedí mucha luz y sabiduría para que las palabras que plasmara pudieran comunicar el mensaje que quería transmitir.

A medida que pasaban las semanas, empecé a disfrutar más y más el proceso de escribir. Se convirtió en mi momento de zona plena y le dio sentido de propósito a mis días en confinamiento.

Ese entusiasmo me permitió sentir en mi cuerpo lo que sería publicar el libro: logré "ver" un libro de cubierta color azul con brillos dorados, percibí el aroma de sus páginas, sentí la tinta de sus palabras con el roce de mis dedos y oí el sonido de un lápiz subrayando algunas de sus líneas. De manera natural, empecé a manifestar la creación de este libro, atrayendo sincronías y a personas maravillosas que me ayudaron a hacerlo realidad.

Aquello que te entusiasma y está en sintonía con las causas que te inspiran es la mejor señal para encontrar tu propósito. No dejes nunca de usar tu curiosidad y entusiasmo como brújula ni de trabajar por la misión que te atrae desde la sabiduría de tu ser interior. Una vez tengas claro tu propósito, da pasos, por más pequeños que sean, para alinear tu vida con él. Cree sin dudar en tu poder creador para manifestar la realidad que anhelas y ten la plena convicción de que el Universo apoyará todo aquello que te acerque a tu propósito superior.

Rendición al Plan Divino

Varias semanas después de que Luis viajó a Canadá, tuve que desalojar mi apartamento en San Francisco, donar nuestros muebles y gran parte de nuestras pertenencias. Me quedé con unas pocas maletas, con las que viajaría para encontrarme con él. Mi abogado de inmigración me había informado que mi entrada a Canadá no estaba garantizada, pues no estaban permitiendo el ingreso de ningún extranjero, por el aumento de casos de coronavirus.

Como no tenía un lugar dónde vivir, deseaba estar con mi nuevo esposo y necesitaba iniciar mis trámites de inmigración en Canadá, decidí realizar el viaje. Al aterrizar en el aeropuerto de Toronto, me informaron que solo se permitía la entrada de ciudadanos canadienses. Tuve que ir a una oficina especial para que evaluaran mi caso y determinaran si me sería permitida la entrada al país. Allí, me encontré con varias familias que estaban haciendo el mismo proceso.

Aunque estuve tranquila durante el viaje, en la sala de espera empecé a preocuparme. Desde allí fui testigo de la separación a la que se vieron obligadas muchas familias; su dolor, frustración y miedo empezó a contagiarme. En uno de los casos, un hombre canadiense protestaba a gritos porque no dejaron entrar a su novio mexicano, quien tuvo que pasar la noche en el aeropuerto y tomar el primer vuelo de regreso a México al día siguiente. Me rompió el corazón ver la dolorosa despedida de dos hombres que se amaban y deseaban estar juntos. Una mujer canadiense también se frustró muchísimo, pues le negaron la entrada a su marido e hijos de nacionalidad alemana, a pesar de que todos vivían en Canadá desde hacía varios meses. Una anciana lloraba de manera inconsolable en una esquina del recinto mientras hablaba por teléfono en un idioma que desconozco. La frustración, el miedo, la tristeza y la impotencia eran palpables en esa sala.

Cuando llegó mi turno, me pidieron algunos documentos. Expuse mi caso, estaba nerviosa, pero traté de ser lo más clara y elocuente posible, pese al tapabocas que llevaba puesto y a las dos capas de vidrio que me separaban del oficial de inmigración. Él me dijo, de manera directa y algo exaltado, que no veía razones para hacer una excepción conmigo y dejarme entrar al país, pero que revisaría mi caso con mayor detenimiento y me pidió que esperara.

Durante la primera hora de espera sentí angustia por la decisión que tomaría y el impacto que tendría en mi vida. Me preocupé por lo que pasaría si no me dejaban entrar, dado que ya no tenía casa ni pertenencias en San Francisco y todos los vuelos a Colombia (y a muchos otros países) habían sido suspendidos indefinidamente. Si no podía entrar a Canadá ni viajar al lugar donde vive mi familia, ¿dónde iba a pasar la noche? ¿A qué ciudad podría ir? ¿Por cuánto tiempo más tendría que estar separada de mis seres queridos?

En ese momento llegaron a mi mente recuerdos del día que me fui a vivir a Estados Unidos, a finales de los noventa. Cuando llegué al aeropuerto de Miami y mostré mi pasaporte colombiano, me llevaron a una sala de espera para interrogarme. En esa época, lastimosamente, muchas mujeres colombianas fueron detenidas en ese aeropuerto por llevar droga en sus órganos internos. Al parecer, por ser una mujer joven que viajaba sola, levanté sospechas. Un agente de aduana me hizo muchas preguntas, abrió mis maletas y revisó hasta el último detalle en ellas. Tras una minuciosa inspección, encontró una hoja de papel en la que mi mamá había escrito el valor de una joya en forma de 'moño' que le enviaba a un familiar (era de 60.000 pesos colombianos, algo como veinte dólares americanos). El agente me interrogó por largo rato sobre ese documento y luego, me preguntó quién era alias 'El Mono' y cuándo iba a pagarle 60.000 dólares a cambio de droga.

Nunca entendí cómo pudo llegar a esa conclusión tan extraña. Con gran confusión y con el poco inglés que hablaba a mis diecisiete años, hice un gran esfuerzo para responder las preguntas que me hacía. Al final, logré aclararlo todo y ese insólito malentendido no pasó a mayores. El oficial me dio instrucciones para salir del aeropuerto, no sin antes empujar mis maletas desde una mesa hasta el suelo, con tanta fuerza que hizo que todas mis cosas volaran caóticamente. Tuve que agacharme para recogerlas, una a una, con manos temblorosas y con el estómago apretado por la humillación. Desde ese día, el corazón se me acelera cuando paso por el puesto de inmigración y aduana de cualquier país.

Tras dos horas de espera en Toronto, tuve un momento de consciencia, reconocí que me estaba dejando llevar por las historias que escuchaba en esa sala, por el temor generado por pensamientos del pasado y por preocupaciones sobre el futuro, y observé con curiosidad la manera en la que me estaba afectando: mi corazón latía rápidamente, mis mejillas estaban enrojecidas, mis manos húmedas, sentía un nudo en la garganta y percibía cientos de pensamientos en la mente. Di las gracias por todos esos mensajes de mi cuerpo y acepté que lo único que estaba bajo mi control en ese momento era mi propia actitud.

Decidí subir mi vibración, rendirme al momento presente y a lo que viniera para mí y confié en que sería lo mejor. Me quité la mochila de la espalda y me senté sobre el suelo en una esquina del recinto. Me puse audífonos para escuchar mi mantra favorito, cerré los ojos y me enfoqué en mi centro. Llevé mi atención a la profunda gratitud que sentía por estar ahí en ese momento, por tener los medios económicos para pagar un alojamiento donde tuviera que ir, por tener el apoyo incondicional de mi familia y amigos y por tener un cuerpo y una mente saludable que me permitirían resolver cualquier situación. Después de agradecer y rendirme, sentí calma y gran serenidad y dije mentalmente: "Sé que estoy actuando desde el amor y con buenas intenciones. Deseo desde lo más profundo de mi corazón poder entrar a este país para abrazar a mi esposo y empezar una vida a su lado, pero acepto lo que tenga que suceder por mi bien y el bien mayor de otros. Abro mis brazos a cualquiera que sea el resultado de esta situación. Pido luz para guiar mis palabras y mis actos". Recordé que todo lo que sucede es una oportunidad de aprendizaje y que mi ser interior escogió las lecciones que debo aprender en esta experiencia humana, y dije con mi mente y con cada una de mis células: "Me rindo al Plan Divino".

Cuando finalmente me llamaron desde el puesto de atención a los viajeros, reconocí la diferencia en mis emociones y la calma que ahora irradiaba, la cual también se reflejó en el oficial de inmigración. Mientras él tecleaba algo en el computador, le agradecí en silencio por exponer su vida, realizar un trabajo que requería decisiones complejas en medio de una pandemia y por ayudarme a resolver mi caso. Asimismo, me nació practicar el amor bondadoso hacia él y le dije mentalmente: "Que te sientas a salvo. Que tengas salud y tranquilidad. Que alcances el bienestar y la plenitud".

Me hizo muchas preguntas mientras le enseñaba los más de treinta documentos que demostraban que mi viaje no era de turismo. Al cabo de varios minutos, escuché el familiar sonido del sello de entrada a un país sobre mi pasaporte. Le agradecí inmensamente con una gran sonrisa que mi tapabocas no permitió mostrar y corrí lo más rápido que pude hacia el ascensor de salida. Finalmente, pude abrazar a Luis, quien me había estado esperando en el aeropuerto por varias horas con un ramo enorme de rosas rojas y gran incertidumbre. Nos dirigimos de inmediato al Airbnb en donde comenzaríamos los catorce días obligatorios de cuarentena y los miles de días que esperábamos compartir en nuestra nueva vida juntos.

Cinco años después de haber dejado mi casa, luego de mi cumpleaños número treinta y cuatro, y tras haberme mudado de alojamiento decenas de veces y haber viajado a diferentes ciudades, finalmente llegué a mi nuevo hogar. No era un lugar, no era un destino, ni algo relacionado a quien me acompañaba; era aquello que siempre había tenido en mi interior, y solamente debía permitir que saliera a la luz y rendirme ante ello. Ese es el gran poder del principio de permitir: **al rendirte y permitir, te aceptas a ti mismo y a tu realidad presente. Te logras enfocar en aquello que puedes controlar con mayor ecuanimidad. Entregas tus situaciones a la sabiduría de tu ser interior, a la divinidad de la cual eres parte, y te rindes ante el plan del Universo.**

> *Rendirse es un regalo que puedes darte a ti mismo. Es un acto de fe. Está diciendo que, aunque no puedes ver hacia dónde fluye este río, confías en que te llevará en la dirección correcta.*
> **Debbie Ford**

El instante pleno

Todo lo que viví en la cuarentena de comienzos de década me dejó muchas lecciones y cristalizó todos y cada uno de los principios de la plenitud: pausa, presente, cariño, perspectiva, curiosidad, propósito y permitir.

Después de lo que experimenté cuando elegí tener un cambio de actitud en la sala de espera del aeropuerto de Canadá, puedo decir que es posible unificar todos los principios en un corto pero poderosísimo momento, algo que empecé a llamar 'el instante pleno'. Es en ese cambio interior que un momento de plenitud se hace posible. Y la suma de instantes plenos conducen directamente a una vida plena.

El instante pleno es el momento en el que haces una pausa, te centras en el presente con curiosidad y cariño, cambias tu perspectiva del temor al amor, y fluyes alineado con tu propósito superior. En el instante pleno haces un cambio sutil, y a la vez profundo, para ver tu realidad desde la sabiduría, la compasión, la gratitud, el entusiasmo, el empoderamiento y la dicha que provienen de tu ser interior. Logras trascender el miedo, la comparación, la escasez, la pequeñez y la separación que vienen de tu ego.

Es el instante en el que recuerdas quién eres realmente: eres la divinidad misma que vive una experiencia terrenal y haces parte de una sola humanidad compartida. Te muestra que puedes aprender lecciones únicas para tu propia evolución y rendirte ante el plan que tú mismo elegiste antes de nacer.

Es el momento en el que elevas tu vibración tan alto que te conectas con el campo de potencialidad infinita, logras manifestar tu realidad abundante y anhelada, y te empoderas para contribuir con el crecimiento de la consciencia colectiva.

El instante pleno es el nanosegundo en el que recuerdas tu esencia real, perfecta, completa y merecedora de lo ilimitado. Reconoces tu divinidad y logras alinearte completamente con la fuente de todo: el Amor.

CAPÍTULO 10
CONCLUSIÓN: UNA VIDA PLENA

Tras escribir la última palabra del capítulo anterior e iniciar la conclusión del contenido de estas páginas, me doy cuenta de que este libro es una historia de amor. No me imaginé que ese sería el resultado, pero tiene todo el sentido del mundo: la plenitud se basa en el amor propio, incondicional, en el amor romántico, en el amor y la compasión hacia todo lo que nos acompaña en este gran viaje de la vida y, sobre todo, en el descubrimiento y la conexión profunda con el Amor Supremo.

> *Si penetramos profundamente en todos los aspectos y en todas las áreas de la vida, encontraremos que escondido detrás de todo está el amor. Descubriremos que el amor es la fuerza, el poder y la inspiración detrás de cada palabra y de cada acción.*
> **Amma**

Como te mencioné al inicio de este libro, la plenitud es el estado de dicha, gozo y serenidad que sientes al reconocer y estar alineado con tu ser interior. Es un estado ideal en donde te encuentras conectado contigo mismo, con tus emociones y con tu entorno, y te sientes lleno de vida. En la plenitud las inevitables situaciones difíciles del camino te afectan menos y se resuelven con mayor facilidad. En este estado fluyes con los eventos de tu vida y disfrutas cada despertar. Aumentas tu compasión por ti mismo y por lo que te rodea y logras mayor armonía en tus relaciones. Te empoderas y das los pasos necesarios para alinear tu vida con tu propósito y aumentar tu satisfacción diaria. Logras convertirte en un imán para la abundancia y en un cocreador de la realidad que anhelas. Vives tus días con mayor facilidad, vitalidad, armonía, dicha, significado, gratitud y amor.

Quiero recordarte que ya eres un ser pleno y que tu tarea es apartar aquello que te impide expresarlo, a través de la práctica de los siete principios de la plenitud. Esa práctica en tu día a día te ayudará a alinearte

con tu ser interior, superar a tu ego y dejar de lado todo aquello que bloquea una vida plena.

Tu plenitud es como el azul del cielo, siempre está en el firmamento. Sin importar las nubes que lo cubren, la temperatura, el arcoíris, el brillo del sol, las tormentas que vienen y van, el cielo azul siempre ha estado y siempre estará ahí, firme, estable, majestuoso, sosteniéndolo todo. Tu tarea es remover lo que te impide ver ese cielo azul para poder presenciarlo tantas veces como sea posible en tu día a día. Con la práctica, será todo lo que lograrás presenciar.

Como te mencioné antes, la razón por la cual los siete principios te llevan a la plenitud es porque es solo a través de tu ser interior que puedes ponerlos en práctica. Tu ego no puede tomarse una pausa, ni estar en el presente, ni practicar el cariño o la compasión, ni tomar la perspectiva del amor incondicional, ni explorar con curiosidad y asombro, ni dar los pasos que te conduzcan a tu propósito superior, ni permitir o rendirse ante el fluir de la vida. **Es a través de tu ser interior, tu parte divina, o tu esencia real que puedes activar cada principio.**

Por ello, poner los principios en práctica en tu rutina diaria te conduce al gran poder de tu ser interior. <u>Practicar</u> tu plenitud implica intentar de manera constante, en lugar de pensar que todo debe salir perfectamente de un momento a otro. También significa que tú tienes el control de tu plenitud, no es algo por lo que debas esperar eternamente, ni es un evento sobrenatural que le ocurre a pocas personas. Con la práctica, empezarás a notar que los principios surgen con más facilidad, y pronto estarás viviendo con mayor plenitud, sin tanto esfuerzo. Una vida plena ya existe en ti y eres tú quien permite que salga a la luz.

Desde hace varios años he visualizado la plenitud como el botón pequeño y cerrado de una flor de loto que empieza a abrir cada uno de sus pétalos, poco a poco. Con el tiempo, el botón se convierte en una flor majestuosa, permitiendo ver el hermoso interior que se escondía cuando todos los pétalos estaban cerrados. De igual manera, cada vez que practicas uno de los siete principios de la plenitud, o todos a la vez, abres los pétalos de esa flor simbólica, hasta que todos florecen y te permiten ver la majestuosidad de tu ser interior. Fue por ello que decidí resumir este conocimiento utilizando el símbolo que te acompañó en este recorrido:

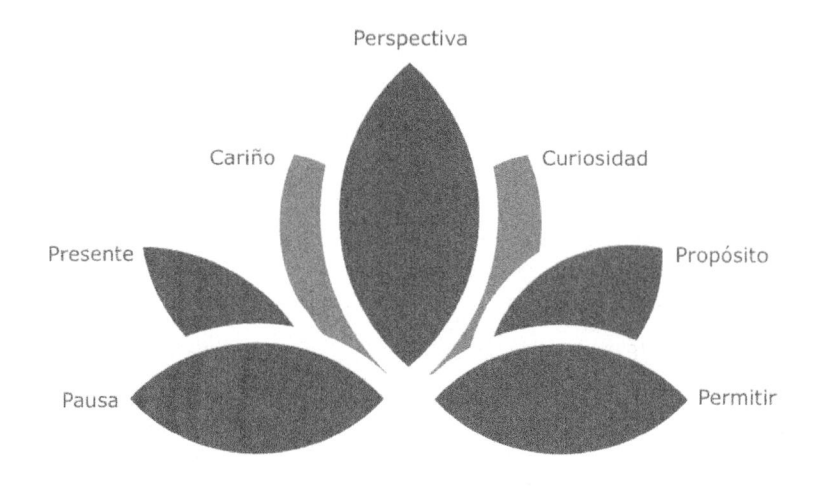

Perspectiva
Cariño
Curiosidad
Presente
Propósito
Pausa
Permitir

Seguramente sabes que las flores de loto nacen en el lodo de los pantanos. "Sin lodo, no existe flor", nos recuerda el libro del estimado monje budista Thich Nhat Hanh. Ese lodo es una analogía de las situaciones de aprendizaje y las dificultades que hacen parte del camino humano; sin estas no habría aprendizaje ni florecimiento. Es por ello que enfatizo que una vida plena no implica ausencia de dificultades, se trata de superarlas y aprender de ellas, usando los siete principios para hacer el camino más llevadero o, idealmente, un aprendizaje maravilloso, místico, majestuoso y sagrado.

No dudes nunca que eres merecedor de una vida en completa plenitud. No debes hacer absolutamente nada para merecerlo. No tienes que esperar a que llegue un momento especial para sentirte pleno. No tienes que recibir aprobación de nadie para florecer en tu plenitud. No permitas que tu mente egoíca ni las voces de otros te desvíen de tu camino. Ya tienes la plenitud en ti y eres digno de una vida plena.

Al poner en práctica los principios de la plenitud empezarás a notar eventos y coincidencias que te ayudan aún más a profundizar en tu plenitud. **Cuando des un solo paso hacia una vida plena, recibirás varios "empujoncitos" del Universo que te ayudarán a avanzar tres o diez, o mil pasos más en esa dirección.** Cuentas con un apoyo universal inmenso, más del que imaginas, para lograr la vida que anhelas y que mereces vivir.

Si llegaste hasta aquí, es porque las ideas que te he compartido resonaron en ti y porque estás listo o lista para una vida aún más plena, y para alcanzar la realidad que deseas. Nunca te rindas. Nunca te apartes del camino que te llevará a la versión más elevada de quien eres.

Imagina por unos segundos lo que sería nuestro planeta Tierra si cada ser humano se enfocara en tener una vida más plena, compasiva, amorosa y alineada con la sabiduría del ser interior. Creo que es claro que todo sería muy diferente. Es por ello que no creo que exista una tarea más importante en la vida de cada persona. Es por esta razón que decidí escribir este libro y que dedico espacios en mi vida para vivir en plenitud, a pesar de los tropiezos. Alcanzar tu plenitud es tu tarea más sagrada, magnífica y trascendental, y es el mejor regalo que le puedes ofrecer al mundo, cada día, todos los días.

Desde lo más profundo de mi corazón te deseo lo mejor en tu camino hacia la plenitud:

Que encuentres pausas para cuidarte.
Que no exista una sola jornada sin conexión con tu interior.
Que abras espacios para reír.
Que tu presente reine sobre tu pasado o futuro.
Que te maravilles de tu aquí y ahora.

Que mantengas tu centro majestuoso y estable.
Que te ames, aceptes y admires profundamente.
Que te ofrezcas bondad en la dificultad.
Que tu compasión se extienda hasta los rincones más lejanos.
Que uses el filtro de la gratitud para ver tus días.
Que veas cada evento como la lección sagrada que es.
Que vayas por el mundo con la curiosidad de un niño.
Que nunca dejes de conocer tu interior.
Que reconozcas un "sí" y un "no" en tu propio ser.
Que no dejes de ver la luz en los otros.
Que vivas tu propósito superior.
Que hagas más de lo que te entusiasma.
Que la abundancia colme tu vida.
Que logres entregar tus regalos al mundo.
Que te aceptes como el ser sagrado que eres.
Que te maravilles con tu vida perfectamente imperfecta.
Que te permitas equivocar, crecer y disfrutar.
Que vivas cada una de tus emociones.
Que puedas fluir y rendirte ante tu Plan Divino.
Que rompas creencias que te limiten.
Que crees todo lo maravilloso que creas.
Que todo lo que anhelas llegue a tu realidad.
Que cada una de tus células sonría en armonía.
Que tus horas estén llenas de instantes plenos.
Que escojas al amor sobre el miedo, una y otra vez.
Que recuerdes que eres la divinidad misma,
con traje de humano.
Que no olvides que todo es una sola Unidad.
Que cada día de tu vida vivas en total plenitud.

***

Gracias por terminar *Plenitud* y acompañarme en este recorrido. Estoy feliz de que hayas llegado hasta aquí.

¿Te puedo pedir un favor? ¿Te animarías a dejarme tu comentario en la plataforma de Amazon sobre tu experiencia leyendo *Plenitud*? Significa muchísimo para mí conocer tu opinión personal; además, podrías ayudarle a otras personas a encontrar este libro y a determinar si es ideal para ellas. Estoy segura de que otros lectores te lo agradecerán, yo también estaré inmensamente agradecida y honrada al recibir tu valiosa opinión.

Puedes visitar esta página para escribir tu comentario:

plenitud.net/comentario

Te invito a que sigamos en contacto a través de:

@hola.plenitud

facebook.com/hola.plenitud

AGRADECIMIENTOS

Publicar este libro ha sido un proceso transformador para mi propia vida, y no lo habría logrado sin el apoyo incondicional de un grupo de personas inmensamente generosas que creyeron en mí y en este proyecto.

Primero, agradezco a mis padres, Guillermo y María Cristina, por haberme dado el hogar más amoroso, dulce y consciente en el que hubiera podido crecer. Nunca dejo de dar las gracias por sus vidas, por su incondicionalidad, por las risas que siempre compartimos y porque ustedes son la roca en la que siempre me puedo apoyar. Gracias por sus enseñanzas durante casi cuatro décadas y por el amor que le entregan al mundo. Los amo inmensamente.

A Luis Gui, no hay palabras que puedan expresar lo mucho que agradezco tenerte en mi vida. Gracias por tu apoyo diario para poder hacer este libro una realidad. Por entender a la perfección la importancia de mi propósito superior. Por el café que me preparaste cuando estaba baja de energía. Por tus palabras de aliento cuando la duda me inundó, por permitirme explicarte cada idea plasmada en este libro, con paciencia e ilusión, y por secar mis lágrimas de felicidad o de tristeza con el mismo amor incondicional. Por nuestras meditaciones en la mañana, por nuestros retiros espirituales y por seguirme la cuerda en cuanta actividad mística se me ocurre realizar. A tu lado no solo descubrí la fórmula matemática de la felicidad, sino lo que significa vivirla en carne propia. Gracias por ser un maestro para el mundo, por tu lucha acérrima por la educación y por tu genialidad infinita. Te amo.

A Andrés, mi hermano de sangre y el mejor amigo que me regaló la divinidad desde el día en que nací. Gracias por levantarte en la madrugada a leer estas páginas, dentro de todas las tareas que tenías que realizar como profesional, padre, esposo, empresario y maestro.

Gracias por creer en mí desde que éramos pequeños y por ser mi compañero en este camino para hacer del mundo un lugar más espiritual. Gracias por acompañar mis horas de escritura con la música de tu guitarra. Gracias por ser el mayor ejemplo de hombre consciente que conozco.

A Vanessa, la hermana que nunca tuve y mi mejor amiga. Gracias por ser mi gran apoyo en los momentos duros que se me han presentado en el camino y por las carcajadas que nos contagian al estar juntas. Tu amistad es un tesoro que jamás doy por sentado y que quiero tener siempre a mi lado, sin importar la distancia física que nos separe. Navegar el barco de la vida a tu lado, bajo el sol radiante o bajo la tempestad, es más fácil y divertido.

A mi tía Mariela, por ser mi primera maestra espiritual y por sembrar en mí la semilla de la conexión con mi ser interior. Gracias por mostrarme este camino, por tus enseñanzas y por dedicar tu vida entera tan generosamente a elevar la consciencia colectiva. Gracias por creer en la divinidad de la humanidad y por ser un ejemplo diario de una vida en plenitud.

A mis lectores beta y grandes amigos, quienes se tomaron el tiempo de leer el borrador de estas páginas con tanto amor e interés y de enviarme sus comentarios: Andrés Lasso, Vanessa Romero, Bárbara Castro, Rocío Holub y María Alejandra Barrios. Ustedes me animaron a seguir adelante y le dieron más forma a este libro. ¡Infinitas gracias!

A los maestros explícitos que tuve la fortuna de encontrar en este hermoso camino de la vida: Esperanza Abadía, Mica Akullian, Craig Hamilton, María José Flaqué, Amma Karunamayi, Mata Amritanandamayi, Vanessa Loder, Eckhart Tolle, Jack Kornfield, Tara Brach, Sharon Salzberg, Neale Donald Walsch y Ainslie MacLeod, entre otros.

A todos mis amigos y familiares, gracias por creer en mí, por su apoyo constante, año a año, y por sus lindas muestras de apoyo y cariño. Y a mis grandes compañeros en el camino del crecimiento, quienes me compartieron ideas, me acompañaron a talleres, me regalaron libros para mi investigación, me animaron a seguir en esta maravillosa búsqueda y con quienes he pasado largas horas conversando sobre temas de crecimiento personal: Roxana Sufan, Liliana Martínez, Paola García, Patricia Coronado, Alejandro Perdomo, Delfina García Pintos, Ixchel Martínez, Mario Chamorro, Mauricio Foullon y Gopi Kallayil.

Un agradecimiento muy especial a todos los maravillosos personajes de este libro, empezando por Jaime, por los momentos que compartimos juntos y por enseñarme que las etiquetas no definen el amor que se siente por alguien. Gracias por permitirme hablar sobre nuestra historia y por ser mi gran amigo en todo este recorrido. A Vincenzo, por ayudarme en un momento tan oscuro en mi vida con la mayor dulzura y generosidad; valoro mucho que mantengamos nuestra amistad. A todas las personas que conocí en mi viaje 'más allá', en especial a Lola, Verónica y "Rosa", por ser mujeres ejemplares y la mejor compañía de aventura. Soy muy afortunada de vivir en un círculo de seres humanos tan generosos y bondadosos.

Gracias también a mis compañeros de trabajo en Google y a quienes me apoyaron en un momento tan complejo. Y gracias a todo el equipo maravilloso del Search Inside Yourself Leadership Institute, incluyendo los cientos de profesores certificados alrededor del mundo. Gracias por su trabajo diario y por hacer que más personas en todos los países puedan vivir y trabajar con plenitud. Son seres humanos admirables, por personificar el liderazgo consciente, la integridad y la compasión de manera auténtica. A Rich Fernández, por darme la oportunidad de hacer el cambio profesional que buscaba en mi vida, por ser el mejor jefe que podría imaginar y por inspirarme con tanto carisma, optimismo y tenacidad. Gracias a SIYLI por permitirme aprender algo nuevo todos los días y conocer a personas maravillosas dentro y fuera de la oficina.

A Carolina Angarita Barrientos, por creer en este proyecto y por tu gran apoyo, motivación e inspiración. Caro, gracias por la luz que irradias y por la maravillosa magia que contagias en el mundo.

A Juanita Escallón Vicaría, por aceptar la invitación de una extraña para ser su editora y por creer en este proyecto cuando más lo necesitaba. Gracias por guiarme durante todo el proceso, por tus comentarios tan puntuales y por darme alas para hacer de este proyecto una realidad. A Juan Galvis, por lanzarte con ilusión al diseño y la producción de este libro y por la paciencia que me tuviste todas las veces que te pedí cambiar los colores y diseños. A Laura Bernal, gracias por ayudarme a corregir estas 95.000 palabras con tanta dedicación, y por nuestras conversaciones sobre el uso adecuado del gerundio y las comillas.

Gracias a todos los maestros no humanos que me han guiado en el Camino. A mis guías espirituales, a las plantas medicinales, a la naturaleza donde vivo y a la Pachamama, por su abundancia infinita. Gracias a Dios, Amor Supremo, Universo, el Todo, la Unidad y la Fuente de Vida por las bendiciones diarias que recibo en mi vida y por guiar mis manos al escribir estas letras.

Y, finalmente, gracias a ti por escoger invertir tu tiempo y tu atención en estas páginas. Gracias por tu deseo de vivir con mayor plenitud y de entregarle la mejor versión de tu vida al mundo. Siempre has tenido la plenitud en tu interior; este libro solo te lo recordó.

Con la gratitud rebosando en los ojos y con el corazón lleno de humildad, les doy un profundo y sentido ¡gracias!

REFERENCIAS

En este libro hice referencia al trabajo y a la sabiduría de muchos expertos y escritores de diferentes partes del mundo. En varios casos, yo misma traduje el contenido al español, cuidando y respetando la idea original del autor. Investigué cada una de las citas incluidas en este texto para asegurarme de su origen; algunas han sido atribuidas a diferentes fuentes, en cuyo caso elegí la más adecuada, basándome en mi investigación. A continuación, encontrarás las referencias bibliográficas de cada capítulo:

Plenitud
1. Hannah Ritchie and Max Roser, *Mental Health*. OurWorldInData, 2018. https://ourworldindata.org/mental-health.
2. World Health Organization, *Mental Health and Substance Use*, 2016. https://www.who.int/teams/mental-health-and-substance-use/suicide-data.

Pausa
3. Rachael O'Meara. https://www.rachaelomeara.com/book.
4. *The Tethered Vacation*. Project Time Off, 2017. https://www.ustravel.org/sites/default/files/media_root/document/2017_Oct11_Research_The%20Tethered%20Vacation.pdf.
5. *Burn-out an "occupational phenomenon": International Classification of Diseases*. World Health Organization. 2019. https://www.who.int/news/item/28-05-2019-burn-out-an- occupational-phenomenon-international-classification-of-diseases.
6. Ben Wigert y Sangeeta Agrawal. *Employee Burnout, Part 1: The 5 Main Causes*. Gallup, 2018. https://www.gallup.com/workplace/237059/employee-burnout-part-main- causes.aspx.

Presente
7. Jay Shetty, *Piensa como un monje: Entrena tu mente para la paz interior y consigue una vida plena*. Grijalbo, 2020.
8. Matthew A. Killingsworth y Daniel T. Gilbert. *Wandering Mind Not a Happy Mind*. Harvard Gazette, 2010. https://news.harvard.edu/gazette/story/2010/11/wandering- mind-not-a-happy-mind.
9. Eckhart Tolle, *La quietud habla*. Namaste Publishing, 2003.

10. Andy Puddicombe, *How do you live in the moment and plan for the future?* https://www.headspace.com/blog/2015/05/07/thinking-about-the-future/.
11. Dan Harris, *10% más feliz*. Anaya Multimedia, 2014.
12. Sharon Salzberg, *Real Happiness*. Workman Publishing, 2019.
13. Daniel Goleman & Richard Davidson, *Altered Traits*. Penguin Random House, 2017.
14. Sharon Salzberg, *Real Happiness*. Workman Publishing, 2019.
15. Wayne Dyer, *Getting into The Gap*. Hay House, 2014.

Cariño
16. Harari, D., Swider, B. W., Steed, L. B., & Breidenthal, A. P. (2018). *Is perfect good? A meta-analysis of perfectionism in the workplace*. Journal of Applied Psychology, 2018. https://doi.org/10.1037/apl0000324.
17. Killham, M. E., Mosewich, A. D., Mack, D. E., Gunnell, K. E., & Ferguson, L. J., *Women Athletes' Self-Compassion, Self-Criticism, and Perceived Sport Performance*. American Psychological Association, 2018. https://psycnet.apa.org/fulltext/2018-35835-001.html.
18. Liz Mineo, *Good genes are nice, but joy is better*, The Harvard Gazette, 2017. https://news.harvard.edu/gazette/story/2017/04/over-nearly-80-years-harvard-study-has-been-showing-how-to-live-a-healthy-and-happy-life/.
19. *The InnerMBA Program*. Sounds True, 2021.
20. Pema Chödrön, *The Places That Scare You: A Guide to Fearlessness in Difficult Times*. Shambhala Publications, 2007.
21. Daniel Goleman, *Why Your Brain Loves Kindness*. Mindful, 2019. https://www.mindful.org/loving-kindness-meditation-makes-better-human/.
22. Mica Akullian, *Healing Through Awakening*. CreateSpace, 2015.

Perspectiva
23. Carol S. Dweck, *Mindset: la actitud del éxito*. Editorial Sirio, 2016.
24. Entrevista a Martin Seligman, *Dr. Seligman's Definition of Optimism*. www.youtube.com/watch?v=8-rMuJW-UKg
25. Neale Donald Walsh, *Conversations with God: Discover the 7 Steps Out of Suffering & Into Limitless Love, Prosperity & Joy*. Evolving Wisdom. 2018.
26. *How Does the Brain Respond to Hearing Loss?* Acoustical Society of America (ASA), 2015. www.newswise.com/articles/how-does-the-brain-respond-to-hearing-loss.
27. Eleanor A. Maguire et al. *Navigation-related structural change in the hippocampi of taxi drivers*. PNAS, 2000. https://doi.org/10.1073/pnas.070039597.

28. Video con Sonja Lyubomirsky, *The Happiness-Gratitude Connection*. https://www.livehappy.com/self/gratitude/happiness-gratitude-connection-video.
29. Robert Emmons, *¡Gracias!: de cómo la gratitud puede hacerte feliz*. Ediciones B, 2008.

Curiosidad

30. Tamara Levitt. Calm.com.
31. Patricia Rockman, *Let's Get Curious!* Mindful, 2016. https://www.mindful.org/lets-get-curious.
32. James Pennebaker, *Writing to Heal: A Guided Journal for Recovering From Trauma and Emotional Upheaval*. New Harbinger, 2004.
33. Tara Brach, *Aceptación Radical*. Gaia Ediciones, 2014.
34. Documental con Amma, Sri Mata Amritanandamayi Devi. *The Science of Compassion*. MA Center e Independent Film Productions, 2016. https://www.youtube.com/watch?v=YsxZI0PBl_A
35. Eckhart Tolle, *El poder del ahora: Un camino hacia la realización espiritual*. New World Library, 2001.
36. Craig Hamilton, *The Awakened Life. Opening the Door to Awakened Consciousness*. Evolving Wisdom, 2018.
37. Mungi Ngomane, *Ubuntu. Lecciones de sabiduría africana para vivir mejor*. Grijalbo, 2020.
38. Craig Hamilton, *The Practice of Direct Awakening*. Evolving Wisdom, 2016.
39. IBID
40. Anita Moorjani, *Morir para ser yo: Mi viaje a través del cáncer y la muerte hasta el despertar y la verdadera curación*. Gaia Ediciones, 2013.
41. Joseph Selbie, *La física de dios: La conexión entre la física cuántica, la conciencia, la Teoría M, el cielo, la neurociencia y la trascendencia*. Editorial Sirio, 2019.

Propósito

42. Rich Fernandez, *What it Means to Have Clear Vision*. Mindful, 2020. https://www.mindful.org/what-it-means-to-have-clear-vision/.
43. Ainslie MacLeod, *The Instruction: Living the Life Your Soul Intended*. Sounds True, 2009.
44. Entrevista con Krista Tippett y Elizabeth Gilbert, *Choosing Curiosity Over Fear*. On Being, 2018.
45. Entrevista a Mihaly Csikszentmihalyi, *Go with The Flow*, Wired Magazine, 1996. https://www.wired.com/1996/09/czik/.

46. Gay Hendricks, *The Joy of Genius: The Next Step Beyond the Big Leap*. Waterside Productions, 2018.
47. Jim Clifton, *The World's Broken Workplace*. Gallup, 2017. https://news.gallup.com/opinion/chairman/212045/world-broken-workplace.aspx
48. Bronnie Ware, *Regrets of The Dying*. https://bronnieware.com/blog/regrets-of-the-dying/
49. Carolina Angarita Barrientos, *La Magia SÍ Existe: Cómo vencer tus miedos y crear tu vida ideal*. Grupo Planeta, 2019.
50. Ismael Cala y Deepak Chopra, *Creando abundancia*. Chopra Center, 2015. Chopameditacion.com
51. María José Flaqué. *Una nueva realidad*. Grijalbo, 2018.
52. Gabrielle Bernstein, *Miracles Now: 108 Life-Changing Tools for Less Stress, More Flow, and Finding Your True Purpose*. Hay House, 2015.

Permitir

53. Tara Brach, *Radical Acceptance*. Bantam Books, 2003.
54. Isha Judd, *¿Para qué caminar si puedes volar?* Alamah, 2008.
55. IBID.
56. Gabrielle Bernstein, *You Are the Guru: 6 Messages to Help You Move Through Difficult Times with Certainty and Faith*. Audible Originals, 2020.
57. Jay Shetty, *Think Like a Monk*. Simon & Schuster, 2020.
58. Massimo Pigliucci y Gregory Lopez, *A Handbook for New Stoics*. The Experiment, 2019.
59. Byron Katie, *The Work of Byron Katie, An Introduction*. Byron Katie International, 2015.
60. Antoine Lutz et al. *Altered anterior insula activation during anticipation and experience of painful stimuli in expert meditators*. Neuroimage, 2013. https://www.ncbi.nlm.nih.gov/pmc/articles/PMC3787201/.
61. Don Miguel Ruíz, *Los cuatro acuerdos*. Ediciones Urano, 1998.
62. Debbie Ford, *Spiritual Divorce: Divorce as a Catalyst for an Extraordinary Life*. Harper Collins, 2009.
63. Michael Singer, *The Surrender Experiment: My Journey into Life's Perfection*. Harmony, 2015.
64. María José Flaqué. *Regreso al hogar*. Grijalbo, 2020.
65. Deepak Chopra, *Sincro Destino*. Punto de Lectura, 2008.
66. Joe Dispenza, *El Placebo Eres Tú*. Uran, 2014.
67. Podcast con Lacy Phillips, *Dr. Joe Dispenza on Becoming the Creator of Your Life*. To Be Magnetic, 2020. https://tobemagnetic.com/expanded-podcast/2020/115.

68. Wayne W. Dyer, *Construye tu destino*. Penguin Random House, 2017.

Plenitud en Tiempos de Pandemia
69. *Cultivating our Common Humanity amidst Uncertainty*, 2020. https://www.dalailama.com/news/2020/cultivating-our-common-humanity-amidst-uncertainty.
70. Sharon Salzberg, *Real Happiness*. Workman Publishing, 2019.
71. Stephen Levine. *A Year to Live: How to Live This Year as If It Were Your Last*. Harmony, 1998.
72. Eckhart Tolle, *El poder del ahora*. New World Library, 2010.

REFERENCIAS ADICIONALES

- Foundation for Inner Peace. *Un curso de milagros*. 1976.
- Thich Nhat Hanh, *True Love, A Practice for Awakening the Heart*. Shambala, 2011.
- Joseph Tafur, *La Hermandad del Río*. Obelisco, 2019.
- Louise Hay, *You Can Heal Yourself*. Hay House, 1999.
- Oprah Winfrey, *The Path Made Clear*. Flatiron Books, 2019.
- Search Inside Yourself. www.siyli.org
- Evolving Wisdom. www.evolvingwisdom.com
- InnerMBA. www.soundstrue.com

Printed in Great Britain
by Amazon